叢書　現代社会のフロンティア
22

「地方創生と消滅」の社会学

日本のコミュニティのゆくえ

Kaneko Isamu
金子　勇　著

ミネルヴァ書房

はじめに

地方都市研究や地域社会論には、一〇年ごとに特定の主題をめぐる流行の周期があるように思われる。一九五〇年代の「市町村合併」、一九六〇年代の「都市化とコミュニティ」、七〇年代の「日本列島改造論の功罪」、それに「ディスカバージャパン」に触発され、地域おこしの一環でもあった八〇年代の「一村一品運動」までは、その時代特性を反映していた。

一九八〇年代までは、地元中心の農業だけに拘らない無限定的な地域資源の活用を柱とした各種事業により、近未来に達成できる成果に基づいた地域社会での生き生きしたいわば「上げ潮」的な将来像が描きやすかった。私は地方の文化（local culture）をその時代の主潮に読み取り、独自の生の（raw）素材を活かした「ローカルチャー」づくりを課題として、コミュニティ・イノベーションによるコミュニティ・インダストリーを梃としたコミュニティ・アイデンティティの探求を心がけてきた。

その後、二一世紀の小家族化と介護保険を見据えた二〇世紀末からの「地域福祉」の時代を経て、平成の世になってますます少子化動向が鮮明となってからは、明るい将来像は描けなくなった。代わりに、「下げ潮」的時代として鮮明となった「少子化する高齢社会」の解明と対応策づくりに全力を尽くして、「アクティブエイジング」や「子育て共同参画社会」や「老若男女共生社会」を追究してきた。

とりわけ少子化が「人口減少社会」を招来して、日本全国の半数程度の自治体が数十年後に「消滅する」と予見された二〇一四年からは、「地方消滅」と「創生」をめぐり発生した論争を踏まえつつ、地方都市と過疎地域の両方で「少子化する高齢社会」の調査を進めて、それまでの地方都市や過疎地域社会に象徴されるローカルコミュニティ研究パラダイムの再点検に努めた。

時代の景色を見るために地域を歩く。景色の色調は何か。どのような声が聞こえるか。若い人の歌声か、白髪の人の嘆きか。山の向こうに何があるか、あるいは何かあるか。それを知りたくて大都市の都心部から北海道の過疎地域にまで出かける。

その作業から生み出された本書では、地方都市や過疎地域社会には「消滅」と「創生」との二種類の社会システム状態ではなく、両者ともに同一線上に位置づけられるとした。このような視点は現在の「地方消滅と創生」論争では必ずしも明示的ではない。社会システム構造は、人口構成、価値規範、政治行政、産業経済、統合治安、治療回復、教育、情報文化などの下位システムをもち、それぞれに割り当てられた機能を遂行する社会過程が存在する。政治は政党、行政は官庁、産業活動は企業や組合、社会統合は警察や社会構成員のコミュニティ意識、治療は病院・医院、教育は学校、情報文化の創造と伝達はマスコミ、心と物の伝達は情報ツールと郵便局や宅配業などの集合体がそれぞれにシステム単位としてその機能を担い、総体として地域社会過程を作り上げている。

「創生」はこれらのいずれかで人の動きが激しくなり、物も情報も集中して、地域社会全体が高揚する過程としてイメージできる。私が造語した「ローカルチャー」もまた、特定の下位システムの社会過程を担う集合体が社会資源の投入・産出の活発な動きをすることにより創出され、維持されるとみられる。逆に「消滅」は、これらの諸社会過程の動きが止まり、人が去り、いくつもの社会的機能が持続可能にならない状態である。

本書の基本パラダイムはコミュニティ社会システム論から得た。この考え方は、地域社会過程がシステムとして結び付きながら、「生産・分配・消費」「社会化」「社会統制」「社会参加」「相互扶助」という諸機能を様々な集合体が果たすとみるところに特徴がある。すなわちコミュニティにはパーソンズのいう「AGIL機能」、すなわちA機能として地域社会機能の維持や地域成員のニーズ充足としての「適応」、G機能として地域社会および社会構成員の「目標達成」、I機能として地域構成員の「連帯」や「統合」や「参加」、L機能として地域構成員が長年培ってきた「ライフスタイルの持続」と「緊張処理」などの機能が含まれていて、「綜合社会学」の視線からのアプローチが可能になる。

そのため、「地方創生」の成功例として紹介されやすい農業限定の新しい試みだけでは、顕在的逆機能として「多様性の共生」を奪う。なぜなら、地域社会過程で活用可能な地域資源を農業分野だけに限定することはA機能の一部を使うだけとなり、それでは広範囲な領域に関連する「地方創生」論を閉塞させ、「多様性の共生」を遠ざけるからである。むしろ地場産業の一環として農業を位置づけ、同時に無限定的に各種製造業（織物、家具、伝統工芸、食器、焼き物、一村一品など）、新産業誘致と新産業開発、世界遺産をはじめとする観光資源（歴史的建造物、自然景観、食文化など）と組み合わせる多様性重視による独自の「ローカルチャー」創造こそが、人口減少社会下のローカルコミュニティでは望ましい。

したがってローカルコミュニティの研究では、方法論的にも可能な限り多くの変数を考慮して、その現状を分析して将来像を描くように努めたい。この観点からすると、二〇一四年に発表された増田・日本創成会議レポートのように、限定単一変数として「二〇歳から三九歳までの女性」データを使い、その減少により子どもが産まれなくなり、少子化がいっそう進むから、日本のほとんどの地方で人口減少社会が到来し、いずれ消滅する自治体が具体的に名指しできるというのは、単一変数に依存した短絡的な推論であると判断できる。

また二〇一五年に出された増田らの介護関連レポートでも、日本全国では要介護者五〇〇万人が在宅で支えられている現状に触れないまま、九〇万人が入所入院している介護施設や特養や老健施設などで、とくに東京圏の施設の「介護ベッド」が大幅に不足すると予想して、日本全国の「介護破綻」が生じるという指摘を行ったことは、同じく限定単一変数による偏った議論の仕方であった。しかもそこには、在宅や施設で介護を仕事とする人々の労働条件向上を最優先にした議論や提言が欠如している。

限定単一変数依存の結果、人口減少社会日本全体で「地方消滅」が顕著となり、「介護破綻」が現実化するといわれても、人口減少社会の緩和を進め、「一億人の適正人口社会」を目指して可能性に富む無限定的なコミュニティ・インダストリーに期待をしてきた立場からは、その使われた方法にも出された結論にも賛同できない。

たしかにこれからも政治を含めた社会全体が無策ならば、地方都市でも中山間地域や過疎地域でも、持続的な人口減少によりイノベーションもアイデンティティも不十分なままで終わるであろう。しかし、少子化対策のための社会全体による本格的な支援を制度化して、「地方消滅」ラベリングを克服できる途を探り、これらの状況を超えるために社会学理論を「地方創生」に向けてどのように活用できるかを問いかけてみる試みは必要ではないか。少なくともその検討素材があれば、どこかで無策が超えられるはずである。

かつて柳田國男は『郷土生活の研究法』でそれまでの郷土史の採集資料の方法について、⑴目的の散漫、⑵末梢の偏執、⑶無駄な重複を指摘して、方法論の刷新を主張した。成否はともかく、本書の準備中でもこの三点をとくに意識してきたことは事実である。

本書に込めた願いと工夫についてご理解いただき、いつもながらの温かいご支援をいただいたミネルヴァ書房社長杉田啓三氏と編集部の田引勝二氏には大変お世話になった。心からお礼を申し上げたい。

本書が、コミュニティと地方日本の行方に関心がある方々のお役に立てば幸いである。

二〇一五年一〇月七日

金子　勇

「地方創生と消滅」の社会学——日本のコミュニティのゆくえ　目次

第1章　地方日本の消滅論と地方創生問題

1　地方創生論の枠組み

社会的リスク感の昂揚

二〇一四年夏から全国的に隆盛となった「地方消滅」の背景には、日本社会全体の人口減少と少子化に伴う社会的リスク感の昂揚がある。「地方消滅」をめぐる論戦は二〇一五年になっても活発に行われているのだが、全体社会の人口減少動態に対して、消滅を克服した地方集落の単一事例を対置するという構図が濃厚であり、日本全体に応用可能な汎用性が得られていない。個性的な優良事例をいかに育てるかは重要だが、単発的な成功事例の紹介だけでは汎用性に富む地方創生論には到達しない。

成員の業績達成能力を高める政策だったか

「地方消滅」論の根底にある人口減少社会や少子化の打開を目指すには、個別的工夫に止まらず、社会学の側からも社会全体で取り組める方策を志向する理論の普遍性を目指すしかない。まずは、若い世代に将来的な展望を持ってもらえるような社会全体における雇用環境の創出である。なぜなら、「社会にとってもっとも重要な資源は、成員の業績達成能力とコミットメント」（パーソンズ、一九六四＝一九八五：三二〇）だからである。

この両者を奪い取るような非正規雇用の促進は若い世代に将来的な展望を与えない。

したがって、少子化対策理論の普遍性は巨大企業から中小零細企業までの非正規雇用の見直しに直結する。その環境が整えば、「少子化する高齢社会」という現状から幾分かでも将来が明るくみえるようになり、子育て支援に家族、地域社会、企業などの理解と協力が進む[1]。それは農業集落を超えた町村、地方都市、県庁所在都市、政令指定都市、東京圏などが、そのまま地方創生の多様な拠点となりうることにつながる[2]。もちろん地域間における多様性には、経済的格差を筆頭に数多くの格差や相違を含むことに留意しておきたい。多様性は元来均質性を意味しないので、そこには格差や相違が必然的に生まれるのである[3]。

「無限定性」に「限定性」を対置してきた

ここでの基本的視点は、全体社会に対置する個別集落事例の限界を理解して、可能なかぎり日本の全体社会で汎用性に富む地方創生拠点づくりのための理論的枠組みを求めるところにある。パーソンズのパターン変数を利用すれば、増田らの消滅論は社会全体で「無限定性」のレベルの指摘であるのに対して、批判者の山下や小田切などが対置する農村集落での個別的な工夫は「限定性」を免れない。

このような意識のなかで従来の「地域活性化」論での論点（金子、二〇〇〇：一八一～二一九）を下敷きにして、地域社会の資源をとりあえず、

(1) 自然・天然資源　水、大気、土地、土壌、太陽光、地熱、風力、鉱物
(2) 文化・技術資源　エネルギー、電力、都市装置、インフラ、社会的共通資本

(3)人間・関係資源　家族、コミュニティ、専門家、行政、企業集積、地域集団、NPO、ボランティア、社会関係資本（ソーシャル・キャピタル）

として分類しておきたい。

地域社会の構造と機能の要件　このうちのどの資源をどのような集合体（機関）が活用できるか[4]。とくに過疎地域や限界集落一歩直前の地域社会では、以下の機能要件への配慮が望まれる（金子、二〇一一：一四九）。すなわち、地域社会の構造と機能の要件として、

(1)街並みの維持　商店街、金融機関、ガソリンスタンド
(2)社会的共通資本の確保　道路、交通、公園、義務教育学校、内科小児科診療所、郵便局、交番
(3)親交と経験の交流　居住者による年中行事、行政伝達、日常的交流
(4)自治と運動の基盤　居住者による奉仕活動参加、有限責任型運動
(5)生活協力と共同防衛　居住者による防犯、防火、防災

などの総合的考察が望まれる。増田を批判する小田切が「農山村は消滅しない」という根拠のキーワードとした「ナリワイ」（小田切、二〇一四：一九八）の体現者でも、このような地域社会の構造と機能を前提としなければしか生きていけない[5]。

大都市から過疎地域まで、街並みの維持と社会的共通資本の確保はとくに重要である。全国的にみる

と、過疎地域や地方小都市の商店街はすでにシャッター通りや更地に変貌して、金融機関が去り、内科小児科外科などの開業医院が閉鎖され始めている。さらに地域路線バスなど公共交通機関が廃止され、小学校が統廃合され、交番もこれに続き、ガソリンスタンドが撤退して、最終的に集落には郵便局が残る。しかし、小泉内閣時代の郵政民営化によって廃止された郵便局は日本郵便株式会社になっても復活が容易ではないし、過疎地全域で行われていた「ひまわりサービス」なども停止したままである[6]。

定住者による生活協力と共同防衛の機能

日常的定住人口の激減は商店街をはじめとするこのような地域生活要件を崩壊させるから、ある程度の人口数と世代間の均衡は地域の「強靭性」ないしはコミュニティの存続の前提でもある。そこは「定住者」を中心とした親交と長年の経験の交流が日常化された地域空間であり、歴史的には「居住者」による年中行事が行われ、日常的には自治体行政からの伝達ルートにもなる[7]。

さらに予想される社会的リスクの予防や解決を求める際にも、この居住地を基盤とする「居住者」による自治と運動がそれらの成否を左右する。「居住者」による奉仕活動、社会参加、有限責任型の住民運動など多彩な集合活動が発生するが、ここにも「定住者」と「移住者」間には参加の種類や運動への評価の点で相違がある。たとえば「有限責任型の住民運動」は「コミュニティモデル」として称賛されることが多く、大都市近郊における流動的市民が担うことが多かった（奥田、一九八三）。

ともかくも「居住者」による親交と自治の成果として、鈴木栄太郎がいみじくも指摘した居住地での生活協力と共同防衛の機能が誕生する[8]。これは「居住者」による自発的な助け合いや防犯、防火、防災への取り組みであり、予防から解決までの広い範囲の機能がある[9]。

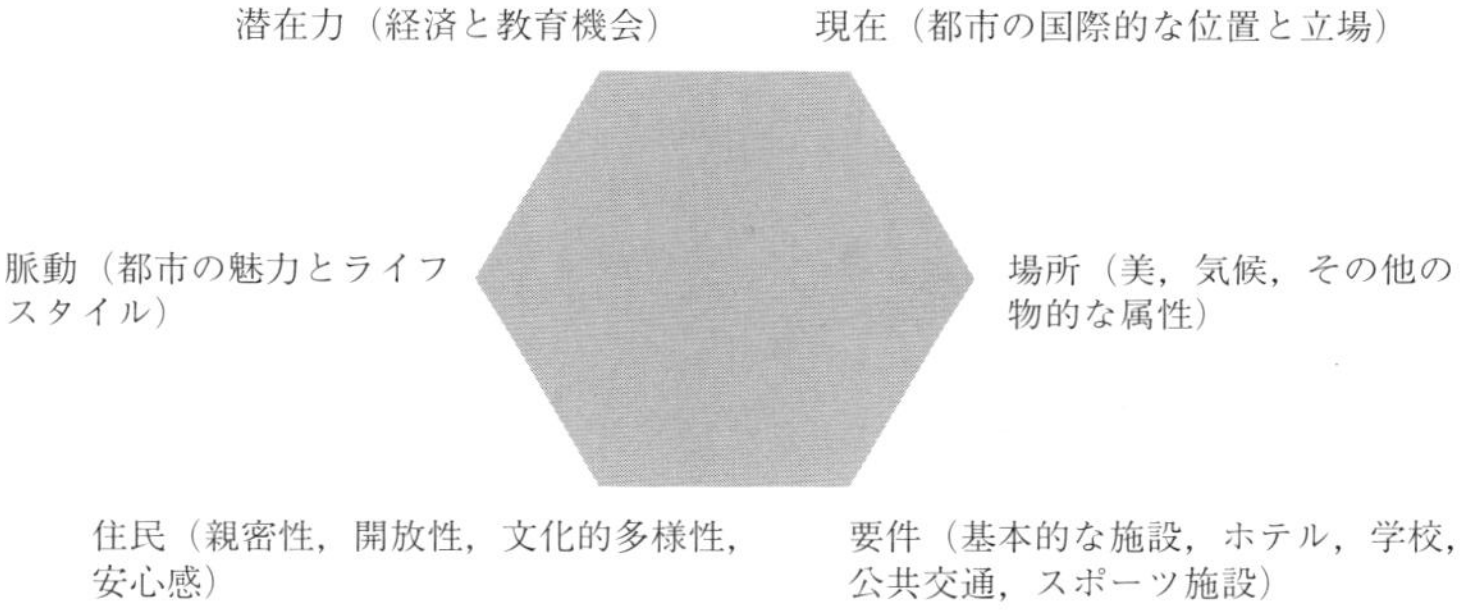

図１－１　都市のブランド六角形

（出典）　Girard, L.F., Baycan, T., and Nijkamp, P., (eds.), 2011, *Sustainable City and Creativity*, Ashgate Publishing Limited : 108.

これらの機能達成は、小田切や徳野が期待する近隣居住の子ども夫婦によるウィークエンドファーマーだけではもちろん不十分である。（小田切、前掲書／徳野、二〇一四ａ／徳野、二〇一五）。老若男女の「居住者」こそが農業を含めた経済活動、政治活動、精神文化活動などの遂行者でもあり、それこそが「集落の強靭性」（小田切、同右：二一七）を支える。

都市のブランド六角形

この生活機能要件を水平的な視点で総合化すれば、たとえばジラードらの「都市のブランド六角形」に到達する。地方創生を進めるに当たり、この六角形の右下が地域社会の機能要件に該当するが、図１－１における左下の親密性や開放性それに文化的多様性と安心感は、「居住者」の日常的関係からしか得られない。盆や正月などの短期間の帰省組はもとより週末の帰省者でさえもそれを担うのは難しいであろう。

ジラードらの「ブランド六角形」は、もともと都市の「持続可能性」（サステナビリティ）の要件として提示されたものである。「持続可能性」と「地方創生」はもちろん重複する概念ではないが、本書で取り上げている「地方創生」でも、日常的な定住者の関係に十分な配慮を行い、経済と教育機会から構成される「潜在力」の発掘を最優先して、ある程度の「持続可能性」を前提にすることは当然である。かりに「持続可能性」が否定されれば、「地方消滅」に直進するしかないからである。

「一村一品運動」や「地域活性化論」の伝統

ただし、過去四〇年の全国地域開発の歴史が証明するように、「経済」の「潜在力」は農業分野だけに限定されるのではない。「一村一品運動」も「地域活性化」論でも同じであったが、地場産業を含めた広義の産業活動を視野に含むこともまた多様性に結び付く。世界遺産登録の可能性を秘める明治期以降の石炭産業の盛衰史から見ても、江戸時代の佐渡金山や石見銀山の史実からも、さらに伊勢神宮をはじめとした門前町の賑わいなどからも、「地方創生」は農業分野だけに限定されるのではないことが分かる。パーソンズのパターン変数を使えば、「地方創生」はむしろ「無限定性」を内包する。

「潜在力」の業績性と帰属性

増田グループの「地方創生」事例として紹介された、英語を就学前から教える教育実践で有名な福島県磐梯町に典型的なように、「教育機会」もまた「潜在力」となる（『中央公論』二〇一五年二月号：五四～五九）。そこで実施され始めた英語の早期教育の成果はもちろんまだ不明だが、多様な「教育機会」を創生することは地方の「潜在力」に寄与するところが大きい。そして「潜在力」自体はパターン変数的には「業績性」だけではなく、「帰属性」に含まれるものもある。パターン変数的には「一村一品運動」や「地域活性化」は業績性志向であるが、門前町や史跡に依存する観光地では帰属性原理を優先すると考えてよい。

活性化阻害要因としての天気、人気、景気、季節、規則

都市の美しさは人工的な空間や一部に残る自然景観と歴史的建造物等の史跡からも得られるが、とりわけ自然景観は気候によっても姿を変える。雪が美しさを引き出すこともあれば、春の桜や新緑そして秋の紅葉が自然を美しく彩ることもあり、地方創生に有力な引き金になる。なぜなら、春夏秋冬の自然景観や史跡は観光など人の移動に結び付くからである。全国の桜の名所はもとより、秋の紅葉スポットでさえも観光客は呼び寄せられるし、人の動きが地域の魅力の資源にもなる。その意味で天気や季節は「地方創生」を図るためにも重視しておきたい。

一五年前に私は地域活性化を論じた際に、その動きを阻害する要因として天気、人気、景気、季節、規則を加えて「五き」があるとした（金子、二〇〇〇／二〇一四a）。全国的には様々な織物文化の伝統はありながらも、ライフスタイルの変化による和服であるがゆえの人気の低迷、景気が回復しても高級織物志向が再燃しないために、それらの名産品はなかなか復活しない。沖縄では「芭蕉布」があり、北海道旭川市でも「優佳良織」があるが、伝統性は十分であっても人気や景気に左右される。

「規制」の例でいえば、世界的な捕鯨批判の高まりにより、食材としての鯨には関心が無くなり、「鯨テキ」や「鯨竜田揚げ」や「クジラの軟骨」の佃煮を国民は食べなくなり、それらの商品製造や販売を持続可能とする職人もいなくなった。長崎の鼈甲技術も同じ運命にある。しかし、韓国のキムチの技術と北海道のタラコを融合した博多の「辛子明太子」は人気があり、伝統的な商品に育っている。

都市の魅力の最適解

「地方創生」でもこのような事情は変わらないので、この「五き」を考慮して、創生や再生のために依拠する産業、場所、歴史的資源、季節、市民文化などを併

せ考えて、現段階での地方が持つ「魅力の最適解」を狙うしか消滅からの打開策はないであろう。

日本都市による国際化への適応は必ずしも十分ではないが、国際化の流れのなかで観光客がその季節に応じた魅力を楽しむために来日するのは、北海道ニセコ町のパウダースノーを活用したスキー場で実験済みである。これもまた季節を考慮した仕掛けの事例である(10)。

しかし、同じく気候が地方創生を阻害し制約する要因にもなることに留意しておきたい。たとえば新潟県越後湯沢市や十日町市周辺のような過疎地、豪雪、高齢化、人口減少、塩沢織が衰退して基幹となる産業がないというような地域社会条件のなかで、どのような地方創生に向けての打開策があるのか。

地域のCIづくり

「地域活性化」でも「地方創生」でも地域のCIづくりが先行するが、CIの原義は「コーポレイト・アイデンティティ」にある。これは元来、企業（コーポレイト）の持つ特性を内部的に再認識して、その特性を外部に向けて明確に打ち出し、広く周知することである。この考え方をコミュニティに応用して、(1)コミュニティ・アイデンティティ、(2)コミュニティ・イノベーション、(3)コミュニティ・インダストリーに類型化して、独自資源を有効活用にするという道筋は「地方創生」にとっても汎用性を持っているのではないか（金子、二〇〇〇：二一七〜二一九）。

どのCIを優先するかは、もちろん定住者中心で地域社会の成員が決めることになる。その意味で、学術的にはコミュニティ論、社会資源論、リーダーシップ論、資源動員論の融合を社会学分野でいかに行うかに、地域社会研究における地方創生論の今後がかかっている。以下、このような観点から現今の地方消滅論と創生論や再生論を展開してみたい。

2　地方消滅論の隆盛

増田「地方消滅」の特徴

二〇一四年夏に発表された増田「地方消滅」の特徴は、(1)面として社会全体の人口減少が背景にあり、(2)出産年齢女性の減少を基にした人口の社会増減と自然増減の予測が「地方消滅」論の根拠に使われ、(3)「地方消滅」が具体的な自治体名で語られ、(4)人口減少を食い止めるための少子化対策論は平凡であり、(5)全国的な小家族化への言及がなく、(6)「地方消滅」への対策に「選択と集中」パラダイムが使われ、(7)「極点社会」としての人口の東京一極集中の緩和と是正に、一九七〇年代に策定された三全総以来の伝統的な地方中枢拠点都市の強化が主張されたことなどである（増田編、二〇一四）。

たしかに、『毎日新聞』（二〇一五年四月一七日）によれば、市区町村自治体ごとの平均所得額は、表1-1のように格差が大きい。これは総務省が毎年公表する「市町村税課税状況等の調査」で、市区町村の課税対象所得の総額を納税者数で割った額を「平均所得」と算定したものであり、いわゆる「一人当たり県民所得」とは異なる。なぜなら、生活保護世帯をはじめ非課税世帯が含まれていないからである。しかし、一定の所得格差を市区町村別でみるには有効である。

自治体ごとの平均所得の格差

その結果、「平均所得」が高い自治体は東京都に集中しており、人口だけではなく「平均所得」もまた東京一極集中であることが歴然としている。港区は一人平均で一二〇〇万円を超え、七年連続で第一位となった。第二位の千代田区が約九〇〇万円、第三位の渋谷区

表1-1　2013年の自治体別平均所得額

ベスト10	金額	ワースト10	金額
① 東京都港区	12,667	① 熊本県球磨村	1,939
② 東京都千代田区	8,988	② 熊本県山江村	1,990
③ 東京都渋谷区	7,566	③ 北海道上砂川町	2,000
④ 兵庫県芦屋市	6,317	④ 秋田県東成瀬村	2,012
⑤ 北海道猿払村	6,265	⑤ 岩手県九戸村	2,029
⑥ 東京都目黒区	6,159	⑥ 沖縄県大宜味村	2,046
⑦ 東京都中央区	5,931	⑦ 高知県大豊町	2,062
⑧ 東京都文京区	5,808	⑧ 沖縄県国頭村	2,066
⑨ 東京都世田谷区	5,364	⑨ 秋田県藤里町	2,074
⑩ 長野県軽井沢町	5,138	⑩ 沖縄県今帰仁村	2,084

（出典）『毎日新聞』（2015年4月17日）による。単位は千円。

は七五〇万円であったが、第四位には高級住宅街が目立つ兵庫県芦屋市の六三一万円、五位にはホタテ養殖が好調な北海道猿払村の六二六万円、一〇位にはリゾートで有名な長野県軽井沢町の五一三万円などが入った。

他方、自治体最低の「平均所得」は熊本県球磨村（人口四二〇七人）の一九三万円であった。港区との格差は実に六・五倍になったが、これは二〇一二年でも同じ組み合わせの港区と球磨村の四・七倍よりも格差が拡大したことを意味する。「平均所得」が二〇〇万円前後の自治体は、熊本県が二村、沖縄県が三町村、秋田県が二町村、北海道と高知県がそれぞれ一町、岩手県が一村であり、いずれも過疎地域であり、限界集落を抱えている自治体であった[11]。このうち、北海道では猿払村とは対照的に旧産炭地域の上砂川町が低い方に入り、ベスト一〇にもワースト一〇にも北海道の自治体が登場したことになる。

「未来の縮図・北海道の地域戦略」分析の限界

さて、増田編『地方消滅』の第5章は五十嵐（二〇一四）による「未来日本の縮図・北海道の地域戦略」であった。ここでの分析手法は、「人口を全体的に分析する」ことを眼目にして、北海道の社会増減と自然増減を手掛かりに、重層構造分析として「市区町村」「地域圏」「札幌大都市圏」を取り上げていた。しかしそれらは「平均所得」の格差が激しく、しかも北海道でも進む「少子化する高齢社会」状況を鮮明にするためのいわば必要条件にすぎないものであった。

なぜ必要条件に止まるかといえば、増田の第一論点としての「再生産年齢女性の減少」だけでは、社会増減と自然増減の今後が論じられないからである。日本の高度成長期に典型的なように、相対的には少ない再生産年齢女性の時代でも合計特殊出生率二・〇八以上を長期間維持できれば、総人口はいずれ着実に増加する。決して再生産年齢女性の数だけが出生数や出生率を左右するのではない(12)。

将来的な生活展望こそが肝心

若い世代の男女は将来的な生活展望があれば、行政による婚活などをしなくても結婚に踏み切る。これは高度成長期に証明済みである。そのうえで、同居別居を問わない家族による支援、地域社会の協力、働く職場としての企業や団体の給与水準や労働条件が一定水準に達していれば、結婚する若者が増え、既婚者は子育ての苦労が減少するから、合計特殊出生率は増加する。

日本を含む東アジアでは、文明論的にみると婚姻率と出産率には正の相関があるので、若い世代の未婚率が減り婚姻率が高くなれば、出産数や出産率も自然に上昇する。それは日本の高度成長期で私たちが学べる歴史的事実である。

そこからの帰結としては、自然増を目指した「増子化」のためには、結婚をしたいと思う世代に正規雇用の機会が増えて、それを支える家族がいて、子育てに協力的な地域社会が背景に存在することが必要であり、この条件の下でこそ夫婦にとってもう一人の子どもが産まれやすいという図式が得られる。

多様な独自資源による地域産業の再生から

同時に、農業だけに特化せずに、かつてのような石炭などの天然資源の産地、木材の集散地の家具工業、観光に活用できる姫路城のような歴史的建造物を保有している都市などがある。そこでは独自の地域資源を活かした特定の産業活動が活発なうえに、働きやすく、子どもの医療や教育などの質が保障されていれば他の地域社会からの移住がしやすいので、社会増の可能性に富む。

この裏返しが、社会的共通資本が未充足で地域イメージで高い評価を得にくかった旧産炭地域としての筑豊地域であった。第4章（一二三頁）で詳論するが、福岡空港には一時間、福岡市にも北九州市にも一時間の近さでありながら、一九七〇年代や八〇年代の精密企業誘致では、熊本県や大分県に敗北した大きな原因が低い評価の地域イメージにあった（金子、二〇一四a：一〇〜一二）。

人口の自然増減も社会増減も結局は国民の意識と行動の産物であるが、それらを左右するのは世界遺産の富士山があるというような自然特性、国宝の名城を持つというような歴史性、世界企業の本社があり、多数の関連会社も集積しているという経済特性、各種の中枢機能を集中させているという社会特性などであるから、地方消滅論でも創生論でも農業だけに止まらずにこれらの事例もまた考慮しておきたい。パーソンズのパターン変数を用いれば「無限定性」の軸になる。

家族論への配慮も

このように、地域社会人口の自然増減と社会増減を左右するのは再生産年齢女性の数だけではなく、若い世代の男女が持つ家族との関わり方である[13]。未婚を続けたり結婚して子育てしたりする人々の行動様式であるから、増田グループの五十嵐らの分析では十分条件ともいうべき家族論が抜け落ちていたという欠陥が認められる（金子、二〇一四c）。意識が行動を統制する可能性の見地からすると、北海道の地域戦略論では独特の道民性と道民の行動様式への考慮もまた不可欠になってくるが、五十嵐の分析ではこれらへの配慮は皆無であった。[14]

さらに、地域戦略を策定し具体化することで人口動態にも介入できる北海道庁の政策意欲分析も欠いている。[15]行政が熱心ならば多くの有効な地域戦略が実行されるが、そうでなければその戦略は画竜点睛を欠くであろう。民間のＮＰＯだけが地方創生の軸になるのではなく、その主体もまた行政をはじめとして多様性に富むはずであり、ここにも「無限定性」が活きる。

「北海道の地域戦略」に欠けていた論点

要約すると、増田グループの五十嵐による「北海道の地域戦略」に欠けていた論点は以下の通りである。(1)未来を先取りした小家族化、(2)「単身世帯率」の高さ、(3)「三世代同居率」の低さ、政令指定都市最下位の札幌市では二・四％、(4)「合計特殊出生率」は都道府県で四五位、札幌市は政令指定都市では最下位、(5)北海道の「離婚率」は高い方から二位か三位、(6)「共働き世帯」率は全国四五位、(7)「女性の労働力人口」率も全国四三位、(8)「地域共生関係」の創出が弱い、(9)「進取の気風」に乏しい現状満足型の道民性、などが北海道の社会構造を論じる際の留意点になる。[16]これらの細かな分析は第2章で行った。

これらの事実に対してまったく配慮しないままに、地域集積の実例としてニセコ町、中標津町、音更町の取り組みを紹介して、そこに「持続可能性の高い地域の力」を想定しても汎用性に欠けて、その全国的な展開は難しい（五十嵐、二〇一四：九五～一二三）。なぜなら、紹介された道内三地域が置かれている交通条件や利用できる地域資源に違いが認められるからである。だからといって、かつての小樽市の運河再生事例を付加しても事情は変わらない[17]。

面と点

一般的にいえば、面として「少子化する高齢社会」が到来した日本での人口減少を克服するためには、点としての地域単独の限定された事例を提示するだけでは地方創生のモデルの汎用性は得られない。歴史的事情が異なり、活用可能な地域資源が違う地域社会で単発的に上がる花火の紹介だけでは不十分である。そのような試みは文字通り一瞬のうちに消滅するであろうし、決して他の地域との線でさえも結べず、ましてや面に成長することはありえない。有名な徳島県上勝町の「葉っぱビジネス」は他の地域との線が結べなかったし、鹿児島県鹿屋市「やねだん」地区のいも焼酎も単品のブランド止まりであった。

無限定性を目指す六モデル

ただし、「地方消滅」提起の半年後に増田らにより示された産業誘致型、ベッドタウン型、学園都市型、コンパクト・シティ型、公共財主導型、産業開発型の六モデル自体は興味深い（『中央公論』二〇一五年二月号特集）。農業面の単なる多様性の主張を超えて、少なくとも点が面に成長する可能性を含んだ無限定性を目指した議論になっているからである。

もっともこの六モデルの設定もまた恣意的ではある。なぜなら、日本の場合は学園都市型とベッドタウン型は重複しやすいし、産業開発型と産業誘致型もいずれ重なり合うからである。また、公共財主導を推し進めれば、地方都市や町村レベルではコンパクト・シティ型になりやすい。

四つの視点

その延長上に増田は、『中央公論』（特集「脱「地方消滅」成功例に学べ」）で総合戦略「四つの視点」を提示した。すなわち、(1)雇用として「しごと」をつくり、「ひと」を集め、「まち」を整える、(2)「結婚・出産・子育て」への切れ目のない支援をする、(3)「コンパクト・シティ化」、

(4)「財源」への配慮を欠かさない、がそれである。これらは、安直な「期待」や漠然とした「希望」というよりも現実を直視するところから得られた戦略の一環の意味があり、評価できるところがある[18]。

「ナリワイ」では地域社会は存続できない

ただしそれらには主体論がないために、だれがどこでどのような「しごと」を作るのかが明らかではない。さらに「しごと」は雇用だけで生み出されるのでもない。その反論のために小田切は、五つの「しごと」をもちそれぞれが年間六〇万円を稼ぎ、合計で年収三〇〇万円になる「ナリワイ」を提示したのであろう（小田切、前掲書：一九九）。しかし、仕事で毎月五万円を稼ぐことは素人芸だけではすまない。しかもそれが五種類とくれば、おのずと仕事は無限定になるが、「田園回帰」した都会人で素人芸を超えた報酬を前提とした仕事の力量を五種類持てる人が、一集落ではたして何人いるか疑問である。

かりにその可能性を追求するならば、この「ナリワイ」は農業分野に限定されるのではなく、無限定性を帯びざるをえない。なぜなら、農業分野だけでもそれを超えた地場産業を併せても、五種類の仕事から毎月五万円の収入が保証される専門家は簡単には育たないからである。

このように、増田の「地方消滅」論は農業だけにとどまらない無限定性を「地方創生」に向けての対案に含むが、批判者である小田切の対案は農業分野に限定しつつ、そのキーパーソンは「ナリワイ」実行者という限定性を帯びるという特徴を持つ。

どこから「ひと」を集めるか

問題は「ひと」をどこから集めるかにある。増田の構想では何よりも人口の東京一極集中に歯止めをかけることを最優先するから、東京圏から地方への還流（UIJターン）が念頭にあるのは確かであろう。もちろん整えられた「まち」に「ひと」は「しごと」を求め集まってくるが、その人々が去った集落や地方ではむしろ人材が今まで以上に払底してしまう。その意味で、UIJターン者に期待しても、一方が利益を得て他方が損失になるのだから、日本社会全体の解決にはなりえない。優秀な人材を受け入れた集落や地方は喜ぶであろうが、去られた集落や地方ではますます困るはずである。この典型的なゼロサムゲームでは地方消滅の処方箋とはいえない。

ただし、地方の「まち」を整える費用の多くを東京圏や政令指定都市などの大都市市民が負担する構造について、増田らに特定の見解はないし、その批判者である山下や小田切にも地方と大都市間にある負担の格差論は見当たらない。東京圏や政令指定都市がなければ、地方への資金還流も難しくなるが、資金配分面の現状についての判断は双方にない。

またその「しごと」からの産出物（アウトプット）も域内消費に止まらず、東京圏や政令指定都市を目指すはずである。有機農産物の産直運動の大半は域内完結ではなく、大都市での消費を前提として成立しているから、地方中核都市だけではなく、やはり百万人を超える政令指定都市と東京圏がなければ、「しごと」の成果が全国的に流通しなくなるのではないか。黒野伸一「限界集落株式会社」もまた東京圏での販売で成功した。

「婚活」は少子化の切り札にはならない

「結婚・出産・子育て」への切れ目のない支援は当然だが、現在流行の都道府県や市町村行政が行う「婚活」にどれほどの効果があるかは不明である。しかし出産支援については、母子健康手帳により出産までの一四回の妊婦健診が無料になったこと、また周産期医療への目配りが少子化対策の柱の一つになったことは評価されていい。この有無が児童虐待の危険性までも左右する。

なぜなら、妊婦健診を怠った女性の子どもがその両親に虐待を受ける比率はかなり高いからである。妊婦健診は母親になる女性全員を対象にしているが、それを避ける女性は未熟な母親（immature mother）となり、同時に児童虐待の加害者になる比率も高い。

「早母」による児童虐待の可能性は高い

そして社会保障審議会児童部会児童虐待等要保護事例の検証に関する専門委員会編「子ども虐待による死亡事例等の検証結果報告」の統計から、未熟な母親は十代の出産経験者に多くみられるので、私はこれを「早母」と命名する。[19] 少子化の原因の一つに晩婚（late marriage）と晩産（overdue birth）があるのは周知のことだが、それは結局のところ「晩母」になることを意味する。「晩母」もまた私の造語であるから適切な英訳はないが、相対的には「早母」が未熟な母親（immature mother）であるのに対して、暫定的にいえば「晩母」は分別のある母親（mature mother）の可能性に富むと考えられる。

表1-2　20歳未満の女性の出生率と合計特殊出生率

（％）

年度	20歳未満の出生率	合計特殊出生率
1955	1.5	2.37
1965	1.0	2.14
1975	0.8	1.91
1985	1.2	1.76
1995	1.4	1.42
2005	1.6	1.25
2013	1.3	1.43

（資料）各年度厚生労働省「人口動態統計」。

　どの統計でも児童虐待加害者の六割程度が母親であり、しかも一九五五年度から二〇一三年度の厚生労働省「人口動態統計」によると、全出生数のうち母親の年齢が二〇歳未満の割合は約一・三％前後で推移している（表1-2）。しかし、社会保障審議会児童部会のまとめによれば、児童虐待死の加害者である母親のうち二〇歳未満の出産の平均割合は実に一六・六％であった（社会保障審議会児童部会、二〇一四年九月）。

　しかし、「切れ目のない支援」の中でも現存の子育ての保育格差は温存されたままである。この格差は二重になっており、相変わらず働く女性の子ども保育重視が濃厚であり、市町村自治体の保育予算の九五％以上が保育所に使われる構造も不変である。ゼロ歳から五歳までの就学前児童の半数が在宅で主に母親の手で養育されている現実を直視せずに、全体の三割程度の保育園児のみに保育予算を投入する一方で、在宅児童への支援が後回しになっている構造が続いている[20]。

もう一つの格差としては、待機児童が多いのは大都市特有の事情であり、「地方消滅」として名指しをされた地方都市や町村ではしばらく前から保育所定員が満たされない状態にあり、幼稚園も同じような問題を抱えていることへの配慮が現今の少子化対策には乏しいことが挙げられる。「切れ目のない支援」はこれらの格差を緩和・是正・解消するためにこそ有効であろう。

「コンパクト・シティ化」では、大都市でも地方都市でも町村でも小地域の再編を前提としており、結果的に消滅する地区が不可避的に出てくる。そこでは、点の集合である面においてもコンパクト化に伴う社会的共通資本の統合と機能の簡素化が進むから、該当する地区居住者のアメニティ感を低下させる。「財源」については日本全体の一〇〇〇兆円の借金がもとより重く、その打開策が見当たらないままで、税金の軽重の差により地方住民を大都市市民が支える構造は残ってしまう。このような付随する問題に「地方消滅」論の提唱者も批判者も答えていない[21]。

「知恵を絞る」時代の成功事例

同じく『中央公論』（特集「脱「地方消滅」成功例に学べ」）では、自治体間の競争が始まるので、一緒に「知恵を絞る」時代として、各地の成功事例が紹介されている。

(1)高松市：商店街の活性化を「土地の所有と分離」により「まちづくり会社」方式で実現。

(2)北海道ニセコ町：パウダースノーを活かしたまちづくり基本条例による観光と農業振興。
(3)福井県鯖江市：メガネ産地として製造から販売の一貫した個の時代のイノベーション。
(4)福島県磐梯町：幼稚園から小中学校まで英語の一貫教育をすることにより転入者が増え、年少人口が増加した。
(5)徳島県神山町：ITベンチャーを誘致した。
(6)岡山県真庭市：バイオマス産業都市を標榜しつつ、地域資源を産業化してエネルギー自給率四〇%を目指している。

これらの事例は点としてのみの内容として優れてはいるが、六人が独自の観察と調査によって書いたレポートなので、これらを扱う学術的な共通する理論枠組みはどこにもない。成功事例にとって企業経営者のリーダーシップが決め手になったか、町長の英語教育理念が町全体に受け入れられたのか、スノーパウダーという天然の地域資源が活路を開いたのか。それらに共通する理論的な枠組みが欲しいところである。[22]

3　汎用性に富む地方創生の考え方

柳田國男の慧眼

増田の危惧は人口の東京一極集中による日本社会における各種の弊害である。[23] ただそれだけならばすでに日本の地域研究史では一〇〇年前から周知の内容である。たとえば、柳田國男は一九〇六年段階ですでに指摘していた。すなわち、「人口の都会に集注する現象」は「はなはだ古臭い問題」（柳田、一九〇六＝一九九一：四一）であり、「人口集注」の理由は、「政治機関の中央集注は日本の大都会をしていっそう発達せしめた」（同右：四六）からであり、そのために交通は政治の中心点に向かって開け、商業は交通の開けた所で活動し、商業の盛んな所に工業を持っていき、工業が都会地に起こり、人口が大都市に移動した」（同右：四七）からであるとした。

柳田は、全国の町を経済上の立脚点から消費町、交易町、生産町に分け、生産町を推薦している。それは「小規模でも地方地方の原料に頼り地方地方の勤労を利用して、滓その他の副産物を土地に残し、荷を軽くして送り出すという製造業の町」（同右：一一二）である。ここには地元資源の有効利用と地元居住者による労働力の活用という、今日の地方創生論で主張されている内容が認められる。柳田の慧眼には驚くしかないが、逆に言えば、日本の地域社会研究や地域経済論は一〇〇年間同じ所を堂々めぐりしていたことにもなる。

東京問題の解決の方策

柳田から七〇年後の一九七四年に出された「東京に向かっての求心的構造」論では、過密した東京問題の解決の方策として、(1)産業および人口の無秩序な都市流入の抑制、機能分散の促進、(3)地方開発の促進、が挙げられている（伊藤、一九七四：一二～一三）。別の筆者は「首都東京はいまや、世界にも類例をみないような無秩序な超高密度社会が形成され、過密の弊害はその極限に達している」（野呂田、一九七四：四三）と論じた。「集積が集積を呼ぶ」構造を変革するには、大都市機能の地方分散しかなく、工場、大学、事務所などがその候補とされている（同右：五四～六四）。

さらに機能論からみた打開策としては、政治行政機能の地方移転、東京湾地域の機能分散、北関東大規模都市構想などが対策とされている（同右：六四～八四）。あるいは「中枢管理機能」が東京を巨大化させている真の要因であるという論者もいる（高橋、一九七四：一〇八）。このように東京一極集中の内容次第で、社会学や地理学の理論も政策も変わるのは四〇年前から一貫してきた。

増田には東京一極集中の内容の子細な分類はなく、総論として「人口の東京一極集中」（増田、前掲書：六）や「人口が東京に集中する社会を『極点社会』と名づけた」（同右：九）というように、人口に関してのみの使用が目立ち、人口の東京一極集中の危険性を極論するという特長がある。しかし、人口が東京に集中するには理由があり、その議論には四〇年間の伝統がある。

そこで、東京一極集中の内容を学術的な議論に昇華させる工夫をするために、パーソンズのＡＧＩＬ図式と鈴木栄太郎の結節機関論を応用しておきたい。

パーソンズのＡＧＩＬ図式から

周知のように、パーソンズのＡＧＩＬ図式は、社会システム論、家族論、経済と社会、政治社会学、パーソナリティ研究などの基盤的フレームであり、細かくは、

Ａ（adaptation）：適応（産業・経済）
Ｇ（goal-attainment）：目標達成（政治・行政）
Ｉ（integration）：価値規範（地域社会・統合）
Ｌ（latent pattern and tension management）：潜在的パターン維持と緊張処理（教育・文化）

とされるが、これはパーソンズの独創図式の一つである[24]（図1-2）。

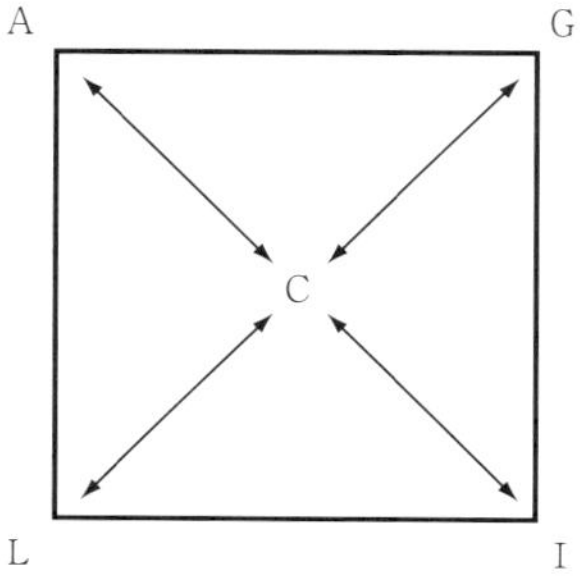

図1－2　ＡＧＩＬにＣを加えた修正図式

このうちのどれを取り上げるかで一極集中の内容が異なるし、対応策も変化する。ただしこの類型は六〇年前に出されているので、これら以外に現在では最小限「Ｃ（communication）：コミュニケーション（交通・通信）」が加わるであろう。

全国も地方も「少子化する高齢社会」が進むなかで、東京に企業本社が集まり、高度の経済機能（Ａ）が集中するのは、日本政治行政の強大な中枢機能（Ｇ）があるからである。このために、マスコミも大学や研究機関でさえも東京に吸い寄せられる。その結果、それらの集合体（機関）で働く人々が集まり、過密なまでに人口の東京集中がもたらされてきた。したがって、増田が強調する「人口の東京集中」は全国的社会変動の結果であるから、その対応策づくりには地方発始動でも構わないが、その動きが全国区に波及しないと、社会変動に対する適切な内容をもてない。すなわち面的な対応が必然性を帯びてくる。

おそらく四〇年前から東京一極集中の弊害が指摘されて、地方への機能分散も叫ばれてはきたが、二〇一四年に元総務大臣の増田が同じ主張をせざるを得なかったことからも理解できるように、この四〇年間に行われたいくつもの地域政策は何の効果ももちえなかったのであろう。私はその理由として、地方分散が単なる点への分散に止まり、東京一極集中に影響するような面づくりへと進まなかったことを指摘しておきたい。

同じ轍を踏む「地方消滅」批判として、山下（二〇一四）の「多様性の共生」や小田切（二〇一四）の

「ナリワイ」者づくりがあるが、これらはいずれも「農業集落経験中心主義」や「田園回帰」を超えていないので、論点としては限定的過ぎて、無限定の人口減少社会が到来した日本社会には不向きである。

「地方消滅」論を乗り越える

おそらく増田らの「地方消滅」論を乗り越えるには、以下の論点をしっかり取り上げて、自らの処方箋に組みこむことが必要であろう。

(1)全国も地方も無限定的に「少子化する高齢社会」している現状がある。
(2)限定的な「農業集落経験中心主義」を超えた論点が出せるか。
(3)点から線を経由して面への展望を持つと汎用性に近づく。
(4)地域ごとに農業も含む伝統的で個性的な産業活動があるので、これにも留意する。
(5)面の拡大を志向する地域拠点づくりを優先して地方創生論を展望する。
(6)社会構造と社会過程の区分と社会的機能の問題を創生論で扱っているか。

社会構造と社会過程の区分

とりわけ現在の論点に必要なことは、地方創生論でいわれる地域社会構造に止まらず、これと社会過程の区分および社会的機能論の活用である。たとえばパーソンズにとって「構造とは、相互に識別可能な体系諸要素の記述可能な布置」（パーソンズ、一九七七＝一九九二：三一九）であるのに対して、過程とは「ある研究目的にとって意味のある限定時間内で『状態変化』をするところの、理論的に意味のある体系諸局面にあるもの」（同右：三二〇）である。そして重要なことは、「機能が遂行されたり、あるいは、機能的要件がみたされるのは、構造と過程が一つに組み合わさることに」（同右：三一九）ある。区分されている構造も過程も、同じ社会的機能の面から分析される。その理解から社会過程の単位は集合体（機関）であると確認しておきたい。農業のみに限定されない集合体の機能こそが「地方創生」の主題になる[25]。

いいかえれば「地方創生」の主体に個人を措定するよりも、各種集合体を積極的に位置づけ、「地方創生」に関連させて市町村役場、企業、団体、ＮＰＯ、大学、研究機関、病院、福祉施設などの具体的な機能を問いかけることになる[26]。

都市社会学の結節機関説

とりわけ、鈴木栄太郎都市社会学のキーワードに依拠することが論点の幅を深めるであろう[27]。周知のように、鈴木栄太郎（一九六九）では「結節の機関の存している聚落社会が都市であり、結節の機関の存しない聚落社会が村落である」（同右：七〇）という定義から様々な派生的議論が可能になってきた。

たとえば結節機関自体が、同時期にウォレンにより出されたコミュニティ研究における横と縦の分類軸である horizontal pattern（水平軸、地域内軸）と vertical pattern（垂直軸、地域外軸）に対応する（Warren, 1972）。なぜなら、結節機関には空間的な広がりを持つ水平軸ないしは地域内軸と、中央に上層的に結び付く垂直軸ないしは地域外軸の意味があるからである。鈴木によれば、「国民社会は、中央の巨大都市から中小都市を経て農村の一軒家に至るまで、みなもれなく連結する組織をもっている」（同右：一四三）。それを体現するのが結節機関であり、連結は垂直にも水平にも可能である。

具体的な結節機関としては、江戸時代の封建都市から存在していたものとして商品流布、国民治安、国民統治、技術文化流布、国民信仰の各機関が挙げられた（同右：一四一～一四二）。商品流布とは商品

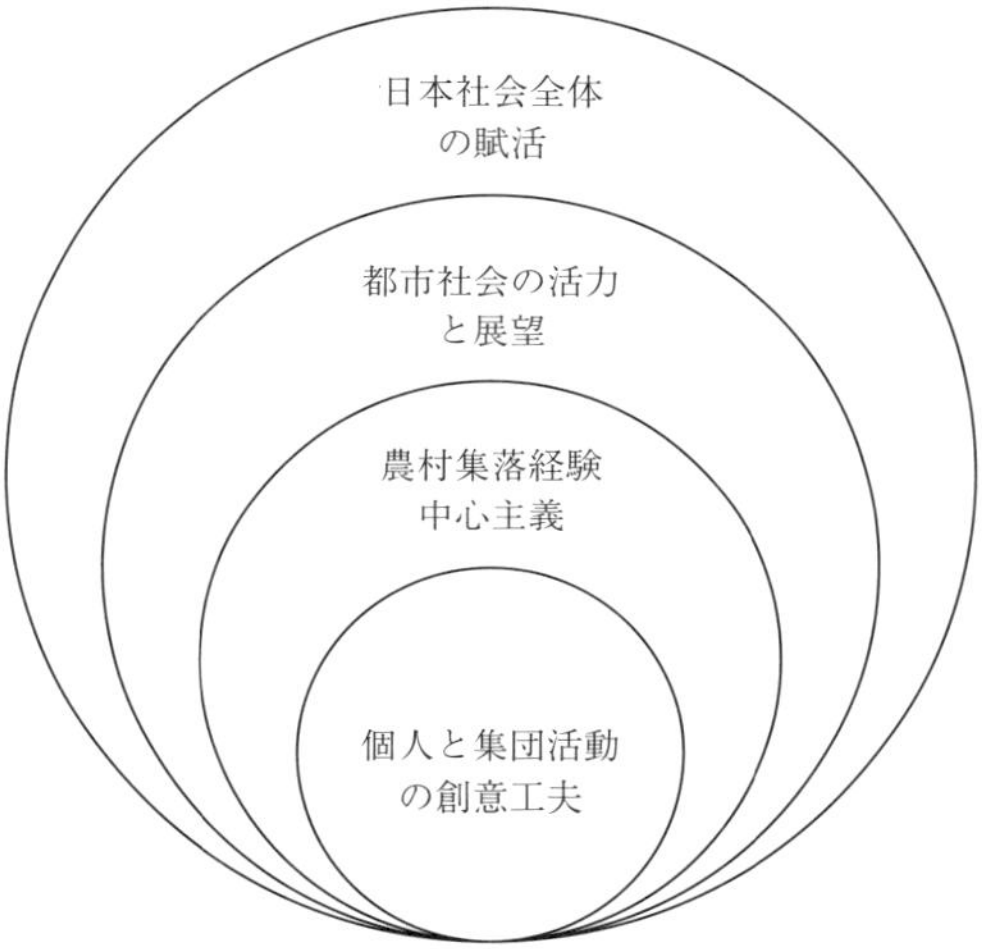

図１－３　個人と全体社会の集合図

生産としての企業と物流組織としての企業の双方を含んでいる。国民治安は日本では警察と消防に代表されるが、自衛隊もこの機能を分担する。国民統治は都道府県や市町村の自治体であり、その頂点には日本政府が位置づけられる。技術文化流布は文化を担い伝達する機能だから、義務教育から大学院までの教育組織や研究機関はもとより、マスコミなどが該当する。国民信仰は仏教をはじめとする各種宗教教団に象徴される機関としての神社・仏閣・教会などが担っている。

一方、明治時代からの近代都市に新しく芽生えた機関は交通、通信、教育、娯楽の機関であり、これらも二一世紀の今日まで続いていて、図１－３のような水平軸と垂直軸を含む何層もの集合関係を形成する。ここでの留意点は「結節機関の増加が都市に都市性を付加する」（同右：七九）ところにあり、九つの結節機関の不規則な増加により、都市性の内容が異なるのはもちろんであり、人口増減の大きな理由もここにある。

地域にふさわしい結節機関がある

したがって、その地域にふさわしい結節機関はおのずと違ってくるので、点だけの事例を紹介するだけではその後の議論が面として発展しないのである。たとえば北部九州の交通機能の結節点である鳥栖市は人口減少社会の今日でも人口増加が続いているが、その筆頭原因である東洋一といわれるジャンクションによる活力源を他の都市では模倣できない（金子、二〇一四a）。「都市が交流の結節点をなしているのは、都市に存する機関が社会的交流の結節をなしているから」（鈴木、前掲書：一二九）であり、それを活かした独自の地方創生が必然的に可能になる。[(28)]

これまでの社会学も含めた「地域活性化」論の落とし穴は、異なる地域資源にもかかわらず他地域で成功した結節機関をそのまま取り込み、その模倣策へ過大な期待をかけすぎた所にある。「葉っぱビジネス」成功は徳島県上勝町の農協職員のリーダーシップにあるのに、それを考慮しないままに他地区が「葉っぱビジネス」を模倣しても成功しない。

上につながる、横に広がる

結節機関説は水平性にも垂直性にも対応でき、地方創生にも十分な応用可能性を持つのだから、地方創生に関する汎用性理論原則の筆頭は、「上からの決定、下からの参加」（山下、二〇一四：一六二）という単純な二区分ではなく、地域社会で「上につながる、横に広がる」結節機関を地方創生の軸にするところに求められる。「上」とは政府経由の全国区、「横」とは自治体連合による広域地方区を意味する。「上からの決定、下からの参加」という分類はあまりにも不毛であり、意味をなさない。しかし社会学では、この標語が結論的に使用される歴史が数十年間続いてきた。実際のところ、論者の大半が自らは「下から」に所属すると思い込みながら、現実には審議会や委員会など

自治体レベルでは「下から」とはいいにくい会議のメンバーであったりする。(29)

逆に「上につながる、横に広がる」とそれだけ全国的な面への配慮が可能になる。地方のＮＰＯや集落独自の工夫はもちろん重要であるが、その活動が垂直性にも水平性にも欠けるならば、全国区にはなりえず、汎用性も持ちえない。なぜなら、「点」ごとに目標とする地域シンボルが違い、依拠できる地域資源が異なり、それを始動させるリーダーシップに強弱があるから、全国的な「面」への飛躍ができないからである。つまり地域で依拠する結節機関が「上につながらない、横に広がらない」のならば、全国的レベルには届かず、社会全体を覆う「高齢化する人口減少社会」に対抗できる図式が得られない。

どの集合体（機関）を単位とするか

地方創生や再生という社会過程にとって、どの集合体（機関）を単位とするかにより、そこでの人間行動や役割遂行が変化する。周知の鹿児島県鹿屋市「やねだん」のいも焼酎であれば、発議者は複数の高齢者であっても、事実上は農業組織が単位となり、サツマイモを作る、工場で焼酎を作る、販売するという経済的な人間行動と役割遂行が中心になる。そこでは商品流布のための企業組織が軸となり、水平的な販売網を作り、金融や原材料および商品の輸送のための交通機関との連携も必然化する。

また、家具製造などの地場産業であれば、木材輸入に関しては商社との契約があり、製材所への木材輸送には船舶会社やトラック業者が介在し、家具製造は部品の発注と組み立てで国内国外の工場との関連を強めて、販売網のネット通販や大規模小売店の形態での水平的な広がりと垂直的な取引が不可避的な業務になる。

猿払村のホタテ養殖であれば、漁協と養殖業者の生産活動と役割遂行が中心であり、その販路は垂直組織であるJF全漁連や商社やスーパーなどの商品流布組織が全国的に仕入れから販売までを受け持つ。

汎用性に富む郵便局ネットワーク

このように汎用性の可能性に富み、地方創生に期待できる結節機関の一つとして郵便局ネットワークがある。郵便局は地域社会の重要な「点」であるが、それは文字通り全国に「線」で結ばれており、北海道から沖縄まで「面」としてのネットワークを完成している。その活用は点を超えて垂直に東京本社を経由して全国と結び付き、面的な全国的展開の可能性を秘めている。それは日本郵便が株式会社として「郵便外務社員を活用した業務として、いわゆる『ひまわりサービス』等を行います」（日本郵便株式会社「平成二七年度　事業計画　第九期」六頁）と明記していることからも明らかなように、全国区でもあり、広域地方区でもある郵便局ネットワークの活用その他の郵政事業の実施により、地方創生に資する側面がふくらむと期待されている。

また、「利用者ニーズを的確に把握しつつ、郵便局のみまもりサービス、ふるさと納税手続の利便性向上のための施策など、公益性・地域性を十分に発揮するための取組をさらに積極的に進めるとともに、ユニバーサルサービスを確実に提供すること」も事業計画に盛り込まれている（同右「平成二七年度　事業計画　第九期」別紙2）。

これは増田の第2論点「選択と集中」に関連が深い。なぜなら、全国で約二万四〇〇〇局に達する郵便局ネットワークを「選択」して、その集中的活用を通して社会変動としての地方創生に取り組めるからである。単一のNPOとは異なり、このネットワークが水平性を持つことはもちろんだが、日本郵便株式会社本社へと垂直的に直結しているので、点だけにとどまらず、かつての北海道でみられたような「P&Pセーフティネットワーク」のように、「ひまわりサービス」でも「みまもりサービス」でも社会全体での面的な展開ができる(30)。

増田がいう「選択と集中」では、どのような集合体を選択して集中するかは明示的ではなく、いくつかの事例を示しただけであったが、何を起点とした地方創生を目指すかが明らかになれば、その成功例や失敗例の検討を通じて、面づくりの可能性が探究可能になる。特定の集合体を「選択」して、これに地域資源を集中すると、社会創生を目標とした社会変動が発生しやすい。その変動が社会システムの自己組織化の範疇に収まる場合もあるであろうし、それを超えた特定の強力なリーダーシップや社会運動など人為性が強いときには社会変革と称してもよい。いずれにしても社会構造の変動こそが社会変動になる（富永、一九六五／一九八六／二〇一五）。

社会構造と社会過程

構造・機能論の観点からすれば、一般に社会構造は安定していても、構成要素である経済と政治、産業でも巨大企業と零細企業などの関連に典型的なように、様々に不均衡な社会過程を内包する。元来が不均衡な社会過程を社会構造は持っているから、経済界が現在の政界を見捨てたり、外国の特定勢力と結び付いたり、巨大企業により零細企業が吸収合併されたり倒産したりする強い不均衡が生じなければ、社会構造は変動しない。そこで、「選択と集中」は産業経済、政治行政、価値規範・地域社会・統合、教育文化のどれから始まるかを地域社会の特性に応じて決定するしかない(31)。とくに高度成長期の経験により、産業経済の選択と集中は地域社会の多様性を社会過程にもたらし、政治行政の変革や文化の担い手層を変え始めることが分かっているから、その知見を地元の地域資源に応じて地方創生にも活用したい。

「地方消滅論」に対抗できない批判論

ところが、山下にしても小田切でも、社会構造と社会過程間の相違が自覚されていない。そのうえ農村集落での点だけの工夫にこだわりがあるために、面への展開に不可欠な水平性と垂直性のネットワークへの視線も不十分である。したがって二人による「消滅論」批判は、(1)個別的で創生的な農業中心の地域活動事例が対置され、(2)主体を措定しないままに多様性の共生や自治が強調され、(3)農山村集落の「強靭性」の存続が主張され、(4)別居子の里帰り、盆や正月前後の帰省が重視され、(5)日常的行き来など別居する子ども夫婦の行動（ウィークエンドファーマーなど）への期待が大きく、(6)UIJターン者の活動に期待が込められ、(7)本格的な少子化対策論に乏しいことなどが共通に読み取れる。増田が全国的な規模での人口減少として「面の消滅」を主張するのに、山下も小田切も集落における「点での工夫」のみを示しただけなので、今のところは「地方消滅論」には対抗できていない。

4　地方消滅論批判の限界と課題

後継ぎ世代がいない高齢者の増加

小田切は、増田「地方消滅」論の副作用として、「農村たたみ論」「制度リセット論」「地方諦め論」が醸成されてしまったという（小田切、前掲書：一〇〜一四）。この概括は正しい。同時に「消滅」を定義して、いつ消滅するのかをいわなければ、「何も語っていない」（同右：四四）ことになるという指摘にも納得できる。

しかし日本全国を面的なレベルでみれば、「家族は『空間を超えて』農業経営にかかわり、農地を維持し、そして集落の維持に貢献している」（同右：四〇）とは概括できないであろう。小田切には、後継ぎ世代の里帰りや正月帰省と別居する子ども夫婦による「ウィークエンドファーマー」への過剰期待があるが、これは限られた地域集落としての点では部分的には可能かもしれない[32]。しかし、面的には日本全国で「少子化する高齢社会」（単身の高齢者が増加する、小家族化がますます進む、子どもが産まれにくい）が迫っているという事実を軽視していることになる。

なぜなら、後継ぎ世代に恵まれない、別居する子どももがいない高齢者が全国的に増加しているからである[33]。そのなかで小田切による「集落の強靭性」の存続の理由は次の通りである。すなわち、限界集落になっても高齢者自身はある程度農業にも道普請や祭りや水利などの地域共生活動にも関われること、および子ども夫婦など後継世代が「盆と正月」に帰省して、しかも近隣他出の後継ぎ世代とは日常的な「行き来」があり、農作業も農地保全も担っているから「集落の強靭性」は残っていると小田切は判断するのである（同右：三四）。

同じく徳野もまた「四〇歳以上男性で約三〇％の人が、五〇歳代で二〇％の人が独身である」（徳野、二〇一五：一四）に触れながらも、「『家族』は時間や空間を超えて存在する」（同右：二七）と断言する。しかし、もっと高齢化が進み、子どものいない高齢者が増えたら、「ウィークエンドファーマー」も「近隣他出の後継ぎ世代」も乏しくなり、小田切や徳野の図式は通用しないのではないか。

不発に終わった「多様性の共生」

一方の山下は「多様性の共生」を強調して増田批判を展開したが、不発に終わった。というのは、批判された増田自身が「多様性を強調している」からである。増田が「地方が自立した多様性のもとで持続可能性を有する社会の実現を目指すことが重要となる」（増田、前掲書：一二五）と明言している以上、「多様性の共生」を批判の根拠には使えない(34)。

第二の理由には、地域社会の多様性にも日本社会の多様性にも、垂直軸における水平的な多様性が認められ、水平的な多様性にも垂直的な多様性が確認されるという事実があるので、この配慮に欠けると、多様性議論自体が空転する恐れがあるからである。換言すれば、強調するのはどの部分の「多様性」かを明言しないと議論はかみ合わなくなる。

第三の理由には、「そもそも多様だからこそ、分かり合えないのではないか」（山下、前掲書：一三八）ならば、むしろ「多様性の共生」から「自治」は誕生しない。なぜなら、分かり合えることが自治の第一歩になるからである。その意味でも「二重住民票の多様性」（同右：一五二）が確立されても「自治」には程遠い。このあたりはもっと理論的な詰めが欲しいところである。

多様性を担保にできるのはどの集合体か

第四には、「多様性の共生」という目標達成を唱えるだけではなく、地方創生にとってこの目標自体がそのような理由で適切かどうかこそが重要である。それは同時に「選択と集中」する単位がどの地域社会過程に属すのか、そしてどのような集合体かを明らかにすることでもある。多様性を担保にできるのはどの集合体かを明示しないと、地方創生に関連する議論は不毛なままで終わる。数名から数十名の産直運動ＮＰＯだけでは地域社会の点だけの工夫で終わる危険性が高く、それを超えた展開は困難である。この種の主張は一村一品運動時代から長く繰り返されてきた。もちろん経済財の生産はＮＰＯだけではなく、地場企業から多国籍企業の工場や営業所でも可能であり、後者ほど垂直性にも水平性にも富み、面的展開の実現性を帯びてくる。

第五には、居住する地域社会構造では、居住者の合意としてどのような価値規範によりいかなる地域資源を使うかが問われる。[35] 地域社会過程を構成する主要な集合体のうち、優先される価値規範によってその地域社会過程における望ましい行動様式が決められるからである。地方創生で農業を軸とすることは天気や季節を活かした一つの価値選択であるが、多数の地場産業でも歴史的遺跡や文化的施設でもその選択はできる。小樽運河は歴史や人気の面からの地域資源の象徴であったし、各地の世界遺産登録の史跡もまた人気や景気や季節次第で観光客数は異なる。

社会資源は農業農村を超える

増田らによる「人口の東京一極集中」論の対抗策には、地場産業全体の「選択と集中」からも多様性が得られるのに、山下も小田切もなぜ農業農村からの取り組みしか出せなかったか。[36] たとえば、既述したように、地理学上から交通・物流機能を選択してこの機能を特化させた鳥栖市は、九州の全都市の「住みよさランキング総合評価」では二〇一三年が第一位、二〇一四年が第二位、二〇一五年が第三位を堅持してきた（東洋経済新報編集部『都市データパック二〇一五』）。

また北海道内各地域から定住のために移住してきた高齢者を歓迎してきた伊達市では、その持ち家購入の経済効果により、医療費負担や介護負担を超えた税収を得て、人口減少社会における地方創生の方向性としても参考にできる「最強都市」である（金子、二〇一四a：二八～三〇）。あるいは「地域を元気にした港づくり」（共同通信社、二〇〇五）なども考慮に値する地域資源の多様性の一つに数えうる。

リーダーシップのＰＭ理論

要するに、地方創生はリーダーシップの有無で方法論が変わり、どのような資源をどの集合体（機関）に投入し、それが何を産出するかによって左右される。[37] 一時期もてはやされた「地域活性化」と同じように、地方創生もまた物流や資金や情報それに人の動きを活発にする試みにほかならない。それは地域社会過程の主要単位である集合体（機関）間で相互交換される投入と産出のメカニズムの頻度を高める。

その結果、投入可能な地域資源が異なる過疎地、中山間地、都市近郊、都心部などでは、それぞれの投入に応じた産出効果が期待できる。[38]水平性や垂直性に欠ける単一農業分野での試行錯誤だけでは、点における限定的な取り組みが面への広がりという変革を社会構造にもたらさないために、全国的にみれば地方創生の可能性へと連結しない。点としての特定集落での「地域おこし協力隊」（小田切、前掲書：一七二）による工夫や実行そしてイノベーションは貴重ではあるが、繰り返し指摘したように、それだけでは全国的な人口減少社会への対応できるほどの社会変革は生じないのである。[39]

投入資金は大都市からしか回せない

水平性と垂直性に欠ける視点からのもう一つの弊害として、小田切に典型的なように資金配分面への配慮に乏しい結論が引き出される。なぜなら、「『農山村は消滅しない』とするためには、相当に丁寧な地域づくり支援や農村移住支援、そして国民の田園回帰志向の醸成が必要であろう」（同右：二二五）という結論は、「誰が」という支援主体への配慮に乏しいからである。同時に大都市からの再配分された諸税が「社会資源」になるので、これまで以上の大都市からの農村への水平的資金移動の是非についての考察が必要になってくるからでもある。

この種の結論は、東京都市圏や政令指定都市などの大都市市民からの地方住民や農業者への恒常的な租税移転を前提としており、「少子化する高齢社会」の進行とともに今後は画餅に帰すしかない。その理由は、大都市では今後急速な高齢化が見込まれて、福祉介護予算の急騰が予想され、過疎地集落など他の地域社会に回せる余裕がなくなるからである。[40]

それが「地方消滅論」三部作や徳野（二〇一四／二〇一五）では完全に見逃されている。社会的支援の中心である資金の大半が国税・地方税、直接税・間接税であることを考慮すれば、大都市や地方都市で収税された税金が農村・農業・農家に無制限に投入されるわけもない。というのも、地方都市や大都市で生産販売などを行っている中小企業や零細企業などの地場産業でも、税金からの資源投入の必然性があるからである(41)。

農業限定の地方創生論による社会的逆機能性

その意味で、増田批判者が好む農業限定の地方創生論は、社会的逆機能として多様性の機会を奪っているといってよい。活用可能な地域社会資源を農業分野に限定することは地方創生論を閉塞させ、むしろ増田「地方消滅」の批判者の思惑とは反対に、創生のための多様性の機会を奪うことになる。地場産業の一環として農業を正しく位置づけ、各種製造業（織物、家具、伝統工芸、特産品など）と観光資源（歴史的建造物、自然景観、食文化など）やサービス業と組み合わせる方針はむしろ増田の方に鮮明である。

「地域を磨く」を超えた理論を探究する

さらに小田切が触れた「地域を磨く」とは何をどうすることか。この気分しか伝わらない表現はいたずらに議論を混乱させるだけである。

増田「地方消滅」への批判として、本章では全体社会に向けた個別集落事例の対置には限界があることを強調してきた。個人、NPO、企業・病院・福祉施設・学校・文化施設などの集合体、歴史的遺跡、行政などでなされる様々な工夫は評価されるが、それらは全体社会レベルの人口減少社会を背景とした地方停滞・後退・衰退・消滅の防波堤にはなりえないのである。

その意味でも、理論社会学的伝統としての社会システム論の応用、都市社会学の共有財産である結節機関説の活用という二つの伝統に配慮して、本章では垂直軸と水平軸を有するコミュニティ研究の立場から地方消滅論と地方創生論をまとめてみた。日本社会全体が直面する人口減少社会への対応は別途に試みたい[42]。一つは本書第2章で、もう一つはほぼ同時に刊行される「子育て共同参画社会」を主題とした金子（二〇一六）においてである。

第2章　地方消滅と少子化対策問題

1　東京一極集中論

人口動態に伴う社会変動

二一世紀前半の日本社会では、人口動態に伴う社会変動が激しいが、これらを「少子化する高齢社会」として一括することは可能である。より具体的に二〇一四年までの特徴を挙げれば、(1)合計特殊出生率が一・四〇程度で停滞、(2)年少人口数の三四年間連続の減少（一六一七万人まで減少）、(3)年少人口率の四一年間連続の減少（一二・七%にまで低下）、(4)平均世帯人員の漸減（二・四〇人程度）による小家族化などが最初に指摘できる[1]。

ついで、これらに付随する形で、(5)札幌の三世代同居率二・四%（二〇一〇年国勢調査）を最低に、政令指定都市から県庁所在都市に至るまで三世代同居世帯が激減して、しかも全国的に(6)高齢者の単身化が進み、(7)世代間で子育て支援が担えなくなり、(8)中年の未婚率の増大による子育て未経験者が増加し、(9)女性の雇用労働への進出が激しくなり、(10)男女ともに自営業者の減少により、(11)昼間居住者で近所の子どもの面倒をみられる人が少なくなり、(12)他所の子どもには関わりたくないという国民レベルでの価値観の転換が起きた。いずれも互いに関連しており、したがって単一の少子化原因の抽出はできないが、集約すれば⑴未婚率の上昇と⑵既婚者の産み控えに大別できる（金子、二〇〇三／二〇〇六a／二〇〇九／二〇一四b）。

合計特殊出生率の促進要因

計量的には単相関ではあるが、都道府県データで合計特殊出生率の促進要因として抽出するために、総務省統計局『社会生活統計指標　二〇一四』から、合計特殊出生率に関連すると予想されたデータを選定した。それらは、持ち家率、世帯人員、共働き世帯割合、保育所数、一人当たり教育費、一人当たり住民税、一〇万人当りコンビニ数、男三〇〜三四歳未婚率、女二五〜二九歳未婚率、女子労働力率、離婚率（千人当たり）であった。それぞれで単相関を算出した。

表２‐１によれば、婚姻率の裏返しである未婚率が、合計特殊出生率との間に非常に強い負の相関を示した点がまず指摘できる。婚外子率が二％の日本では、若い男女でも結婚しないと出産行動に進まないのである。男女ともに未婚率が上昇を続けているために、このままでは合計特殊出生率の伸びは期待できないであろう。

次に読み取れるのは、合計特殊出生率と一人当たりの住民税との間の負の相関である。一人当たりの住民税が高い場合は合計特殊出生率が低くなることは、家族支援の低レベルと整合する。一般に国民負担率が低く、税金が少なければ、国からの家族支援サービスもまた不十分なのであり、結果的にそれは子育て支援の低水準にも結び付く。そのために、出産や育児それに高等教育課程で高額な費用が見込まれる日本では、積極的な出産行動につながらない。

計量的にみると合計特殊出生率と正の相関を示す指標は、世帯人員、共働き世帯割合、保育所数、一人当たり教育費、女子労働力率であった。いずれもこれらが多いもしくは高いと、合計特殊出生率も高

表2-1　都道府県に見る合計特殊出生率の要因（単相関）

説明因子	標準偏回帰係数	単一変数P値	有意差	決定係数
1．持ち家率	0.1180	0.4295	ns	
2．世帯人員	0.3266	0.0025	**	0.1067
3．共働き世帯割合	0.3216	0.0275	*	0.1034
4．保育所数	0.2923	0.0462	*	0.0854
5．一人当たり教育費	0.3913	0.0065	**	0.1531
6．一人当たり住民税	−0.5029	0.0003	**	0.2530
7．10万人当りコンビニ	−0.1785	0.2300	ns	
8．男30〜34歳未婚率	−0.6841	0.0000	**	0.4680
9．女25〜29歳未婚率	−0.6147	0.0000	**	0.3773
10．女子労働力率	0.3503	0.0158	*	0.1227
11．離婚率(千人当たり)	0.0358	0.8111	ns	

（注）『社会生活統計指標 2014』より金子が算出。

くなるという関連を意味する。この結果も、保育所数だけではなく、その他の項目でも少子化対応の具体策が可能だから、もっと活用できるはずである。

地方消滅論のインパクト

さて、二〇一四年の夏以降二〇一五年夏にかけて、人口減少社会を背景にした地方消滅論がなぜ日本全体で盛り上がったか。その根拠として使用されている人口減少関連のデータのほとんどは研究者間では共有され、関連の研究書もかなり出版されていたのに、それまではそれらの内容にマスコミ界や政財界や行政などでは関心が持たれなかった。同じようなテーマながら今回の国民的関心の高さは、元総務大臣の増田（二〇一四）と日本創成会議が保有する影響力の大きさによるのであろう。

増田らの論点（以下、増田「消滅論」と略記）は単純化されているがゆえの力強さがあり、それがこれまでこの方面に関心を持てなかった業界への浸透力の高さの理由となった。すなわち増田「消滅論」は、まず東京一極集中が極限になったとして「極点社会」の成立を明言した。

なぜ東京一極集中なのか

しかしその内容は人口だけに特化した印象を否めない。東京に人口が集中したのはなぜかについてのきめの細かな議論も抜けている。「人口の東京一極集中」（増田編、二〇一四：六）という表現はたびたび登場するが、人口だけが東京に集中しているわけではない。むしろ人口集中を必然化させる機能の集中すなわち機関の集中にも視線が届かなければ、人口の一極集中の打開策も見えないであろう。(2)

ここではそれを社会学の機能論でまとめてみよう。手掛かりはパーソンズのＡＧＩＬ図式を東京一極集中現象に応用するところから得られる。私の全体的見取り図は図２‐１の通りである。要は社会システムを「適応機能」としての産業・経済、「目標達成機能」としての政治・行政、「統合機能」としての社会参加、連帯性、「現在の構造維持と緊張処理」としての文化・情報の主要な側面に分けて、「一極集中」を論じる手段にするのである。

ＡＧＩＬ図式の活用

この図式を活用すると、東京一極集中している全体社会システムの機能は、Ａの経済と産業活動、Ｇの政治と行政活動、Ｌの文化と情報活動であり、それぞれが激しく吸引し合っていることに気がつく。決して人口だけが一極集中するのではなく、むしろそれはＡＧＬ機能の東京一極集中の結果とも読めるのである。

まず政治活動と行政活動拠点としての東京一極集中がある。政府、内閣、国会、最高裁、省庁、マスコミなどの人員も施設も、その核となり本社となる機能のほとんどすべてが東京に集中してきた。その集中が地方政治と地方行政による陳情を不可避として、陳情に象徴される膨大な社会資源を東京で費消させてきた。地方分権といっても、日本の全体社会システムに不可欠な政治・行政機能あるいは全体社

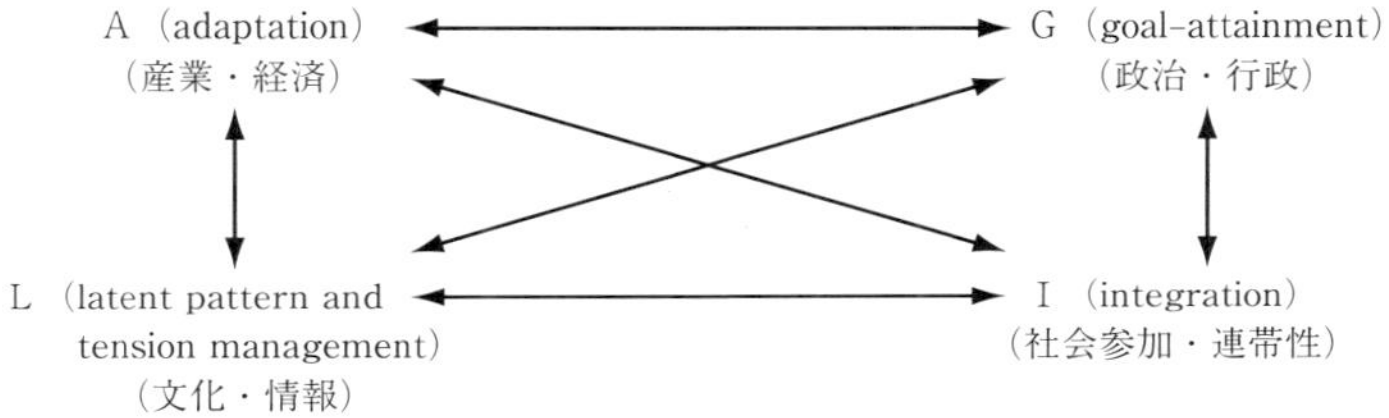

図２-１　ＡＧＩＬ図式

会に関わる政府決定機能は、今日でも東京に集中したままである。

Ａ機能としての経済と産業活動もＧ機能と同様に、企業の東京本社を中心として国際化への対応をはじめとして日本全体社会に向けられる。国内国外の経済活動を統制するセンターとして、同時に生産、販売、貿易、広告などの領域では国民全体の消費増進を目指しながら、東京で企画され、決定され、情報や商品が全国一律に伝達されるという一極集中の構造がある。

同じくＬ機能を担うマスコミは、新聞もテレビも本社機能ないしはキー局機能を東京に置き、全国に一元的な情報を発信し続けている。北海道新幹線の建設決定でもオリンピック招致でもＴＰＰ交渉でも外国へのＯＤＡ支援でさえも、東京に拠点を置く国会とともに主管する官庁で最終決定される。

ＡＧＬ機能の東京一極集中

このような立場からすれば、人口だけを東京一極集中とみなす視点を超えて、今後の人口減少社会において重要なことは全体社会システムを支えるＡＧＬ機能の一極集中をどう判断するかにあるといってよい。それ以外にも留意しておきたい論点として、(1)地方の農山村では過疎がますます進み、(2)高齢者比率の定義に合意はないが、いわゆる限界集落は増えていて、(3)東京は若者が集住するにもかかわらず、合計特殊出生率が最低のまま少子化が鮮明であり、(4)今後の東京では高齢化も急増して、子どもの再生産が不可能になり、(5)地方高齢化も進んできて、合計特殊出生率の反転がすでに難しい、などの周知の人口データから読み取れる社会変動がある。増田らはこれらに関するデータのうち、とくに近未来の再生産年齢（二〇～三九歳）女性の減少データを駆使しながら、同時に人口の社会増減と自然増減の両方のデータを使って人口減少社会を鮮明に描き出し、「地方消滅」を結論づけた。

このような基本的認識については裏づけとなるような諸データが提示されており、一定の合意が得られている。具体的に名指しされた全国の自治体では議会を中心に危機感が広がり、人口変動による社会消滅という社会変動の認知が全国化したことは増田「消滅論」の大きな功績である[3]。

「消滅論」への違和感

しかし、二〇一四年冬から増田「消滅論」が持つ「選択と集中」という大原則に対して、社会学や農村農業研究など各方面からの違和感が表明されてきた。

なぜなら増田「消滅論」では、少子化に伴う地方の人口減少による消滅と東京一極集中という人口変動に対して、地方分散の受け皿としての「地方中核都市」づくりを標榜して、地方を再生・創生させる処方箋を提起したからである。

違和感の第一の理由は、増田らの提言には新しいものがなく、むしろ日本では三全総以来の伝統的な空間的再編成の原則でしかないというものであった。併せてその実効性にも疑問が表明されている。たしかに、たとえば二五年前の「東京一極集中からの脱却を図り、地方の主体性を確立しながら、多極分散型国土の形成を目指す」（酒田、一九九一：一八八）という主張は、増田と日本創成会議によって今回ほとんど自覚されてはいない[4]。歴史的には類似の地方中核都市づくり論が存在し、東京一極集中の解消についても歴史的な議論の蓄積があるにもかかわらず、増田「消滅論」では「過去の国家戦略」の一覧表は掲げたものの、そのいずれも時間軸を組み込んでいなかったので失敗したという位置づけしかなかった（増田編、前掲書：三九～四二）。

ただし、増田を批判する小田切（二〇一四）も山下（二〇一四）もまた、この数十年間の東京と地方都市をめぐる議論への配慮に乏しい。それまで一定の蓄積を持ってきた新都論、遷都論、分都論、展都論などの検討は、三者がすべて省略している[5]。

同時に増田「消滅論」で提起された少子化対策では、その柱には若者向けの所得と働きかたを重視しており、この両者にも新鮮さはない。しかし、二人の批判者も人口減少社会に直結する少子化対策をその本質に迫るようなレベルでは論じておらず、三者が出した少子化対策論はすべて一般論に止まっている[6]。

多様な批判点

その増田「消滅論」への批判は小田切と山下によってほぼ同時に展開された（小田切、二〇一四、以下「消滅しない」と略記。山下、二〇一四、以下「消滅の罠」と略記）ので、まずは小田切による批判点を列記しよう。(1)増田「消滅論」のストップ少子化戦略と地方再生戦略の強調には新味はない。(2)増田らが消滅都市、消滅する市町村と断言した根拠に乏しい。(3)「消滅」は極端な議論であり、人口推計上の方法論的な問題点もある。(4)「農村たたみ論」、「制度リセット論」、「地方諦め論」が「副作用」として醸成されてしまった（小田切、前掲書：一〇～一四）。(5)なぜ三〇年後に若年女性人口が半減すると、「消滅可能性」と言えるのか（同右：四四）という疑問が解消されない。(6)「消滅」を定義して、いつ消滅するのかを言わなければ、「何も語っていない」（同右：四四）ことになる。(7)人口一万人以下となると、なぜ「消滅可能性」が「消滅」に変わるのか（同右：四四）。これらが小田切によって増田「消滅論」に向けられた概括的な批判点である。

家族論の欠如

私もまたこれらのいくつかを共有するが、加えて増田「消滅論」には自治体住民の家族の現状と家族規範への配慮がないことを指摘しておきたい（金子、二〇一四c）。かりに再生産年齢（二〇～三九歳）の女性人口が減少しても、希望する子どもの数だけ産めれば、総人口は増加する。

過去数十年間、国立社会保障・人口問題研究所の調査によれば、希望する子ども数と実際の子ども数との間には平均で約一名の差異があるという調査結果が続いてきた。もし夫婦ともに三名を希望しているのに、所得面、職業の継続面、子育ての困難さ、保育所などの社会的支援の乏しさ、住宅の制約などによって一人か二人に抑えられているのならば、それらの制約条件を社会全体で緩和して、少子化克服策としても優先しようという提言を、私は一五年前から主張してきた。

二五年間の少子化対策の停滞

ところが政府もマスコミも関連学界でさえもそれを行わず、二五年間一貫して全国一律に保育所待機児童問題と両立支援（ワークライフバランス）策の実行と功罪についての論議しか行わなかった。人口減少を想定しながらのこの極度に単純化された少子化対策面での停滞こそが、日本における少子化動向に歯止めをかけ、反転させられなかった原因である。

すでに地方では、政令指定都市や県庁所在都市を除けば、待機児童問題よりも保育所定員割れ現象が顕在化している。(7) この地方の実態に気が付きながら、厚生労働省も内閣府も総務省もともかくもマスコミ受けする保育所待機児童問題にしがみついてきたという印象が強い。したがって、増田「消滅論」のように、社会増減と自然増減の人口推計中心だけで少子化や人口減少を論じても、その本質的な人口増加への対策論には届かないと私には思われる。

無限定性に限定性では対抗できない

ただし、小田切「消滅しない」論にも問題点が多い。まず社会認識論としても、(1)日本の田園回帰現象がイギリスのメディアに紹介されると、日本での新しい大きな動きとして理解できるのかという疑問がある。外国からの評価の還流や外国メディア報道に依拠して日本の社会現象を判断する傾向はどの分野にもあるが、はたしてそのような評価還流方式は有効なものなのか。同じく、(2)三〇人から五〇人ほどの「田舎暮らし」に関する集まりが各地で盛況だから、それは糸のような線ではなく面としての全体社会システムレベルで勢いのある社会動向と評価できるのか[8]。

なぜなら、日本で働く正規雇用、非正規雇用、自営業その他の合計である「有業者」は六四〇〇万人を超えるからである。この母集団からすれば、今日でも日本における数百人数千人の「田園回帰」現象が面となって動き始めているとは思われない[9]。

たとえば、二〇一三年度総務省の「就業構造基本調査」では、一一年度ですら介護離職者が年間一〇万人新しく生まれていることが分かる。「ワーク・ライフ」に介護（ケア）が付随する時代なのである。同時に「働いている約五％が介護をしている」現状では、「ワーク」でさえも介護から無縁なのではない。男性有業者三六七四万人のうち一三〇万人（三・五％）、女性有業者二七六七万人のうち一六〇万人（五・八％）が働きながら介護をしている実態がある[10]。こちらの実数約三〇〇万人が数百人数千人の「田園回帰」者よりもずっと多いのではないか。

農山村を含む地方都市の現実から

小田切「消滅しない」で強調された「農山村の現実」に立ち返るのは一つの道ではあるが、それは現実のどこに焦点を置くかによって大きく評価が分かれてくる。

たとえば、地場産業としての織物や家具や陶磁器さらには刃物や鼈甲細工などを軸とした活動の現実を把握して、人口構造、社会活動、ソーシャル・キャピタル、農林業、それ以外の産業活動、教育文化、政治行政、環境問題などと重複させながら地域の社会資源の断面を切り取って調べるしかない。ここにもAGIL図式の応用による対象の明確化の必要がある。既述したように、この細かく産業活動の論点を絞る必要は増田の「東京一極集中」論にもあったので、増田の総論を批判する小田切も総論に終始している。これでは生産的な論点が生み出されないであろう。

「集落の強靭さ」を支えるのは膨大な国民的負担

どの分野を論じるかで判断が変わり、あるいは相互に判断が衝突する。人の空洞化、土地の空洞化、村の空洞化は「担い手不足」から発生するのはもちろんだが、実際には「農山村には、状況に柔軟に対応して、低下した集落機能を元に戻す復元力が存在している」(前掲書：二七)と小田切は捉えて、いわば「集落の強靭性」(同右：二九)への信頼が非常に強い。しかし、集落の強靭さを支えるのは膨大な国民的負担であり、これが都市住民から過疎地域ないしは農村・農業へ提供されてきたという実態への配慮が小田切にまったく乏しい。社会的支援の中心である資金の大半が国税・地方税、直接税・間接税であることを考慮すれば、大都市や地方都市で収税された税金が農村・農業・農家に無制限に投入されるわけもない。

住みよさランキングと自主財源比率

『都市データパック　二〇一五年版』(東洋経済新報社)によれば、「成長力ランキング」の総合評価でみると東日本大震災の被災地である陸前高田市、南相馬市、気仙沼市を除くと、最下位は北海道留萌市であった。また「住みよさランキング」の総合評価では同じ北海道の歌志内市が最下位(七九一位)になっていた。その歌志内市の自主財源比率は一九・六％しかなく、地方税収額は二・七億円であるのに対して、歳出決算額は四六・五億円になっている。この差額の多くは歌志内市民ではなく大都市部の市民が負担しているのではないか[11]。

一方、『二五年版』で「住みよさランキング」の総合評価が第一位の印西市の自主財源率は六九・八%、地方税収額は一六二・八億円であるのに対して歳出決算額は三二五・三億円になっている。札幌市の自主財源率は四八・七%、地方税収額は二七九五・四億円であるのに対して、歳出決算額は八四〇九・七億円であった。地方交付税その他も歳入には合計されるから、大都市や成長力のある都市では自主財源が五〇%から七〇%程度あるのに対して、過疎地域で限界集落も多い小自治体での自主財源率は二〇%を割り込んでいる[12]。

一般に自治体の「歳入」は地方税、地方交付税、国庫支出金、地方債などの総称であるが、いわゆる自前の「歳入」は地方税を軸として、地方交付税や国庫支出金などは国から回ってくる。このうち地方税には都道府県税として、事業税、県民税、不動産取得税、軽油引取り税、たばこ消費税、自動車税などがあり、市町村税には住民税、固定資産税、たばこ消費税などがあり、これらを総称して地方税と呼んでいる。

極端に低い財政力指数

自主財源比率とは異なるもう一つの指標として「財政力指数」があり、これは基準財政収入額を同需要額で除した指標である。二〇一三年度のデータでは、歌志内市のそれは二・〇一に〇・一一、北海道積丹町では〇・一〇であるが、印西市は〇・九四、北海道泊村のそれは二・〇一になっており、自治体ごとの格差が大きい（『地域経済総覧　二〇一六年版』）。通常、「財政力指数」が一を超える自治体には地方交付税は配分されず、一を下回る自治体にのみ基準にしたがって国から交付される。そのため「財政力指数」が低いほど、国税として国が大都市部を中心として徴収した地方交付税を財源不足の地方に回すことになる。

国税としては、所得税、法人税、贈与税、相続税などの直接税、消費税、酒税、自動車重量税をはじめとした一五近くの間接税があり、いずれも大都市部での税収を軸としている。したがって、過疎地域や限界集落への地方交付税の源泉はその大半が大都市住民からの諸税なのであり、取られた分ほどは戻ってこない大都市住民と取られた分以上に戻ってくる過疎地域住民の対置の構図は、長年の都市研究では共有されてきた。それが「消滅論」三部作では完全に見逃されている[13]。

連帯性や凝集性というI機能の問題

税の再配分問題を受けて、次に人の関係性が織りなす連帯性や凝集性というパーソンズでいえばI機能に焦点を置いてみよう。小田切が繰り返す「集落の強靭性」は農村におけるI機能の代表的な表現形式である。この底力の源泉は、限界集落になっても高齢者自身はある程度農業にも道普請や祭りや水利などの地域共生活動にも関われること、および子ども夫婦など後継世代が「盆と正月」に帰省して、しかも近隣他出の後継ぎ世代は日常的な「行き来」があり、農作業も農地保全も担っていることが、小田切による「強靭性」の理由とされている（小田切、前掲書：二七）。この「ウィークエンドファーマー」（同右：三八）への評価は山下（二〇一四）や徳野（二〇一四b／二〇一五）にも通底する論理である。

高まる生涯未婚率

しかし、今後は後継ぎのいない農家が増加することは不可避である。現在のところ「世帯は極小化しても、家族は空間を超えて機能する」（徳野、二〇一四b：二五）が、生涯未婚率が漸増する時代には家族を持てない高齢者も増えるのだから、近未来においては単身で空間に閉居してしまう高齢者が地方でも東京でも等しく増加するのではないか[14]。だからこそ「待機児童ゼロ」や「ワークライフバランス」だけではなく、今以上の税金投入とともに、社会全体で独自の制度として「子育て費用負担」（子育て基金、こども保険など）を行う「子育て共同参画社会」による少子化克服が求められるのである。

後継ぎ世代の里帰りや正月帰省と別居する子ども夫婦による「ウィークエンドファーマー」に期待する小田切は、「家族は『空間を超えて』農業経営にかかわり、農地を維持し、そして集落の維持に貢献」（小田切、前掲書：四〇）できない「少子化する高齢社会」がすぐそこに迫っているという事実を軽視している[15]。

データの古さと新しさ

さらに方法論的な問題もある。小田切は増田「消滅論」で使用されたデータがやや古いと指摘する。たしかに二〇一一年（三・一一）以降の動向が反映されないままに二〇一〇年を基準とする推計が増田「消滅論」でなされているのは事実だが、「最新のデータによる修正が欠かせない」（同右：四五）のは小田切「消滅しない」でも同じである。なぜなら、増田「消滅論」への反証素材の多くが、一九九〇年代から始まった鳥取県の「智頭町日本ゼロ分のイチ村おこし運動」（同右：五九～六七）、四〇年以上も前から連綿として続いてきた山口市仁保地区の地域づくり（同右：九二～一〇三）、二〇〇二年から始まった「住民出資会社による住宅整備」の動きと二〇一一年からの広島県三次市青河地区の「代行と輸送サービス」を重視した地域づくり（同右：一〇四～一一二）などが挙げられているからである。

なお、第1章「農山村の実態」は大西隆ら五名による旧共著『これで納得！　集落再生』（二〇一一）

での論文「農山村の視点からの集落問題」の再録であることもまた、「最新のデータ」には程遠い理由であろう。ちなみに、小田切「消滅しない」の図1-1(:一三)「人・土地・むらの三つの空洞化の展開」は旧論文図2(:四三)と同じであり、図1-2(:二七)も旧論文図4(:四八)そのままである。前者は二〇〇四年、後者は二〇〇五年の発表であるから、一〇年も前の図式になる。ほかにも「誇りの空洞化」(:四二)は旧論文では(:四四)に類似的な表現として書かれている。

もちろん新しい取り組み事例もある。二〇一四年四月岡山県の津山市阿波地区の「あば村宣言」(同右:一一四~一一二)がもつ「高い情報発信力は注目される」(同右:一一三)とされた。ただし「注目はされても」、その結果の判明にはしばらく時間がかかるであろう。

「地域資源」の有効性

ところで、小田切のいう「地域資源」はどれほどの数の移住者に有効か。「消滅しない」ではこれについての厳密な定義はなく、文脈からは「温泉、レストランカフェ、宿泊施設、農産物加工施設、ハーブ、子どもの医療費無料化、独自の奨学金、グルメ料理、食文化、研修事業などの組み合わせ」(小田切、前掲書:二〇一)などが「地域資源」を代表するような印象であるが、これらだけで農山村ないしはローカルコミュニティの「地域おこし」が可能になるのだろうか。たとえば北海道白老町にも地産地消の地域食堂があり、釧路市や寿都町にも類似の地域食堂はあるが、それらは北海道社会全体への影響力に欠けている(金子、二〇一三:一四九)。

かつての一村一品運動もこれと似たような構想であった。その流れが「再生論」に活かされているのは意味があるとしても、「内発性、総合性・多様性、革新性を意識して地域づくりがすすめられはじめた」(小田切、前掲書:二一八)とは本当か。小田切のこの指摘は、一九七〇年代~八〇年代の「地域主義」の提唱と運動と比べても、その論理はほとんど等しい（金子、一九八二：二三〜二九）。

丁寧な地域づくりとは何か

小田切の結論である「『農山村は消滅しない』とするためには、相当に丁寧な地域づくり支援や農村移住支援、そして国民の田園回帰志向の醸成が必要であろう」（小田切、前掲書：二二五）は「誰が」という支援主体への配慮に乏しい。さらに既述した大都市からの諸税の再配分である支援のための「社会資源」への十分な配慮がなく、どこからの資金を転用するかについての考察がないから、このままでは画餅に帰すしかない。

同じく「丁寧な地域づくり支援」とはどの程度の圏域で行うのか。全国九〇〇余りの都市自治体あるいは町村自治体までを含むと一七四〇を超える自治体すべてのうち、その一部である一地区数十人、数百人、数千人程度の集落のことなのか。これが明らかにならないと、次の議論が進まないはずである。

さらに農山村への移住のポイントは「仕事、住宅、コミュニティ」（同右：二〇七）だが、大都市でも「暮らしてよかった」（同右：二〇六）を感じるには同じくこの三者である。したがって、「仕事、住宅、コミュニティ」を主張するだけでは増田「消滅論」への批判にはなりえない。増田の認識は「地方の経済雇用基盤そのものが崩壊しつつある」（増田編、前掲書：二〇〜二一）ところにあるのだから、経済基盤ないしは雇用基盤の崩壊を阻止できる具体的な「磨き方」が欲しい。

2　少子化対策と経済問題

消滅論における少子化対策の限界

二〇年近い少子化研究の経験から、三部作に見る少子化認識と対策の限界を指摘しておきたい。まず増田レポートでは子育て世代の「雇用確保」ないしは「経済力」の側面が強調されるが、山下はこれには冷淡であり、「経済水準と人口増加はむしろ背反するのではないかという疑問さえ湧く」（山下、前掲書：三八）とする。[16] この一部の理由は「失業率の高い沖縄県では出生率が高い」に求められたのであろうが、一人当たり県民所得がずっと四七位であった沖縄県ではたしかに合計特殊出生率が一・九〇近くあり、所得が最高位の東京都のそれが一・一〇程度しかないという二つの事実のみがこれを支える根拠になる。しかし、残りの四五都道府県を含む日本全体の大局的な傾向では、経済力と出生率とは正の相関に近く、その意味でも経済的支援の正当性が強調されてよい（金子、二〇〇九／二〇一四a）。

教育費調査結果から

たとえば日本政策金融公庫による二〇一三年度教育費調査では、公庫の教育ローンを利用する二万一八九二世帯を対象にして、四九四二世帯（有効回収率二二・六％）からの回答が集約されている。そのうちの教育費の捻出方法としての回答では「奨学金を受けている」が五九・九％であり、次いで家庭が「教育費以外の支出を削っている」（五六・三％）となっている。回答に表れた子ども一人当たりの年間教育費の平均は、大学が一五三・九万円、専門学校・高専が一四九・九万円、短大が一四三・四万円、高校が九七・六万円であった。

また、高校入学から大学卒業までの必要な費用の累計では、高校三年間で三四四・六万円、大学四年間で七一一・二万円が加算され、合計は子ども一人当たりで一〇五五万円になる。二〇〇九年度から二〇一三年度までの五年間の累計では、毎年一〇〇〇万円を超えている。[17]

少子化対策格差に直結する教育費率増大

急激な年少人口消失を放置すれば、事実としての格差と不安としての格差がともに社会全体でますます強くなる。その意味で少子化対策格差に事実として直結するのは、所得に占める教育費率増大である。公庫の教育ローンを利用する二〇一三年度の世帯年収の平均は五五二・六万円であり、小学生以上の子どもがいる全世帯の在学費用は年収の四〇・一％に達した。教育費高騰は変わらず、子どもを産み育てると家計が苦しくなり、いわゆる「産み損・育て損」の世界になる。しかしこれはもちろん不自然ではないか。

とりわけ小田切の次の指摘などは、農山村に限定されない一般的な内容にすぎない。「子どもの大学進学の学資などをより本格的な奨学金で支えるような仕組みは、今以上に充実させなければならない」（小田切、前掲書：二一三）は、都市部でも等しくいえることである。[18] むしろ農山村以上に非正規雇用の子育て世帯が多い都市部のほうが、高等教育への進学に際して経済的困窮度の高い階層も存在する。

人口減少社会論や少子化対策論で共有されているこのような経済的側面についての配慮があれば、「経済水準と人口増加は背反」などという主張はできないであろう。山下のいう「ゆとり」（前掲書：三九）でも「余裕」（同右：四二）でも、現状の経済力と未来の見通しを保証する正規雇用による収入ないしは所得という経済力が、現状打開の必要条件の筆頭に来るのではないか。したがって、「安定した経済基盤が存続するのなら、そこから得られる経済力は小さくとも、また就労環境が多少不安定であっても、必ずしもそれは人口減少にはつながらない」（同右：四三）には、二つのさらなる論点を必要とする。

一つは「安定した経済基盤」は安定した国民消費を前提とするので、このためにも個別世帯の家計力が不可欠になる。私が非正規雇用の果たす潜在的正機能として少子化を理解して、正規雇用の重要性を強調するのは、若い世代における一定以上の家計力が結婚への動機づけを強め、子育て負担を軽減すると判断するからである。

また、就労環境が不安定ならば、「未来に対する安心感」（同右：四三）は得られず、将来見通しが暗くなりがちなので、独身者には未婚率の増加、既婚者には産み控えが普遍化するために、人口減少への社会的スイッチが入りやすくなる[19]。

少子化対策の汎用性

「地方消滅」論とその批判である「再生・創生」論においては、少子化対策論については汎用性の有無の観点からの緊急点検が望ましい。結婚も子育ても自由であるとする自由意識の拡大と自己責任感の広がりは強者には都合がいいが、弱者にはむしろ圧迫であり、高齢期に困窮度を高める作用をする場合がある[20]。

社会的現象には表裏が必ずあるから、マートンの正逆機能と顕在的潜在的機能の組み合わせを活用して、可能な限りデカルトのいう枚挙性に徹した内容に高めておきたい（金子、二〇〇九）。そのために、「地方消滅」要因の分類には地域外的側面（vertical axis）としての中央政府や経済界の決断と実行、資源配分方式、国民性などへの配慮とともに、地域内的側面（horizontal axis）として地元の個人や集団の工夫と実践、コミュニティ連帯性などを使いつつ、事例が持つ汎用性を高めたい[21]。

換言すれば、少子化をもたらす多様な論点を絞り込んで、最終的に一元的な汎用性要因を確認できるかという問題になる。この点に関して増田「消滅論」では、少子化の外的要因には国民性の変容としての単身での人生選択者が増加したこと、内的要因には未婚率の増大、合計特殊出生率の停滞、小家族化があり、すべてが全国的に顕在化したために、面的にも人口減少社会の到来となったという枠組みが鮮明である。これら諸原因とされる内容の検討を抜きにして、地方での一集落を素材にして自然増減や社会増減論を点レベルで展開しても、それはゼロサム論の典型になりやすい。

社会増減論だけの限界

その意味で、社会増減論は全国レベルでの統一的少子化対策のための素材としては不十分である。なぜなら、たとえば北海道町村部から近畿大都市圏への移住により、近畿では人口が増えるが、北海道ではますます人口減少するという結果に陥りやすいからである。これは山下や小田切が例示したＵＩＪターンでも同じであり、特定個人や集団の移住により、移住先は人口が微増するが、残された地域では微減することになり、社会全体の問題解決にはなりにくい。なにしろ、国土交通省に指定された過疎地域は自治体数だけでも八〇〇あまりで日本全体の半数に近いし、人口数でも一〇〇〇万人を超えていて、日本社会全体の一〇％程度になる。国土面積ではすでに五七％まで増えてきた（二〇一四年四月総務省データ）。

介護に直面する高齢者とその家族

加えて増田「消滅論」でも山下「消滅の罠」でも小田切「消滅しない」でも、高齢化と少子化への言及はあるものの、高齢化では単身の高齢者への具体的支援が論じられていないうえに、介護に直面する高齢者とその家族も取り上げられていない。近隣で別居する子ども夫婦が週末に帰って来るという関係を維持する高齢者はたしかにいるであろうが、遠距離その他の理由で子ども夫婦が帰れない単身の高齢者も多くなっている現状については、論じる対象から外されている。さらに子どもによる介護が日常化している高齢者も無視されたまま、「地方再生」や「農山村は消滅しない」という言葉だけが一人歩きをしている。

不十分な少子化対策論は共通

原因を究明してそれに沿った対応を行うという意味で、本格的な少子化対策については三者ともに軽視している。増田の所得と雇用の観点からの少子化対策には一定の意味があるのに、山下でも小田切でもそれを否定的に捉えたうえで、具体的な提言は何もなされていないに等しい。ましてや、少子社会における児童虐待など地方でもはっきりと顕在化してきた課題には、全く目が行き届かないままである。

一つの活動事例が大きく育つのは、そのコミュニティや圏内や社会全体でそれを促進する理由があるからであり、その個別理由として選択された素材からどのように普遍化するのかを両方の立場から考えてみたい。できるだけ標準化された範疇を用いて、調査者による主観的な判断を論理的に考察するのである。地域社会や地域での集合行動を統合させる要因（パーソンズのI機能）を発見することが、事例を活かす方向でも有益である。なぜなら、ほとんどの地域社会には「平均人」（the Average）が圧倒的に多いからである。

社会的事実の比較から

社会分析は社会的事実の個性を発掘して記述することに第一の目的があるが、合わせて異なった社会的事実の比較によってその共通点と相違点を仕分けていき、可能な限りその本質に迫るという課題もある。自らの問題関心に従い、膨大な過去の事実から琴線に触れる事実を選び取り、観察を繰り返す。

批判者によって「再生・創生」の事例として紹介された諸活動は大多数の国民の日常性とは異なるか

ら、いくら個別事例が多くても多数派にはなりえないし、原則的には他の地域社会での成功例は居住する地域社会の事例とは一致しない。たとえば、伊達市の個性としての「心の伊達市民」制度は二〇〇六年に始まり、二〇一五年一月現在でアメリカ居住者も含む会員が一三〇二人になっている。伊達市を応援したい人は誰でもが会員になれるし、春に「心の伊達市民税の納入」として五〇〇〇円や一万円を振り込めば、秋になってから注文された「伊達特産品」が「心の伊達市民」に送られてくる。同時に伊達市に関する新聞記事のコピーをまとめた「かわら版」や「広報だて」が、市役所から年に数回「心の伊達市民」に届けられる。

周辺の自治体もまた同じような農産物や水産品を製造販売しているが、「心の〇〇市民」は伊達市でのみ可能であった。これには菊谷市長の強いリーダーシップによるところが大きい。かつて私は伊達市を「まちづくりの優等生」（金子、二〇一四ａ：二八〜二九）としてその特徴をまとめたことがある。一つは市長の強いリーダーシップ、自由を受け入れやすい市民文化（金子、二〇〇七）、「人の移動」を政策的に仕掛けたセンスとして、定年退職者の移住促進、相乗りタクシーの試み、高齢者マンション向けの市独自の「安心ハウス認定」証の発行などを指摘した。

田園回帰志向だけではない

増田は自らへの批判の根拠の一つである「田園回帰志向」を挙げる論者に対する逆批判として、「そのようなことがすべての村落で実現できているわけではない」（増田ほか、二〇一五：二九）とする。その通りであるが、同時に「安直な『期待』や漠然とした『希望』を述べるのではなく、現実の『姿』を提示し、住民と『一緒』に対策を考える」（同右：二九）とものべた。

しかし、創生会議のメンバーも執筆した同じ雑誌の特集では、高松市の商店街活性化、ニセコ町の雪と観光客によるまちづくり、鯖江市のメガネイノベーション、磐梯町の英語教育による人口転入策、神山町のITベンチャー、真庭市のバイオマス産業都市などが紹介されており、これらも増田が指摘する通りすべての自治体が模倣することはできない。このような成功した「現実の姿」をいち早く紹介して、あとはそれぞれが工夫せよという提言はこれまで数多く行われてきたが、全体としてはうまくいかなかった。それは成功した個別事例が普遍化できなかったからである。

かりに恣意性から出発した観察結果が成功したとして、それを普遍化できるかどうかが成果の共有に結び付くのだから、社会学理論の活用がないままの調査事実の開陳は、逆に学問的な自閉性を高める恐れを増し、研究結果を矮小化しやすいという危険性を高める。その意味で、経験主義者ではなく、経験的に語りながら、その多面的な成果を普遍化して意味的統一を目指すことが望まれる。この試みが実証性の最後の段階となる。

社会学理論の活用

増田「消滅論」の批判者から期せずして共通に挙げられた事例は、里帰り、お盆正月休みなどの短期滞在型帰省（山下、徳野、小田切が事例として掲げている）である。ただし、これらは誰でもが経験し承知している年中行事であり、「消滅論」批判の有力な根拠にはなりえない。なぜなら、数十年も前から続いてきており、それと並行して過疎地域は増え、限界集落もまた増加してきたからである。

社会分析は常にそれを行う研究者の個性と主観に左右されるが、年中行事のような資料や観察結果などもできるだけ客観的に理解しておきたい。社会現象の断面を観察した記録や事実は同じでも、その解釈基準や判断基準は個々に異なるために、様々に個別的な全体像が形成されるのは年中行事でも変わらない。

日本では、学校教育や幼稚園や保育所での施設面やスタッフ面での子育て社会環境が、団塊世代の成長期に比べて格段に改善した二〇世紀末の段階で、地域における児童虐待が増加し始めた。現在は過去も未来も取り込んでいるから、未来の何を重視するかによって、過去からの事例選択がなされ、現在の課題として解決が模索されることになる。社会的事実研究そのものは階級性、階層性、地域性、ジェンダー性などの制約から自由になりえない。したがってまずはそれに徹する成果を出し合って、第二段階でそれぞれの成果を普遍化するために、階級性、階層性、地域性、ジェンダー性を調整しながら集約を心がけ、一般命題化に志向するしかないであろう。

架空家族の再発見

そのためには、地方消滅も再生・創生も正しく増子化を念頭に置いた少子化対応を最優先することである。二〇五〇年の一億人適正人口を目標にして、多様な社会資源の優先投入をすることが何よりも肝心ではないか。それこそが家族を再発見できる。なぜなら、統計数理研究所の五年おきの国民性調査によれば、最新の二〇一三年調査でも一番大切なものを家族とする比率が高いからである。実際には平均世帯人員は二・五〇人を割り込み、今日まで減少しつつあり、合計特殊出生率も一・四〇程度で低迷している。しかし、この実態と意識との間には大きなズレが生じており、この二〇年間小家族化にもかかわらず、「家族が一番大切」の比率は漸増してきた（表2－2）。「子どもが一番大切」を加えると、「家族と子ども」こそが国民が求める筆頭ニーズになる。

ここまで主に取り上げてきた三冊ともに題目としては少子化対策を謳うが、家族重視という国民的な意識が強くなってきた現実への配慮には乏しい。山下も小田切も高齢者のみが居住する集落に、他出した後継ぎないしは別居子ども家族が盆や正月休みに頻繁に帰ってくるから、いわゆる限界集落でも何と

表2-2　家族が大切と子どもが大切の比率の推移

	家族が一番	子どもが一番	合計
1958年	12	11	23
1963年	13	10	23
1968年	13	9	22
1973年	18	8	26
1978年	23	7	30
1983年	31	9	40
1988年	33	10	43
1993年	42	10	52
1998年	40	9	49
2003年	45	7	52
2008年	46	6	52
2013年	44	7	51

（出典）　統計数理研究所『国民性の研究　第13次全国調査』2014より。単位は％。

かやれるという声を拾い上げている（小田切、前掲書：三四〜三五）。しかし、家族重視の半面、世帯の極小化の先には単身化が待っているので、他出者の回帰を含めた人口ＵＩＪターンへの期待はいずれ行き詰まる。

その意味で、無限の過去の社会的事実から有意味の部分を切り取って解釈し、集めた社会的事実から普遍的社会性を得るためには、できるだけ一般的概念の使用により、比較検討することが望ましい。

山下のように、「地方が自立し、人口維持へと向かう正循環に流れを押し戻せるような具体的な方法をはっきりと示す必要」（山下、前掲書：一九一）を政府にだけ求めるのではなく、自らが先頭に立ってたとえば介護保険制度を構築するような意気込みで、自らの少子化対応の制度を提言するところでしか「地方消滅論」を乗り越える道はない。

3　北海道の未来先取りをどう活かすか

二〇一四年五月に公表された日本創生会議「消滅可能性都市八九六のリスト」は各方面で大きな反響を呼び、日本で初めて人口減少をめぐる本格的な議論を引き起こした。その後、新書として増田編（二〇一四）が刊行され、議論の素材がより身近になった。既述したようにその第五章には、五十嵐「未来日本の縮図・北海道の地域戦略」が収められている（五十嵐、二〇一四：九五～一二三）。

日本創成会議が示したそこでの総合的認識は基本的に共有できる。なぜなら、三〇年近く北海道で暮らして、実証的な調査対象とした一五都市（それぞれで有権者五〇〇人が訪問面接の対象）のうち約半数が北海道の都市であった経験からみて、北海道社会はたしかに日本の未来を先取りしているからである。ただ創成会議による「北海道の地域戦略」の分析手法は第1章で述べたように、いわば研究の必要条件面に関連するにすぎない。

このレベルの北海道分析論では不十分であり、創成会議が提示したそこでの基本目標づくりは現実的な有効性を持てないであろう。

地域分析に家族や居住者のライフスタイルを取り込む

やはり地域分析では家族や居住者のライフスタイルまで取り込み、必要十分条件と考えられる指標への配慮もしておきたい。

日本創成会議とは異なり、私の北海道社会認識はまずその成立過程から始まる（金子、二〇〇三：二〇〇六a）。明治初年から始まった本州や九州などからの単身もしくは男女二人連れの移動を軸として、移住民の集合として成立した北海道では、今日でも個人化社会としての特徴が濃厚に認められる。それは家族形成について端的に現れている。たとえば、二〇一〇年の国勢調査では北海道の「平均世帯人員」は二・二一人であり、これは都道府県の中で四六位というように先進資本主義国特有の未来先取りした小家族化が定着している。ちなみに、全国平均は二・四二人であり、四七位は東京都の二・〇三人である（なお、本章でのデータは基本的に総務省統計局編『社会生活統計指標　二〇一四』、同『統計でみる都道府県のすがた　二〇一四』）に準拠する）。

くわえて「単身世帯率」の高さの全国平均は三二・三八％であったが、北海道では三四・八五％を示し、これは全国で五位であった（表2－3）。ここからも個人化傾向が窺える。

高齢者の単身化

なかでも高齢者の非同居化が進んできた。たとえば「国民生活基礎調査」（二〇一二年）によれば、「高齢者の子どもとの同居率」は四二・三％の全国平均に対して北海道では三一・〇％と少なく、これは最下位の鹿児島県についで低く四六位になった。また二〇一〇年の国勢調査では相変わらず「三世代同居率」の低さも目立ち、その八・二二％は都道府県中四三位であった。なお既述したように、札幌市のそれは、政令指定都市最下位の二・四％であった。

今後の日本では少子化とともに高齢者の単身化は不可避の傾向になり、北海道はその先駆けとなっていて、ここにも未来日本が覗ける。その「高齢単身者率」の全国平均九・二四％に比べて北海道では一〇・八二％であり、都道府県では一〇位となった。さらに「高齢者夫婦のみ世帯率」は北海道では一二・一一％（全国平均が一〇・一三％）になり、都道府県中八位となって、いずれの単身化指標も高齢化に結び付いて目立つようになった。

北海道の少子化

また、少子化の筆頭指標である「合計特殊出生率」は、二〇一二年の全国平均は一・四一であったが、北海道は一・二六となり、これは全国で四五位であった。しかも「合計特殊出生率」が一・〇一～一・一〇程度を毎年示し続ける札幌市は、政令指定都市では最下位であり続けている。二〇一二年の北海道では、同じく年少人口率も低い（表2－4）。高齢者の単身世帯と少子社会が同時進行する北海道は、人口構造面ではこれからの日本社会を確実に先取りする。

さらに北海道では「離婚率」が高い。二〇一二年の「人口動態統計」によれば、「人口千人当り離婚件数」は全国的には一・八五であったが、北海道では全国で三位の二・一二となった。「離婚率」一位は二・五八の沖縄県であり、最低の四七位は新潟県（一・三七）であった。北海道の弱い家族規範は確実に家族解体の促進力となり、「離婚率」は家族を維持しようとする規範の裏返しデータである。北海道では実態としても小家族化が進展しているのだから、個々人は家族に期待できるところが乏しい。大都市だけではなく、限界集落も含めた全域で個人化が必然化し、その意味で北海道は自己責任社会を先取りした。

その象徴の一つが相対的に少ない「共働き世帯」率であり、これは二〇一〇年「国勢調査」では二一・二四％となっていて、北海道は全国四五位であった。ただし統計上は農業などの第一次産業従事者もここに含まれるために、一位が福井県の三六・四四％であり、東京都の一七・七四％は意外にも四七位であり、全国平均は二四・四五％であった。同じく一五歳以上女性人口に占める比率である「女性の労働力人口」率でも、北海道は全国で四三位の四五・二％であり、全国平均四七・〇％よりも下回り、やはり第一位は福井県五二・二％であった。長期にわたる政府の「ワークライフバランス」論では、この統計のマジックが十分に考慮されてこなかった。

表２-３　単身世帯率
（高い方から）

1. 東京都	45.79％
2. 大阪府	35.78％
3. 京都府	35.76％
4. 福岡県	34.95％
5. 北海道	34.85％
6. 神奈川県	33.79％

（出典）　2010年国勢調査より。

表２-４　年少人口割合
（2012年，低い方から）

1. 秋田県	11.1％
2. 東京都	11.3％
3. 北海道	11.7％
4. 高知県	11.9％
5. 青森県	12.1％
6. 徳島県	12.2％

（出典）　2012年「人口動態統計」より。

このように、北海道の現状では小家族化が顕著であり、それを促進する単身化も鮮明なために、人的資源面からみると今後とも弱いといわざるをえない。そしてこれは今後の「地方消滅」する日本各地にも共通に認められる傾向であり、文字通りの未来日本の縮図であるから、地方消滅論でも創生論でも家族動態への言及は不可欠である。

北海道の小家族化

第二の特徴としては、もっと歴史の古いたとえば江戸時代の幕藩体制下の各藩を背景に持つ本州、四国、九州の都府県よりも、北海道は相対的に地縁性が弱く、流動性に富む。もちろん本州や九州などの都市でも町内会加入率の低下などに示されるように、次第に近隣関係の希薄化は進んでいる。ただ、希薄化への対応としての人為的な「地域共生関係」の創出が、富山県、佐賀県、熊本県などでは一〇年以上も行政主導により少しずつ進んでいて、地域戦略上の政策が弱まった近隣関係を補ってきた。しかし北海道では、家族支援や近隣支援に直結するような行政主導への実質的な動きは鈍かった。

北海道の非地縁性の象徴的存在は札幌市への単身赴任者であり、数年間だけの札幌勤務を前提として常時数万人は暮らしている。年齢的にも充実して、職場でも相当な地位の人々に脱北海道意識が強く、三年で東京本社に帰れるなどの高度の流動性があるために、都市における日常的な近隣関係の乏しさがますます昂進せざるをえない。

気候風土の厳しさと近隣の関係性

くわえて、寒さと雪という周知の気候風土の厳しさがある。これに立ち向かうにも、酪農地帯や畑作地帯に典型的にみられるように空間的に近隣が遠い場合もあり、隣近所で一緒に除雪というわけにはいかない。まずは個人もしくは家族だけで、気候風土の厳しさに対処するしかない。歴史的な事情に加えて、この気候風土的な理由でも、北海道では個人が家族から析出された存在になった。

したがって、歴史的にみても北海道への移住では、移住者自身の自己責任としての自力路線が強まったといってよい。年齢ごとに作られた集団に加入して交流しあい、加齢に応じて別の年齢集団に移動する年齢階梯制も移住者の出身母村ほどには北海道では発達しなかった。そのため世代間の交流が進まず、年長者への敬語も発達せず、世代を超えて男女ともに対等の関係が志向された。このあたりは、移住元の本州や九州の血縁的地縁的な母村に象徴される濃厚な関係とは異なる。津軽海峡を越えたら母村の慣行が消えるかどうかは、北海道文化論をめぐる学界レベルでも意見が対立したままであるが、家族の弱さと近隣関係の乏しさから見れば、出身母村の諸慣行は確実に衰弱したといわざるをえない。

家族規範の弱さ

家族規範の弱さと小家族化は、北海道における高齢者の介護、看護、医療の場面でも強く認められる。歴史的には「一人当たり老人医療費」が、制度変更後では「一人当たり後期高齢者医療費」が二〇一一年での北海道では一〇八万七二九四円となり、全体としては第三位を占めている。ちなみに全国平均は九一万八二〇六円であり、四七位の岩手県のそれは七三万七六八三円であった。「一人当たり後期高齢者医療費」に上位と下位とで年間三五万円の相違が出ている原因は、北海道高齢者に有病率が高いからではなく、長期間の平均在院日数による（金子、一九九三）。

これは岩手県や長野県などの「一人当たり後期高齢者医療費」が低い県とは異なり、北海道の小家族化では有病の高齢者を支え切れず、この家族力の弱さが有病の高齢者を長期入院へ押し出す力に変化するからである。その受け皿が都道府県で第三位となっている「人口十万人当たり一般病院病床数」であり、これは二〇一一年で一五四二・八床であり、全国の一〇三八・二床に比べてもかなり多く、「一人当たり後期高齢者医療費」の増額に必然的に寄与する。

小家族化による家族力の乏しさは在宅の介護・看護・治療の基盤を弱め、社会的には一般病院病床数を増加させ、一般病院の一日平均在院患者数を増大させてきた。これが北海道での「一人当たり後期高齢者医療費」の高騰の構造的要因である。これらもまた単身化が進む日本社会を先取りする。

「進取の気風」に乏しい

さらに通念とは逆に「進取の気風」に乏しいために、未来志向ではなくむしろ気候風土の厳しさからその日暮らし的な現状満足型の道民性が生み出され、これは端的には貯蓄率の低さとして続いてきた。たとえば内閣府国民経済計算による「一人当たり県民所得」は二〇一〇年全国で二八七・七万円だが、北海道では二四四・〇万円となり、都道府県中三六位前後であった。しかし、日銀統計による「国内銀行預金残高」は二〇一一年で二五八・八万円にすぎず、四七七・四万円の全国平均「預金残高」からみると四四位となり、県民所得では最下位の沖縄県（二〇二・五万円）の貯蓄額二八〇・四万円よりも少なかった。貯蓄額に関しての沖縄県は四二位であった。

生活保護の増加

そして、日本社会平均の二倍となった「生活保護被保護実員」（人口千人当り）も都道府県ランキングでは二位を占め、大阪府と絶えず一位を争う状態にある。これは二〇一一年が三〇・三三人となり、大阪府は三〇・五二人であった。また類似指標としての「生活保護医療扶助人員」（人口千人当り）も二〇一一年で二六・〇三人であり、全国では二位であった。この全国平均は一二・九七人であり、一位の大阪府が二六・〇八人、四七位は富山県の二・五六人であり、都道府県間の格差が大きい。

さらに「生活保護被保護高齢者数」（人口千人当り）も同様に、二〇一一年の北海道では四二・二人となり、これは全国で四位を占めた。この全国平均は二六・三人、大阪府が五五・七人で一位、同じく四七位は富山県の六・〇人であった。

北海道に関する家族、高齢化、少子化、後期高齢者医療費、県民所得、貯蓄率、生活保護などの簡単なスケッチは、人口減少が鮮明になった今後の日本社会における日本各地の地域社会を先取りする内容としても理解される。経済指標や生活指標の現状から見ても、人口の自然増減と社会増減を軸とした「地域圏」分析とそこからの「地域連携」だけの提言では不十分であるといってよい。増田らの必要条件にこれらの十分条件が加わって、初めて全体的な地域社会分析の可能性が開けてくる。

4　人口減少社会における地方創生

人口減少社会

原データとしての国立社会保障・人口問題研究所による将来人口の減少予測公表は二〇世紀後半から何回も行われてきたが、社会的には長い間黙殺されてきた。それが二〇一四年の日本創成会議による「地方消滅」論を契機として、にわかに注目され始めたことは既述した（増田編、二〇一四）。ここではその内容を基本的に肯定したうえで、その先に見えてくる北海道社会を含めた「地方創生」問題を考察しておこう。

この三〇年間の北海道を基盤として、本州や九州・沖縄・台湾にまで出かけて行った「少子化する高齢社会」調査を通して、政令指定都市や県庁所在都市などの大都市では、連帯性の希薄による児童虐待の増加、高齢者虐待の増加、無縁社会の進展による孤独死・孤立死・独居死の増加が目立ってきたと私は判断している（金子、二〇一四b）。

一方、二〇一四年現在、国土面積の五九％を占め、市町村数では四六％になる過疎地域では、総人口減少による地域生活機能の低下、それに端を発する生活機能要件としての商店街の空洞化、内科外科など開業医の移転、小・中学校の統廃合、公共交通機関の運行の間引きや中止、交番の廃止、ガソリンスタンドの廃業、民営化による郵便局の廃止などにより個人生活存続の危機が顕在化している（金子、二〇一二）。都道府県のほとんどが大都市特有の社会問題と深刻な過疎問題の両面を抱えている。

これからの時代に望まれる「地方創生」では、北海道の事例で示した地方の実情に対応した政策の「質」的差異を必然化する。現状の細かな観察を通してのみ、新しい「創生」の可能性が出てくる。その意味で、地方政治家も行政職員もまずは地元の現状の観察を行い、そこから導き出される対応策を構想するしかないが、その際、「進取の気風」を具現化して、他県の優れた地域政策を学習して「政策感覚」を磨きたい。

「政策感覚」を研ぎ澄ませる

地方でもその「政策感覚」を研ぎ澄ませるように、二〇〇八年度から全国知事会は「先進政策創造会議」を主催して、行財政改革、防災危機管理、環境、健康福祉、農林水産、商工労働、教育文化、地域振興・まちづくり、人口減少対策などの「先進政策バンク」分野に都道府県からの登録を募集して、申請された政策から、優れた内容の政策を毎年表彰し始めた。

「地方創生」に全国知事会の政策分野を利用すると、九分野からの選択肢の決定から対応策定が始まるといってよい。その主体は都道府県、市町村、民間企業、ＮＰＯ、大学、研究機関、農協・漁協、地域団体などに分けられる。ここでは全国知事会の「先進政策バンク」で本章に関連の深い「健康福祉」

と「人口減少対策」の二分野をキーワードとして、都道府県自治体の政策への熱意を垣間見ておこう。具体的に取り上げるのは北海道、兵庫県、福岡県であり、これらは首都圏から離れてはいるが、いずれも五〇〇万人を超える人口をもっている。比較対照群として、過疎が進んだ一〇〇万人規模の大分県と秋田県、それに七五万人の高知県を選んだ（表2-5）。

福岡県の五三件には前知事が全国知事会長であったという事情があるが、兵庫県の二七件はもとより、比較対照群の人口一〇〇万人前後の三県に比べても、北海道の登録数六件は著しく少ないといわざるをえない。「先進政策バンク」から見る限り、人口の社会増減を左右する行政の地域戦略機能が北海道では発揮されていない。

表2-5　全国知事会先進政策バンク登録数

	人口数（万人）	登録数（件）
北海道	546	6
兵庫県	557	27
福岡県	509	53
大分県	119	13
秋田県	106	13
高知県	75	9

（出典）人口は総務省統計局（2014），先進政策バンクは全国知事会ホームページ（2014）。

「地域家族」を創出する政策

たとえば北海道では、その家族力の弱さを補完するために人為的に「地域家族」を創出する政策には乏しかった。しかし、全国知事会レベルでみれば、二〇〇九年度に優良事例とされた佐賀県「地域共生ステーション」推進事業などがすでに存在する。ここにいう「地域共生ステーション」とは、宅老所や幼老共同施設などを指し、佐賀県では方言をつかって「ぬくもいホーム」とも表現した。

宅老所とは一〇人程度の認知症や独り暮らしの高齢者等に対し、住み慣れた地域で可能な限り自立した生活ができるように、民家等を利用し安全で家庭的な雰囲気の設備を整え、介護保険制度等の国の制度以外の独自のサービス事業を展開する施設のことである。自治体主導であるが、佐賀県では実質的な運営はＮＰＯや地域団体が行う。

実際に「ぬくもいホーム」では一五人程度の高齢者、障害者、児童等複数の対象に向けた介護や子育てなどのサービス、生活支援など、多様な事業が実施されている。それは、地域間の交流やコミュニケーションを形成するための環境づくりに関わる事業、および生活全般に係る情報提供や相談を行う窓口サービス等を展開する施設を含む。

地域共生ステーション　「地域共生ステーション」と同じようなコンセプトの施設が、二〇〇四年からの熊本県「地域の縁がわ」づくりにも認められる。これは「福祉の総合化」や「福祉のまちづくりの融合」を目指し、熊本県地域福祉支援計画の柱として、子ども、高齢者、障がい者などが集い、支え合う地域福祉の拠点として推進されてきた。「地域の縁がわ」のモデルとして、県営団地の一階に「健軍くらしささえ愛工房」(地域共生ケアの拠点)を整備したり、二〇一四年三月末で四四三カ所の「地域の縁がわ」づくりへの多彩な取組が展開されている。派生して「農縁づくり」や「食の縁がわづくり」などへの新たな工夫も始まっている。ここでも県主導ではあるが、実際には地域団体、ＮＰＯ、民間企業などが動く。

建設的なリーダーシップを発揮できるか　しかし、佐賀県や熊本県に比べて単身化が進んでいる北海道では、このような動きに乏しい。道庁は社会全体で子育てを支援する観点から、「道民育児の日(毎月一九日)」を制定し、チラシを配布し、すでに紹介したように、少子化対策の一部として二〇〇六年に市町村に組織された「せわずき・せわやき隊」の活動支援などの「北海道すきやき隊」を立ち上げたが、これだけでは東京都と最下位を争うような低い合計特殊出生率は打開できない。

北海道庁は弱まる一方の「進取の気風」を回復して、危急の際や重大局面に際して建設的なリーダーシップを発揮できるか。東京一極集中の緩和にはかつての「札仙広福」(酒田、一九九一)という地方の拠点都市強化が必要であるが、かりに札幌の機能強化を進めれば道内都市との格差が進み、各地はますます疲弊する。このジレンマをどう処理するかは日本創成会議とともに道庁自身の課題でもある。

なぜなら、地域診断(diagnosis)とそこから導き出される処方箋(treatment)への道民の支持と参加が得られなければ、北海道「地方創生」への踏み台は得られず、文字通り「地方消滅」のトップランナーになってしまうからである。同時に、これは日本社会の創生にも直結する問題になりうるために、各方面でもきちんとした解答が求められる。

第3章　サステナビリティ論による地方創生研究

1　社会システムとしてのコミュニティ

社会システム

コミュニティ研究で長い間気になってきた理論の一つに、コミュニティの社会システム論がある。これはコミュニティ論に取り組み始めた頃に、パーソンズの社会システム論を精読した経験が重なったからでもあるが、実際にルーミスやウォレンなどが独自のコミュニティ社会システム論を構築していた時代に研究を開始したために、それらの影響を受けてきた。

社会システムは、二つないしそれ以上の単位間で構造化された相互作用という考え方に基づいているから、まずは構成単位の特定化が先決になる。社会学の社会システム構成単位は、数多くに分類された集団もしくは個人であり、単位間での相互作用の過程が社会システムにとっての基本である。

パーソンズは一九五一年に、社会システムを「複数の行為者のあいだの相互行為のパターンの持続、その秩序ある変動過程にかかわる行為要素の編成の一様式」（パーソンズ、一九五一＝一九七四：三二）と表現することでこの分野に登場した。その後、紆余曲折を経て、一九七七年には「その内部の諸単位間の諸相互交換から構成される……環境との相互交換（もしくは『投入―排出関係』）の諸過程に組み込まれた、一開放体系である」（パーソンズ、一九七七＝一九九二：二三八）とした。

さらに社会システム軸には「社会的コミュニティ」が位置づけられており、社会学では周知の連帯、価値、規範、役割などがそこに有機的に結び付けられている。それはまた文化システムと政治システムと経済システムに連結する。それらの可視的単位は、個人も含めて家族、企業、行政、政党、病院、学校、農協、ＰＴＡ、町内会などである。

ＡＧＩＬ図式

パーソンズ（一九七七＝一九九二）によれば、すべての社会システムは次の四つのＡＧＩＬによって特徴づけられている（図３‐１）。別章で詳述したように、Ａ（adaptation）は適応であり、これによってシステム諸単位は満足する。Ｇ（goal attainment）は目標達成という利害関心のなかで環境を取り扱うこと、Ｉ（integration）は統合であり、成員諸単位がもつ共有価値によって結び付けられること、そしてＬ（latent pattern and tension management）は社会基盤の安定と社会的緊張の処理であり、これらの連携が社会システム構造と遂行を安定させると考えられた。

また、社会システムは個人の行為システムが前提にあるから、図３‐２も可能になる。こちらは、Ａが個人の「知力」とされ、今風には「文化資本」と呼ばれるであろう。社会システムでは目標達成のＧは個人行為レベルでは「遂行能力」とされる。社会システムでは統合を象徴するＩは個人では「感情」が割り当てられており、表現としての工夫が見える。Ｌは社会システムでは社会基盤の安定（潜在的パタンの維持）と緊張処理であったが、個人の行為レベルでは「状況規定」とされた（パーソンズ、一九七七＝一九九二：三五八〜三六八）。

システム分析

パーソンズによるこのような包括的な社会システム理論の影響下で、システム分析は小集団構造で応用され、大組織の構造に適用され、そして全体社会システム論へと発展した（富永、一九八六）。日本でも情報資源処理パラダイムや許容均衡などの用語を駆使した応用が試みられた（吉田、一九七四／一九九〇）。また社会システム論の概説も出るようになった（新・中野、一九八一）。

私は図３－１の社会システムＡＧＩＬ図式から、本書で取り扱う地方消滅や地方創生、さらに人口減少社会などを扱うヒントを得ようとしてきた。この図式を理解するところから少し応用してみると、Ａ機能としての「適応」が会社レベルはさておき、非正規雇用の拡大により個人レベルでは「適応」でき

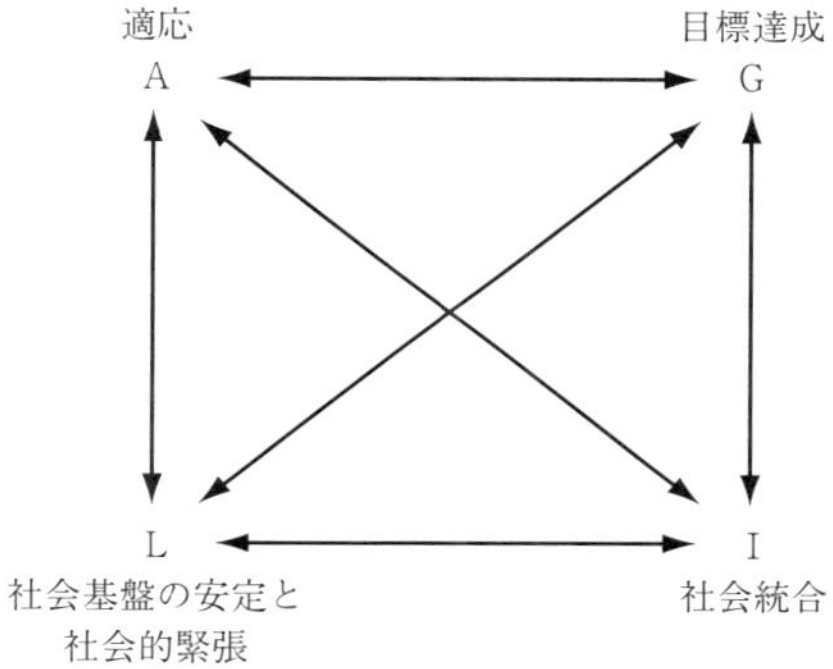

図３－１　社会システムのＡＧＩＬ

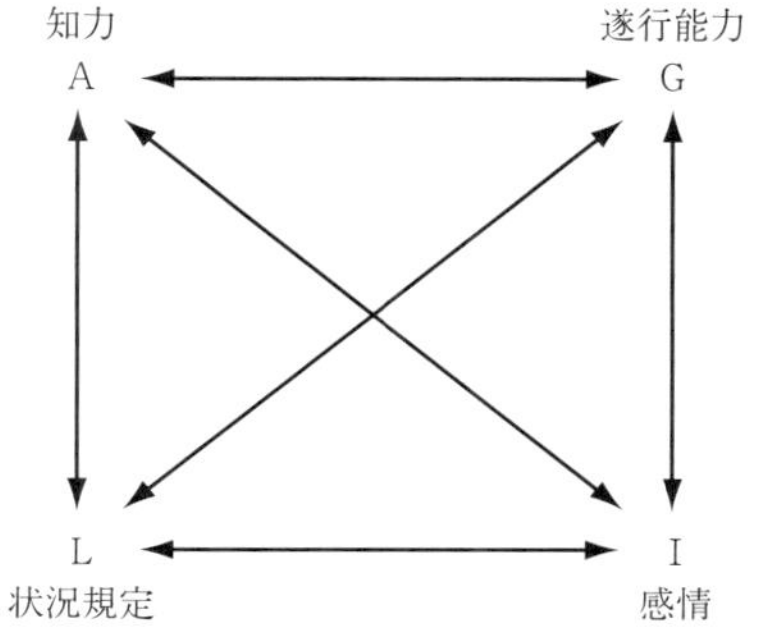

図３－２　行為システムの構成

（出典）　パーソンズ（1977＝1992：359）。

ない若い世代が増加してきたと解読できる。「適応」できない世代の政治的アパシーおよび関連の深いアノミー感が高まり、現実的には無力感に襲われる。アノミーは指標化すると、無規範性、無意味感、無力感、絶望感、孤立感などに分けられるが、これが日本における「市民的人間型の成熟」（松下、一九七二）を阻害してきたのではないか。その意味で、政治的アパシーやアノミーという社会学の専門用語で表現された社会現象にどのように立ち向かうか。

「住民が市民になるべきだ」という提言や主張は五〇年前から繰り返されてきたし、その手段として住民参加や市民参加がもてはやされてきた。しかしそれでも現状は変わらなかった。経済システム分野の一部でパーソンズが強調した「道具的活動主義」（instrumental activism）が社会的イノベーションとして顕在化した時期はあったが、政治システムではついぞ未発に終わった。

コミュニティシステムは、限定された地域に関連する機能を提供する。すなわち、生産―分配―消費、社会化、社会統制、社会参加、相互扶助である（Warren, 1972）。それぞれが社会システムのＡＧＩＬ図式の一部を受け持ち、社会システムを構成する要素として彫琢されてきた信念（知識）、感情、目的、目標・対象、規範、地位役割、権力、賞罰、施設などの組み合わせによって、社会的機能を果たしている。

これらはまた社会的資源としても理解できる。本書のテーマは大都市というよりも地方都市であり、私の実証研究もまた地方都市で多くを行ってきた。そこで地方の文脈で社会的資源を位置づけておこう。

社会的資源

たとえばクロークとパークは、資源について二つの大原則を述べている（Cloke & Park, 1985：124-126）。

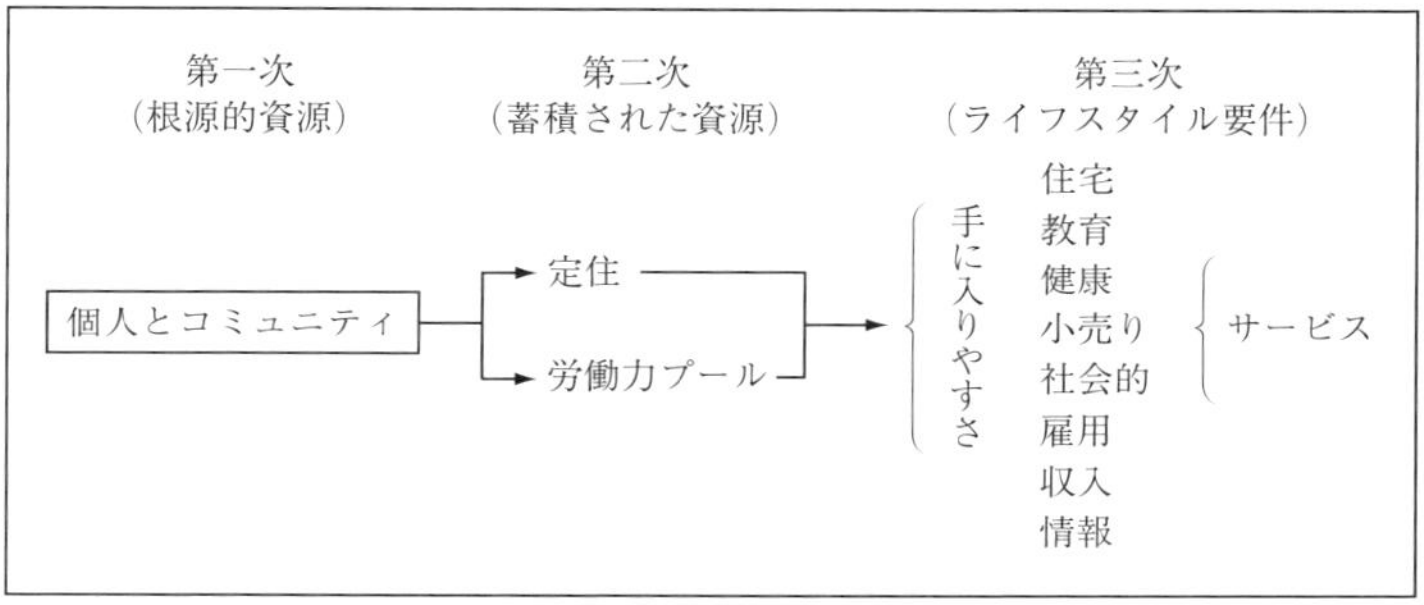

図3-3　社会的資源のための資源利用レベル

（出典）　Cloke, P. J. & Park, C. C., 1985 : 127.

(1) 人間の欲求、人間の能力、物理的環境と人間環境の総体についての人間の評価の間にある機能的な関係。

(2) 確実に社会的な価値がある目標を達成する手段を与えるものはすべて資源とみなす。

これはかなり広範囲な定義であるが、両者の個性はむしろ図3-3にある。資源の段階を第一次、第二次、第三次に分割してそのハイアラーキーを作ったのである。

すなわち、第一次では根源的資源として「個人とその居住するコミュニティ」が位置づけられた。地域社会システムだから、人が居住するのは大前提である。これはコミュニティの定義の中の共生（living together）であり、ローカリティにおける関係であり、帰属意識としてのコミュニティ意識（鈴木広の言葉ではコミュニティ・モラールとノルム）になる（Cloke & Park, *ibid.* : 134）。

第二次では蓄積された資源として「定住」と「労働力プール」が挙げられ、経済的活力や人口減少との関連が述べられている。

第三次のライフスタイル要件はこれ以外にもたくさんあるが、これらに影響を与える主な要因が五点に分けて指摘されている。

第三次資源（ライフスタイル要件）へ影響する要因

①　伝統的な農村労働力の減少

②　移動とエネルギー

③　資源の合理性

④　環境の質

⑤　土地利用と土地所有

これらがうまくかみあわないと、世帯での暮らしが難しくなり、買い物やその他諸々のニーズ充足などの機会が奪われ、地域内を移動する手段を失う（*ibid.*：143-148）。クロークとパークによる分類の趣旨は、社会的資源へのアクセスの意義、社会システムの計画的な運営の重要性に尽きるように思われる。

2　サステナビリティの考え方

持続可能性の問題

社会システムだけではなく、現代社会において「持続可能性」（sustainability）は学術的な環境論だけでなく、社会科学の諸分野でも広く用いられている。しかもそれは日常語としても定着しつつあり、行政にもきわめて便利な政策用語として活用され始めた。ただし多くの場合、それは無定義なままで使われることが多い。とくに目立つのは、地球環境や人類の持続可能性のためには、温暖化の主因である二酸化炭素を減少させるべきであるというような結論である。それは少し前の地球温暖化防止論だけではなく、反原発運動にも顕著に認められる。(1)

そのような無定義の「持続可能性」論は、大都市における生活保護率の急上昇、若い世代の非正規雇用率の増大、少子化の中での児童虐待事件の増加、全国的に目立ってきた過疎地域限界集落問題などの社会問題の解決法を示さないままに、旧態依然の社会システムの持続を主張することにつながると私には理解できる。なぜなら元来、「持続可能性の科学は様々な関心領域を認めており、環境上の持続可能性、経済的発展、人間開発、文化的持続可能性を含んでいる」（Harrington, 2012：337）からである。したがって、「持続可能性」概念は流行語になったとはいえ、決して環境論だけの分野に固定される内容なのではなく、依然として学際的ないしは分野を超えて共有できる概念である。(2)

主観性を帯びる客観性

加えてこの概念は、俗にいう価値判断分野にも積極的に関与する。規範的にみて良いと判断できる自然環境や社会現象をできるだけ残し、人間にとってあるいは地球や自然環境に対して悪いと判断されるものは残さない。(3)学問論では可能な限り客観性が求められるが、取り組む対象次第では専門的な立場からの価値判断もまた不可避である。医学では、可能な限りの病状診察の客観性とともに、診断に基づく処方になると、医師の主観性を帯びる客観性こそが患者にとっては救いとなる。(4)

「持続可能性」議論では、現状の正確な理解があってこそ、初めて「持続させよう」という主観的な価値判断が下せる。しかし、観察実証の社会学の成果が明らかにしてきたように、社会現象はＡＢという二変数だけではないために、複合する変数を処理して、そこから正確な理解に導くことは困難を極めることが多い。多変数がお互いに融合し、反発し、複雑な構造を示すからである。人間行動には基本的な社会経済的地位変数（ＳＥＳ）の作用があるだけではなく、それを超えた宗教的力や民族的エネルギーや政治的信念なども強く影響する。そのため、次の第3節に見るような過疎地域での教育という一変数のみの観点で、社会システム全体の「持続可能性」を主張するわけにはいかない。

コミュニティ研究への応用

以上の考察を念頭に置いて、自然科学や社会科学を問わず普遍的な科学的活動は「人々が重要であると判断してきたいくつかの領域でよりよい状態を創造するのを手助けすること、ないしは少なくともより良い状態の創造を目標とするという理解を提供することが想定されている」（*ibid.*：338）という「持続可能性」研究での基本的論点をコミュニティ研究にも応用してみたい(5)。その素材として、本章では徳野貞雄によりこの数年丹念に行われてきた小学校「再開校」を軸とした熊本県球磨郡多良木町「槻木地区再生」を紹介しつつ、コミュニティ論からの過疎問題へのアプローチを念頭にして「持続可能性」の議論を展開する。本章における「槻木地区再生」事例の概説は、二〇一四年五月一〇日の西日本社会学会大会で徳野により配布された資料とその直前に刊行された徳野（二〇一四b）による。

3　限界集落地域の概況

超限界集落槻木地区の概況

ここでは、五五歳以下がまったくいない超限界集落である槻木地区で七年前から休校していた小学校が二〇一四年四月一日に再開校（復校）した事例を取り上げ、参与観察と実践の場とした徳野の研究成果をコミュニティの持続可能性の論点から考察する。ただし、今日的な時代背景としては、少子化に伴い廃校への動きはむしろ加速している。

二〇一四年一一月一三日に文部科学省が発表した資料によれば、二〇一二年度と二〇一三年度の二年間で全国での公立の小中高校の廃止は二〇一二年度が五九八校、一三年度が四八二校になり、合計で一〇八〇校になった。これには生徒数減少や市町村合併によるところが大きい。二年間の内訳は小学校が七六五校、中学校が二二一校、高校が九四校である。さらに、二〇〇二年度からの廃止校数は五八〇一校に上っている。

生徒数の減少がもたらすもの　少子化や人口減少社会に伴い、学級数や学級当たりの児童生徒数そして教職員の減少がもたらされるが、これらの現象について文部科学省は以下のような主張をしている（文部科学省、二〇一五：八〜九）。すなわち生徒数が減少すると、

(1)集団の中で自己主張をしたり、他者を尊重する経験を積みにくく、社会性やコミュニケーション能力が身につきにくい。
(2)児童生徒の人間関係や相互の評価が固定化しやすい。
(3)協働的な学びの実現が困難となる。
(4)教員それぞれの専門性を生かした教育を受けられない可能性がある。
(5)切磋琢磨する環境の中で意欲や成長が引き出されにくい。
(6)教員への依存心が強まる可能性がある。

(7)進学等の際に大きな集団への適応に困難を来す可能性がある。
(8)多様な物の見方や考え方、表現の仕方に触れることが難しい。
(9)多様な活躍の機会がなく、多面的な評価の中で個性を伸ばすことが難しい。

これらは教育現場における長年の観察結果によるものであり、一面を突いている。

統合事例が示す直接的な効果　またやや自画自賛ではあるが、過去の統合事例からは、児童生徒への直接的な効果として、

(1)良い意味での競い合いが生まれた、向上心が高まった。
(2)以前よりもたくましくなった、教師に対する依存心が減った。
(3)社会性やコミュニケーション能力が高まった。
(4)切磋琢磨する環境の中で学力や学習意欲が向上した。
(5)友人が増えた、男女比の偏りが少なくなった。
(6)多様な意見に触れる機会が増えた。
(7)異年齢交流が増えた、集団遊びが成立するようになった、休憩時間や放課後での外遊びが増えた。
(8)学校が楽しいと答える子供が増えた。
(9)進学に伴うギャップが緩和された。

などが報告されている（同右：一九）。

度重なる人口流出に伴う児童減少

このような時代のなかで徳野らが復校にこぎつけた槻木地区は、長期にわたり林業を生業とした家が多いところであったが、石炭から石油へのいわゆるエネルギー革命時期からの林業や薪炭（たきぎ作りと木炭づくり）それに椎茸栽培と栗栽培などの不振により、挙家離村が進んだ。高度成長直前の一九五九年には地区人口一五〇〇人、四〇〇世帯ほどであったのに、五〇年後の二〇一一年には人口総数が一二〇人になり、六四世帯にまで減少して、高齢化率は実に七五・二％になった。教育面でみると、この地区は一八八九年の村制施行以来、一つの中学校、二つの小学校という体制で義務教育を行ってきた。

しかし、度重なる人口流出に伴う児童減少により、一九九七年に下槻木小学校が廃止され、二〇〇七年には残っていた槻木小学校も休校になった。加えて、二〇一一年には義務教育年齢の児童がゼロ人となり、人口構造面では九〇歳以上と五五歳以下が皆無という稀に見る事態が生じた。国勢調査では単独世帯が二五％、夫婦のみ世帯が五五％になり、人的資源面でも所得面でも地区全体の脆弱さが浮き彫りになり、文字通り槻木地区は限界集落の典型となった。

集落四類型

限界集落の命名者である大野によれば、集落四類型のうちの一つが「限界集落」であり、残りは「存続集落」「準限界集落」「消滅集落」になる。まず「存続集落」とは、五五歳未満が集落人口の五〇％を超え、後継ぎ確保によって集落の担い手が再生産される集落を指しており、若夫婦世帯、就学児童世帯、後継ぎ確保世帯が主になる。「準限界集落」は五五歳以上が集落人口の五〇％を超え、現在は集落の担い手が確保されているものの、近い将来その確保が難しい限界集落の予備軍的存在になっている集落であり、夫婦のみの世帯と準老人（五五～六四歳まで）夫婦世帯が主である。「限界集落」は六五歳以上が集落人口の五〇％を超え、冠婚葬祭をはじめ田役、道役などの社会的共同生活の維持が困難な状態にある集落であり、老人夫婦世帯、独居老人世帯が主となっている。[6] そして「消滅集落」は人口、戸数がゼロとなり、文字通り消滅してしまった集落を指す（大野、二〇〇八：二二）。私

したがって、モデル的には「限界集落」から「消滅集落」までにはいくつかの段階が想定できる。私のコミュニティ論では、人口数や人口構成比率だけではなく、商店街、開業医診療所、公共交通機関の運行、義務教育学校の統廃合、交番、ガソリンスタンド、郵便局の七指標によって「集落存続」の可能性を問いかけてきた（金子、二〇一一）。

生活農業は健在

ただ、槻木地区は典型的な限界集落であっても、そこでの「生活農業」としての農作業や山仕事は存在しており、現在でも住民の「定住意識」は非常に強かった。さらに徳野の調査によれば、槻木地区在住の高齢者には別居する子ども夫婦との交流が活発であった。後述するように、子ども夫婦の居住地が熊本県内と回答した比率は男性女性ともに過半数を超えていたからである。また、自動車の運転免許を保有する比率は五五歳から六九歳までは一〇〇％であり、七〇歳以上でも八一・九％になり、球磨郡内や県内に居住する別居子ども世帯を頼るという家族依存意識は強く、県内を軸とした高齢者の行動様式も鮮明であった。[7]

限界集落でありながらも居住者には強い定住願望がある反面、他方では生活要件論的に限界集落の将来を予想すると、その地域社会の存続は大変厳しく、大野の分類では槻木地区は確実に「消滅集落」に該当する。

槻木プロジェクト

この状況で、二〇一一年二月から徳野とその研究室による調査が開始されて、次第に「槻木プロジェクト」という具体案が顕在化した。これには多良木町役場とマスコミ各社を巻き込むことが不可欠であった。それが一定の形をとり、紆余曲折を経て、プロジェクトの一環として「集落支援員」の申請が二〇一二年に国に対して行われた。申請は認められて二〇一三年四月に関連のシンポジウムが開かれ、一五〇名の参加者が集まった。同時に「槻木プロジェクト」が正式に発足した。五月には「集落支援員」の募集が始まり、六月に公募に切り替えられて、七名の応募者から一名が決定した。

この候補者には妻と五歳になる子どもがいた。九月に候補者は単身赴任で集落支援員として赴任して、様々な仕事を開始した。たとえば、田役や道役も含めて、通夜葬儀の受付、敬老会の準備と参加、戸別訪問、槻木診療所への送迎、迷い犬の対応、話し相手、回覧板の説明、ゴミ拾い、救急時の対応、小学校のグランド整備、ヘリポートの状況確認など、文字通り個人的な「すぐやる」係としての役割を受け持つものであった。

二〇一三年一一月には町が熊本県に槻木小学校の再開校を正式に申請した。それを受けて、県は二〇一四年一月二五日に正式承認を決定して、一月三一日に槻木地区住民にもその決定が伝達された。二月二四日には町長、教育長、徳野による記者会見がなされ、集落支援員の家族が引っ越してきた。

槻木小学校の再開校式

四月一〇日には槻木小学校の再開校式すなわち入学式が施行された。入学者は集落支援員の子ども一人であり、来賓六〇名、住民五〇名、報道関係者四五名が集まった。

以上が、二〇一四年五月に行われた西日本社会学会大会での発表とレジュメおよび徳野（二〇一四b）

からの概要であり、徳野はこのプロジェクトのプラス効果を三点にまとめた。(1)限界集落における小学校の復校への関心が高まった。(2)復校に伴い、地域的凝集性が少し出てきた。(3)五五歳以下の住民が皆無であった槻木地区に、四〇歳代の集落支援員家族四名と小学校の用務員として熊本市から五一歳のUターン者が生まれた。

小学校の復校のマイナス効果

反面、マイナス効果は四点である。(1)小学校の復校は「槻木プロジェクト」のスタートであり、単なる一里塚に過ぎないのに、マスコミではそれが目標として誤解されている。たしかに、たとえばパーソンズの「いかなる特定の目標も、その序列と他の目標に関連したタイミングに応じて、もっと大きな目標体系のなかに組み入れられねばならない」(パーソンズ、一九六九＝一九七四：一二)というような言説に触れると、復校自体が最終目標にならないのは自明である。(2)今後の槻木地区住民の生活要件に関して、その基盤拡充の具体的方策は、行政が行う施策以外に見えない。(3)その道筋は集落の現実的条件で左右され、再生課題の優先順位の確定が難しい。(4)総括的には、過疎地の小学校中学校の存在は地域全体を大きく左右するので、そもそも統廃合は地域社会の維持存続に決定的影響を与える。したがって、小学校の統廃合は地域社会の維持存続にとって膨大な行政コストがかかるため、自治体はその費用負担が必要になるとまとめられている。

超限界集落の現状を文字通り徒手空拳で調べ、その対策として小学校の復校にこぎつけた徳野の献身的努力には脱帽するしかない。その情熱にも見習うところがたくさんある。コミュニティ論の立場から、「少子化する高齢社会」が顕在化した幾つかの都市を調査してきた私も、この発表とレジュメそして著書から多くを学んだ。

4　事例を通して汎用性の問題を考える

汎用性を持ち得るのか

そのうえで、コミュニティの研究者としてはその先にあるいくつかの理論的な課題を感じる。まず、この槻木地区事例がどこまで汎用性を持ち得るのかという疑問を禁じえない。北海道から九州まで類似の限界集落は数多い。総務省のまとめによれば、二〇一四年四月現在の過疎みなし市町村も含む過疎市町村の比率は日本全体で四六・四％であった。この内訳は三種類に分かれている。

いわゆる過疎地域市町村は、過疎法第二条第一項及び第三二条の適用される要件に該当する市町村である。次に、過疎地域市町村を含む合併による新市町村は、過疎地域市町村の要件に該当しなくても、一定の要件に該当する場合には過疎地域とみなされる（過疎法第三三条第一項）。さらに、過疎地域市町村を含む合併による新市町村は、過疎地域市町村の要件・過疎地域とみなされる市町村の要件ともに該当しない場合でも、その新市町村のうち合併前に過疎地域であった市町村の区域は過疎地域とみなされる（過疎法第三三条第二項）。

過疎地での持続可能性とは

この分類を活用すると、都道府県別では一〇〇％の島根県を筆頭に、九五％の鹿児島県、八八・九％の大分県、八五・〇％の愛媛県などが上位に来る。これらの県でも槻木地区と似たような地区は多いが、それらのなかでこの再開校方式がどこまで可能であるか。もし徳野的なリーダーが不在ならば、この種のプロジェクトが立ち上がるのかどうか。その意味では、過疎地域に多い限界集落の再生には、社会資源として地域内外のリーダーシップこそが最強の要件になると考えられる。

第二の疑問としては、「社会体系における他のすべての機能的活動と同様に、政治的行為は、ある価値基準によって規制され」（パーソンズ、前掲書：一二）るが、この価値基準として環境保護論に象徴される「持続可能性」という意味でのサステナビリティ概念が使えるのかどうか。もしくは有効性（effectiveness）や効用（utility）という類似基準がこの事例に適用可能かが問われる。

多くの場合、それらの判断にはコスト・ベネフィット分析が使われる。どの集合体（地区）にとって小学校の再開校は有効性があり、効用に富んでいるか。あるいはそこで暮らす個人にとっての効用をどのように比較評価するか。小学校の再開校は、一人小学生本人やその親には有効であろうし、限界集落に生きるたくさんの高齢者夫婦にとっても何らかの効用はあろうが、この有効性と効用が居住者全員に同じ意味があるとは限らない。この解の探求法も疑問点の一つになる。

過疎地再生の事業展開ではかつてのダム建設に象徴されるように、集合体として地区全体の水没が前提とされ、住民の挙家離村も必然とはなるものの、それはもっと広い圏域への電力供給を可能にするという社会的有効性が広く認められ、離村した元住民も新天地への新しい門出が可能になるという意味での個別的効用が謳われていた。すなわち、ダム建設による地域集合体の有効性も個々の住民への効用もあったという言説が、全体社会では受け入れられていた時代がある。

地域社会の維持存続のコストをどう負担するか

しかし、槻木地区ではどうか。徳野自らが記しているように、復校すなわち再開校もまた膨大なコストとして、行政による学校施設の維持点検、教職員の充足と勤務条件の維持、入学児童の確保などを不可欠とする。これらは二〇一三年財政力指数が〇・二一の多良木町役場の負担でどこまで可能かが第一の疑問になる。

第二の疑問として、集落支援員の採用でさえも国への申請を余儀なくされる財政事情で、全体社会という意味での県や国の負担はどの程度の許容範囲にあるかが浮かんでくる。限界集落における小学校再開校に対する国民や熊本県民さらには大都市市民などの判断はどうか。

第三の疑問として、最初の集落支援員への国の補助がいつまで続くかも不透明であり、二人目の集落支援員はありえないはずだから、どのような手段で外部からの移住者を恒常的に確保するのかが挙げられる。移住者の発掘プロジェクトこそが小学校再開校の成否に直結する。そのために槻木地区を含む町全体や県は、いつまでに何をどの程度行うのか。このコストはどう評価されるか。

集団生活の経験的学習ができない

第四として、一人入学者の教育環境が与える本人へのベネフィットは不鮮明なままである。義務教育が果たす機能はたくさんあるが、基礎教科の学習はもちろん、クラスメートとの集団生活の経験的学習も大きな機能を担っていて、すべてが本人にはベネフィットになる。しかし、一人入学者には級友がゼロなのだから、クラスでの切磋琢磨の機会がないことによる教育面でのリスクが想定される。それはクラスに一人二人増えても満たされない。一人だけの小学生に関しての私の危惧はここにあり、数名程度の複式学級が数年後に完成しても、そこで学ぶ児童にとって同世代を軸とする集団生活経験という義務教育の効用が十分に得られるかどうかは疑問のまま残る。

第五には、住民の定住意識が強くても、同時に「復校」に伴い地域で小規模多機能型介護施設づくりができても、希望者全員の入所は不可能である。入所できなければ最終的には在宅死を迎えるしかないが、一人暮らしの在宅支援には介護負担と訪問看護だけではなく、別居子の帰還がなければ、ぎりぎりの段階では住み込み家政婦による家事援助が含まれざるをえない。

介護負担はホームヘルパー費用が多いから、介護保険枠内での利用が可能だろうが、訪問看護はその枠をはみ出しやすく、介護者が支払う医療費の高騰に結び付く。まして家政婦費用は完全な自己負担になる。何しろ日当が一万五〇〇〇円であるから、一か月の支払いが四五万円になる。厚生労働省が推奨するほど在宅死は簡単に選択できるわけではない。

5 社会理論化への展開

システムとしてのコミュニティ

世界のコミュニティ論の学史では、主要なコミュニティ要素として(1)空間的領域、(2)社会相互的作用、(3)共通の絆が、最大公約数的な定義に入っていることが指摘されて半世紀が過ぎた（Hillerly, 1955=1978）。一定の地域社会で相互作用が維持され、それを共通の絆とみる伝統は、日本社会学にも根強く残っている。[8] 職業関係でさえも相互作用とみなせる関係は、取引行為そのものからも想定できる。なぜなら、原材料でも商品でもその販売者と消費者間には職業を媒介にした親しい関係が構築され、一定の絆が成立しているからである。同じ価格ならば、それまでの付き合い関係ルートから購入される。このような商慣習もまた絆を作り、長続きのする相互作用の基盤になる。その意味で、第1節で触れたように、システムとしてのコミュニティは、消費だけではなく販売や生産の現場でも生み出されるものである。

ローカリティに関連する機能は、くり返しのべてきたようにたとえばウォレンによって以下の五種類に大別されている。すなわち⑴生産―分配―消費、⑵社会化、⑶社会統制、⑷社会参加、⑸相互扶助がコミュニティの主要な機能とみなされ、しかもこれらが緊密に結び付いた状態にある。それはコミュニティシステムと表現される（Warren, 1972）。

もちろん、このような社会化や社会参加それに社会的相互作用の程度、頻度、親密度は、家族ごとにそして家族内の成員ごとに異なる。かりに成員間に地域社会内における相互作用に乏しく、頻度も低く、親しくなければ、成員個人もしくは家族全体の「共通の絆」は、コミュニティの構成要因としては認めにくい。なぜなら、そこでは「われら性」（we-ness）が認めにくいからである。そしてそれを一般化すると「社会的凝集性」（Cantle, 2005：47）になる。

コミュニティ凝集性

この「社会的凝集性」と親近性を持つのが「コミュニティ凝集性」であり、これらはしばしば互換的に使われてきた。しかしながら、「社会的凝集性」の方がより広範囲に使われ、一般的な社会経済的要因とともに活用される傾向にある。他方、「コミュニティ凝集性」は、社会階級よりもむしろ信仰やエスニシティや産業構成で規定されるコミュニティを基盤とする社会的諸側面を描き出す精細な用語として登場した。

徳野が研究した事例はこの「コミュニティ凝集性」に含まれる。徳野の配布資料では「地域統合集落要件」とされている部分だが、そこで細かな理論的検討がなされたわけではない。

椥木地区で実現した「再開校」という共有された地域再開発への挑戦、ならびに平等な教育機会への共有された価値観は、たしかに極限にある限界集落の「消滅」を食い止め、前進ないしは発展させる第一歩である。しかしその「コミュニティ凝集性」は、地域における再開校した小学校の持続可能性を富ます方向に作用するのかどうかは不明である。定住意識が強いという意味でのコミュニティ・モラールは高く、別居する子どもたちの多くが熊本県内に居住し、密接な血縁的ソーシャル・キャピタルにも恵まれているとしても、超高齢地区で「一人だけの小学校」が地域全体で持続可能になるのだろうか。

義務教育を「一人」だけで受けるのは平等な権利であるとしても、そのために地元の介護や医療や社会的共通資本の維持整備に「不公平」は発生しないであろうか。「コミュニティ凝集性」がその他の現存する「不平等性への取り組み」を契機に再編される事例にはこと欠かないが、槻木地区ではこの問題を持続可能性の観点からどう評価したらよいのか。

持続可能性の科学における「包摂」と「排除」

「地域統合集落要件」にとって、たとえば理論社会学における「包摂」と「排除」のパラダイムは使用可能か。貧困、犯罪、解体、差別などから構成される多方面の不利益が「コミュニティ凝集性」を生み出すならば、日常的な「幸せなコミュニティ」（鈴木広）への目標達成は無意味であろうか[9]。

持続可能性の科学は「自然と社会の間における動的な相互作用」の理解に焦点を置く。これには四つのカテゴリーがある（Harrington, 2012：338）。

(1)異なる諸現象間にある空間的尺度の範囲を拡張すること
(2)時間的慣性と緊急性の両方を説明すること
(3)機能的な複合性を扱うこと

(4)知識を有効にするものが何かに関して広範な外観を認識すること

過疎地域とりわけ限界集落を念頭に、持続可能性の前提である「自然と社会の間における動的な相互作用」の可能性のなかで「地域統合集落要件」を考えてみよう。柳田國男の民俗学を引くまでもなく、地域社会研究では「自然と人間」の関連が地域の構造特性とともに最も重要である。

たとえばいわゆる道役としての道普請は、全員が高齢者の中山間地集落ではどこまでコミュニティ社会システムとして持続可能か[10]。槻木地区のたった一人の集落支援員の仕事にはこれも含まれてはいるが、もとより全地域をカバーできるものではない。一般にそれは、定まった日時における居住者による協働活動で生活環境を保全していくために、道路や水路などの修理・草刈りを行う勤労奉仕の作業を意味するが、全員が高齢者の集落では世帯ごとの全員参加が困難になり、「協働活動」が次第に難しくなる[11]。

限界集落の現状

大野が提示した上越市の限界集落の事例によれば、(1)農地の管理は耕作者、農業施設は集落による共同管理となる、(2)林地の管理はほとんどなされておらず、荒れ放題になっている、(3)集落による共同作業は農道や水路などの農業施設の維持管理が大部分を占めるが、高齢化や人手不足により草刈りではなく除草剤散布に切り替えたり、共同作業への不参加が増えたり、集落による共同作業はないとした集落が全体の四分の一に上ったところが出ている。また、耕作放棄地は人の手が入らずに荒れ放題であり、農地や林地の荒廃が「地すべり」発生の懸念を生み出している。同時に獣による作物被害、ごみの不法投棄なども発生している（大野、前掲書：二九四〜二九六）。

居住者による劣化しつつある「協働活動」を補う試みはもちろん全国各地でなされている。たとえば岐阜県美濃市では、そのために(1)原材料（生コン・土砂・砕石・コンクリート製品等）、(2)重機借上料（バックホウ・ダンプトラック等）、(3)消耗品（除草剤・杭・ペンキ・草刈り機の刃・燃料費等）、(4)貸与物品（側溝蓋取り外し機）などの費用を支援している。この試みは前期高齢者を軸とした「協働活動」ではたしかに有効であろうが、後期高齢者を主体とする時期になったら持続可能にはなりえない。なぜなら、「協働」する人材そのものが払底してしまうからである。

「協働活動」はどこまで可能か

「協働活動」は田役や道役のように全員参加を前提としている場合もあれば、レクレーション活動のようにそれに関心がある居住者のみを包摂することもある。少し分類すると、

(1)祭り、スポーツ大会等のレクレーション活動（住民同士の親睦・交流を深める活動）
(2)清掃活動（公園や道路をきれいにし、住みよく快適な地域をつくる活動）
(3)防災活動（災害に備えた防災訓練等の自主防災活動）
(4)防犯活動（防犯灯の維持管理や夜間の巡回等）
(5)交通安全運動（登下校の子ども達の見守り活動等）
(6)社会福祉活動（敬老会や共同募金等の活動）

としても、限界集落ではいずれほとんどが行き詰まるはずである。(1)から(6)まですべてを一人の集落支援員が行えるはずもないから、近隣全体からの「協働」を前提としているのは自明である。もちろん小

田切が強調する「ウィークエンドファーマー」だけでも不十分である。祭りにしても社会福祉活動にしても行政による支援はあるが、近隣の「協働」がなければうまくいかない。

結局のところ、それらを長期的に持続可能とするためには、地元の居住者が「協働」するよりほかに方法はない。したがって、「世帯は極小化しても、家族は空間を超えて機能する」（徳野、二〇一四b：二五）、ないしは「『家族』は時間や空間を超えて存在する」（徳野、二〇一五：二七）は正しいとしても、地域社会の恒常的維持までその機能は届かない。

かつての典型的な農山漁村における共同作業慣行は現在の中山間地域には残っていないが、それでも居住地の溝浚え、山林の植えつぎや下刈りという山仕事、山宮や里宮の境内清掃、村祭りの準備なども また「協働活動」に入ってくる[12]。

現代日本社会ではかつての年齢階梯集団はすでになく、年齢集団すらも高齢化率が一〇〇％の地域社会では「年寄組」だけになってしまう。それでは「協働活動」を維持できない。「年寄組」は村の労働集団になりえず、同時に居住地域の機能集団にさえもなれない。なぜなら、念仏講などの宗教行事がなくなり、村の自治が行政に移管した今日、高齢者だけで数々の地域機能を担うことが不可能になるからである。大野による上越市報告では、「盆踊り」が調査地全体のうち五六・六％の集落でできなくなったとしている（大野、前掲書：二九九）。

「持続可能性」の根底にある

「自然と社会の動的な相互作用」

そうすると、「持続可能性」の根底にある「自然と社会の間における動的な相互作用」が、限界集落では自然に弱まると考えられる。「生活農業」における農耕の苗代、田植え、稲刈りはもとより、年中行事もまた自然と社会間の相互作用を前提とするものが多い。たとえば左義長《さぎちょう》、水口祭《みなくちまつり》、共有山《きょうゆうやま》、入會《いりあい》などは伝統性に富んだ地域社会成員の営みであったが、その相手はすべて自然の一部である。

槻木地区での教育分野を梃にした限界集落再生の試みは、熊本市にいた徳野による強いリーダーシップによって軌道に乗った。この貴重な事例を汎用性豊かなレベルに引き上げることが、持続可能性を追究するコミュニティ研究には求められる。

一つの方向性として、持続可能性概念にソーシャル・キャピタルを補い、それによって汎用性を高める方法が挙げられる。それは、キャピタルが資本としての経済的豊かさを連想させるという意味ではない。むしろソーシャル・キャピタルの存在により限界集落の個人は助けられ、サービスを受けるという文脈が成立するからである。槻木地区での限界集落再生にこの概念は使用可能か[13]。

ソーシャル・キャピタル論から

ソーシャル・キャピタル論から、槻木地区での限界集落再生への応用可能性を判断してみよう。徳野によれば、槻木地区の特徴として高齢者の住民にも強い定住意志がある、他出した子どもたちが近くに（熊本県内に）多くいるなどが指摘されている。実際のところは、表3-1のような分布になっている。県内まで「近く」と見れば、男五四・八%がこれに該当するし、女五一・五%が含まれる。

しかし、徳野の資料によれば、実際に他出子とは「あまり帰ってこないが、電話などで話す」、「盆や正月に帰ってくる」、「病気の時、看病に来てくれる」、「月に一回は顔を合わせる」などの付き合いになっていて、これらが関係性の上位を占める。このデータから、別居する子ども夫婦の役割行動の限界が窺える。電話で話したり、盆や正月それに病気の時に帰ってくるだけであれば、地区全体の共同（協働）作業への参加はますます乏しくなり、限界集落の安定化は期待できない。定住する高齢者の価値規範と別居する子ども夫婦の家族関係に関する価値規範には重なり合うところがあるにしても、子ども夫婦による週末の役割行動の現状では集落の「持続可能性」基準には届かない。

たとえば、持続可能な地域コミュニティの形成には「地縁組織の活性化」が挙げられ、伝統的な地縁組織とNPO法人が連携すれば期待できるとされる地域福祉の文脈がある。一般的には「互酬の制度化」が指摘され、結《ゆい》や講《こう》までも資源とみなすこと（野口、二〇〇八：三二九）は理解できるが、槻木地区のような限界集落ではもはやこの手段も使えない。

表3-1　槻木地区住民の他出子との距離

他出子との距離	男	女
近距離（上下槻木から球磨郡内）	18	18
中距離（球磨郡外から熊本県内）	17	16
遠距離（熊本県外）	29	32

（出典）徳野（2014b：84）より。単位は（人）。

地理学からの発展論

同じ文脈で地理学からは堤の研究があり、ダム建設による水没集落の再編成の事例研究では、ソーシャル・キャピタル論が活用された。すなわち、「集落の社会的紐帯をベースにしつつ、水没・移転という逆境を逆手にとって、……自主的に集落改善を牽引してきたキーパーソンたちの存在」（堤、二〇一一：二二九）が描き出された。しかし、その結論は控えめであり、「どこにでもエージェントがいて、どこにおいても内発的な発展が実現可能なのではない」（同右：二三二）とされている。

ソーシャル・キャピタルでも社会的紐帯でも構わないが、一時間圏内に居住する他出子との交流だけでは、限界集落の持続可能性には無理が生じる。槻木地区でともかくも小学校の「復校」が可能になり、事業計画がプロジェクト化した最大の理由は徳野というキーパーソンがいたからである。これが持続可能性論からみたコミュニティ研究における結論であるが、そうすると今後の課題は五〇年前からの地域権力構造（CPS）をめぐるコミュニティリーダーシップ研究に拡散してしまう。

それを避けて、コミュニティ論自体でまとめておこう。その居住場所の性質によって、共住する成員間に共有された理想と期待は様々に存在する。都心部なりの問題もあれば、限界集落独自のニーズや行動様式の相違もある。ただし学史的にみると、生活空間を共有する人々と一緒に持つ感情的な支柱と強い愛着心が「心の習慣」になる。これらは、集合的凝集性と永続性を創り出す互恵性、義務感、道徳的感情を生み出す心の状態である。

共有された目標とコミュニティ感情

意識面への独立変数としては、社会結合のネットワークと忠誠心の対象としてのコミュニティが想定される。人々を共通の課題に結び付けるのは、共有された目標とともにコミュニティ感情という意識である。住民の関心が「再開校」や災害防止という共通目標に向けられる時に、社会的相互作用は結束性（unity）の源泉になる。そして、この結束性は同時にコミュニティの中心的構成要素である。コミュニティはたくさんの要素からなる統一体であるから、地域社会全体が永続する場合もあるが、運動体として一時的な目標が達成されたら、地域における集合体自身が消滅してしまうこともある。

この統一性を前提として、集合的枠組みとしてのコミュニティを想定することは有効性を高める。集合体の凝集性を導くと考えられるものは、危急の際や重大局面に際しての合法的な支配、権威、リーダーシップである。コミュニティリーダーシップの問題は、その支持基盤である住民レベルの集合的なイデオロギーを前提にする。そこから社会的連帯性と参加を維持する価値が得られなければ、合法的な支配や権威は崩壊するからである。[14]

個人、コミュニティ、社会　コミュニティ論の分野では、二つの周期的問題が発生する。それは、個人はいかにしてコミュニティと結び付けられ、コミュニティはいかにして社会と結び付けられるか、と表現できる（Keller, 2003: 9）。全世代が地域社会内部で暮らしていた時代とは異なり、五五歳以下が一二〇人中四人しかいない超高齢化する限界集落では、田役や道役をはじめとする集合的目標達成、「生活農業」をめぐる社会的連帯、義務教育施設の共有財維持などが困難になる。その意味で、槻木地区の小学校再開校は画期的な事例ではあったが、それは限界集落の持続機能を必ずしも強化しないであろう。[15]

理論的には、義務教育機関だけではなく、商店街、公共交通、開業診療所、交番、郵便局、ガソリンスタンドなどのコミュニティ機能を担う生活要件を総括的に含めた持続可能性が実現できるかどうか。これが分岐点になると思われる。

《補注　槻木プロジェクトのその後の顛末》

本文で詳しく紹介して、その汎用性についても考察した「槻木プロジェクト」のその後の顛末を記しておきたい。以下の事情は、当時の『西日本新聞』と、「槻木プロジェクト」を最初から指導された徳野貞雄熊本大学名誉教授（当時は教授）からのインタビューから得た。この事業の結末はどの自治体にでも起きる可能性がある。

七年ぶりに小学校が再開された二〇一四年四月から三年が経過した二〇一七年六月に、その小学校は再び休校することになった。同年二月の町長選で初当選した町長が町議時代からこの事業に批判的であり、当選後に前町長時代の事業見直しを始めたからである。

町長当選後に、二〇一三年に町役場が募り、採用した集落支援員（町非常勤職員）の給与を、四月から一割削減して、五年の区切りとなる一八年九月以降は、槻木出身者に支援員を交代させる方針転換を表明した。集落支援員は本文八五頁に紹介したような多様な業務を行っていた。

全体としては、「費用対効果」の判断から経費削減が優先された結果だといってよい。多良木町は人口約一万人であり、槻木地区の人口はその一％しかない。しかし、小学校の再生事業費は約二一四〇万円（二〇一三～一六年度）に上った。全校児童が集落支援員の娘二人だけではあるが、槻木小の運営管理費は年間約八〇〇万円かかっており、新町長は「槻木小の児童一人当たりの教育予算は、町内の他の小学校の数十倍かかる」と主張していた。

しかも現実には、集落支援員以外の子育て世帯は増えなかった。そのため、「槻木だけ振興策が手厚い」と町民の不満もじわじわと広がったという（『西日本新聞』二〇一七年六月二二日）。

新町長の方針により、二〇一八年九月以降ではこの仕事が続けられなくなるために、支援員は一七年七月に辞任して、前住地である福岡県内の都市に一家で戻り、介護関係の仕事に就くことにした。すなわち、復校して三年で小学校は再び休校することになった。

まとめると、行政による「費用対効果」の判断が集落支援員制度の見直しをもたらし、その結果、集落支援員の二人の子どもだけしか通わない小学校も再度休校になったのである。これも高齢者だけの過疎化が急速に進む地方日本の姿の一つである。

第4章　コミュニティのDL理論と内発的発展

1　コミュニティ論の動向

コミュニティ概念の活用方法

内外におけるこれまでのコミュニティ研究における合意には、いくつか共通に認められる特徴がある[1]。まずコミュニティは実体概念であり、同時に規範概念としても利用される。実体概念として使う研究であれば、コミュニティは社会構成員の生活基盤としての意味が濃厚になる。そこでの成員は、その主要な生活ニーズの充足と社会活動を行うのに、住居を拠点とした徒歩圏内としてのコミュニティを活動単位とする。この場合は活動の背景としての地域社会という意味合いが強く、これに隣接する学術的概念は社会的共通資本である。

社会的共通資本

具体的な事例としては道路、公園、鉄道、学校、病院などが浮かんでくる。この概念に最後までこだわった宇沢弘文の初期の定義は、「大気、河川、土壌などの自然資本と、道路、橋、港湾などの社会資本」（宇沢、一九七七：一六九）の二類型であり、「教育、医療、都市サーヴィスなどを生み出す多様な共通資本は後者に分類して考える」（同右：一六九）としていた。

しかし、その後の宇沢自身による定義と内容の変遷は大きいものであった。たとえば逝去四年前の定義では次のように変化が生じていた。「社会的共通資本の具体的な形態は、3つの類型に分けられる。自然環境、社会的インフラストラクチャー、制度資本の3つである」（宇沢、二〇一〇：二一）。しかも二点の大きな修正が行われている。一つは長らく社会的共通資本の英訳としては'social overhead capital'が使われていたのに、晩年ではそれが'social common capital'に変えられていた（同右：二〇）。さらに驚くことには、「都市、農村もまた社会的共通資本と考えることができる」（同右：二二）に至っては、沈黙するしかない。なぜなら、都市の公園や上下水道もそれらの上位概念に当たる都市自体も同じだというのであるから。都市を社会的共通資本として考えることはできても、研究方法は医療でも道路とも異なり、制度資本に分類された教育や金融ではまったく相違するであろう。

これでは学術的な概念にはなりえないし、現実的な指標も得られない。都市経済学での使用頻度が大きかった社会的共通資本論も、都市社会学を筆頭に次第に使われなくなり、社会学全体ではパットナムの社会関係資本（ソーシャル・キャピタル）に移行せざるを得なくなった。しかし、それでいいのだろうか。

社会関係資本

たしかに成員が基本的な生活ニーズを満たす際には、その保有する多種多様な社会関係を媒介とするから、社会関係資本（ソーシャル・キャピタル）としてのコミュニティへの回路が自動的に開かれるのは当然である(2)。ワース（一九三八＝一九七八）によりアーバニズム指標に含められた人口量と人口密度それに質的な異質性が、個人のソーシャル・キャピタルの量と質を規定し、その累積としてコミュニティ全体のそれも決定する。そしてこの場合のコミュニティは、買い物などの日常生活ニーズの充足だけではなく、政治的意思表明や文化的な活動ニーズまで含んでいる。これらと連関して、そこにはコミュニティ意識（mind）ないしは精神（spirit）が登場する[3]。

空間的範域を持つ集落社会

第二に、コミュニティは空間的範域を持つ集落社会である。ここにいう集落とは老若男女が居住する地域社会であり、建築物の集合を越えて、居住地を基盤とする生産活動、生活施設、および職場や労働現場などが集積する。その意味で、集落は高田保馬がいう「群居の欲望」を体現する人類の最古の居住環境形態である。鈴木栄太郎の「正常人口の正常生活」論からも、世帯と職場とともに地域の重要性は自明になる。「正常人口の日々の生活は、世帯での生活と職場または学校での生活に大体つくされている」（鈴木栄太郎、前掲書：一五四）。世帯と職場を併せ持つ集落では、人間活動の中心としての社会交流や生産労働が行われる。それが農業でも漁業でも製造業でも、基本的産業によって、農山漁村の集落からかつての炭鉱都市や造船や車の製造都市まで、そして銀行や証券などの金融資本が前面にでた国際都市まで、人口の集積に応じて多様な姿の集落社会がある[4]。

多機能の集合体

第三に、コミュニティは多機能の集合体である。社会システムという発想でコミュニティを捉えると、目標も機能も単純なアソシエーションと違って、コミュニティはその内部にアソシエーションを含むだけに機能が重層化している「部分社会システム」である（新、一九八一：二三四）。具体的なコミュニティ機能はウォレン（一九七二）による五種類のまとめが包括的であるが、社会的管理機能ないしは自治機能の側面もある（金子、一九八二）。ソーシャル・キャピタルの豊かさがコミュニティ親交基盤になり、そのうえに自治機能や福祉機能が追加される。

とりわけコミュニティ内部の治安維持にとって、また成員間の紛争の調停や葛藤の緩和などは、社会統合という重要なコミュニティ機能になっている。これは、パーソンズのＡＧＩＬ図式におけるＩ（integration）機能であり、未完の大著 *American Societal Community* の中心的概念でもある（油井、二〇〇〇）。この自治機能は、「小政治」としての集落内部の日常業務遂行が、政府による「大政治」面での政策実現を支援したり、あるいは阻止する機能を併せ持つものである。

社会参加と政治参加の基盤

コミュニティの第四機能は、成員による社会参加と政治参加の基盤提供である。コミュニティの自治はこの機能の有無によって左右される。トックビルがアメリカで発見した民主化に、この機能が大きく貢献したことは歴史的にも周知のことである（トックビル、一八四〇＝二〇〇八）。ただし、自由と平等をめぐる社会現象には必ず「トックビル問題」（金子、二〇〇二：一〇五～一一二）が付随することを忘れないようにしておきたい。

文化機能

第五には文化機能である。義務教育はすべてコミュニティによる社会化機能とみなせる。それは世界中どこでも、コミュニティレベルでのみ行われる。たとえば、初等教育における文化面と体育面の機能は、コミュニティレベルでのアソシエーションとしての小学校が提供するし、読み書きそろばんをはじめとする社会化のための基本的知識の習得もまた、コミュニティとそのアソシエーションである小中学校に依存するところが大きい。同時にフィッシャー（一九八二＝二〇〇二）により深く開拓された下位文化（sub-culture）論にとっても、そのコミュニティにおける宗教性、民族性、人口規模などの影響が窺える。

社会化機能が不十分であると、次世代育成がうまくいかず、結果的に社会システム構成員の質的劣化が生じて、社会の質（QOS）への影響が出る。個人主義が蔓延して、凝集力の低下が資本主義の頂点で発生したという危惧はウェーバー（一九〇五＝一九八九：三六六）以来の共通理解であり、建設の頂点での破壊は資本主義だけではなく、民主主義でも存在する。なぜならその壊滅を主張する自由を内在化させているからである。

コミュニティにおける社会化機能が円滑に進めば、基本的知識と規則を身につけた次世代という集合体が生み出され、とくに人口集積が顕著な大都市の下位文化がますます多様化する。それは産業でも、政治でも、学術でも、宗教でも、歴史的に蓄積されてきた社会システムの伝統を引き継ぎ、それぞれの領域における発展のための舞台が地域でとりわけ大都市で得られる。

産業活動　第六に、コミュニティ論に農業も含めた各種の産業活動を取り込めば、多方面への持続的な発展可能性が追究できる。これが当面の地方消滅論への対処方法であり、どの産業活動を軸とするかについては、時代の要請に応じられるかどうかという前提を活かして、その地域社会の資源の質と種類と量に応じて異なる。石油の時代では、いくら石炭の埋蔵量が豊富でも、それがただちに地方創生に有効な資源にはなりえない。

日本の農漁業は従事する人口の減少により先行きは不透明ではあるが、食のライフスタイルに合致すれば『限界集落株式会社』で展開された農業生産と販売は可能である。同じく、東日本大震災で被災した漁業地域では、女子商業高校の卒業生が近海の零細漁業従事者の家計を主婦として、簿記会計事務能力により支えてきたという伝統がある。大学進学率は相対的に低くても、高卒段階での専門能力が地域の産業に求められる事例もまた少なくない。そしてその簿記会計能力は、地域の主要産業としての近海漁業を、妻として家計面でも支える事務能力でもある。現在までの東日本大震災の復興事業は、その種の地域に根ざした商業高校や工業高校で身につけやすい専門能力の持続可能性を考慮しているのだろうか。

同時に地場産業などの製造業への言及がないと、広い意味でのＡＧＩＬ全般を網羅する社会システム遂行としてのコミュニティ諸機能面が描きにくくなる。限界集落（大野、二〇〇八）でさえも、農漁業や商業面での言及がなければ、人口論からだけでは全体像が論じられない。

歴史的にみると、交易都市よりも農業集落が先行するから、コミュニティの原初的イメージは農村になる。資本主義の勃興時期から始まった産業化に伴う社会変動により、農業集落である農村コミュニティの周辺に都市コミュニティが現れた。[5] あるいは、シカゴや横浜や札幌のように、結節機関が先行的に立地して、そこに人口が集積して都市コミュニティが新しく形成される。これらの都市はある時期までは誰も住んでいなかったが、産業化・都市化に伴う短期間の人口移動によって人口が急増した。ちなみに一八二〇年のシカゴの人口はゼロであったし、一八五九年の横浜は一寒村であり、一八六九年の札幌では和人数人が暮らしていたにすぎない。

社会発展と生産力の発展

産業化に伴う社会変動は社会発展ではあるが、その基本的原動力は生産力の発展である。生産の四要素は土地、資本、労働、組織にあるので、日本の近代化過程では政府による民間資本への支援が続けられてきた。それは昭和時代の後半、数回にわたる全国総合開発計画によって、民間資本が土地取得や労働力配置に便利なように推進されてきた。

また、労働基本法など法律面での整備は労働条件を少しずつ向上させて、長時間の労働による生命の軽視や人権無視などを職場から追放した。高度成長期には、日本的経営システムの根幹を成す終身雇用、年功序列、企業別組合が機能して、いわば労働者を擁護する働きをした。しかも企業組織自体がその他の生産の基本三要素と連関しながら、コミュニティで働く人間の条件を変えていき、経済活動を取り込み、地域社会としてのコミュニティの持続的発展が展望できるようになった。

「都市化とコミュニティ」の時代

一九六〇年代からの「都市化とコミュニティ」というテーマ設定が一九八〇年代に転換期を迎えて、その後に登場したのは「高齢化と地域福祉」というテーマ設定であった（金子、一九九三／日本都市社会学会編、一九九七）。社会福祉学系では社会福祉協議会の組織論や福祉制度論への比重が濃厚であり、一方の社会学系では住民基本台帳からの五〇〇人サンプリングで抽出された対象者への社会調査を駆使したデータ分析が主流であった。このように、地域福祉論は福祉学系と社会学系に二分されてきた[6]。

私は後者の一翼を担ってきたが、そこではコミュニティ論を基盤としたボランタリーアクション論、近隣関係論、社会的支援論などが組み合わされて、地域福祉の構造を形成していた（金子、一九九三）。高齢化の時代では、地域性と共同性だけを唱えるコミュニティ論も転換期にさしかかっていた[7]。

ポストモダンと高齢化

資本主義社会の一貫した近代化後期過程をポストモダンと表現することが流行して、それにグローバリゼーションを重ねた結果がローカルな場面での住民間の連帯性の低下を引き起こしたとする仮説には、今でも賛否両論が集まる。それをいきなり「コミュニティの喪失」と表現することにも、データの制約から一定の留保が求められる。ウェルマンの問題意識である「コミュニティは消滅か存続か復活か」（ウェルマン、一九七九＝二〇〇六）は、一九九〇年代からの今日の都市高齢化の時代にも継承された。

ただし、都市高齢化の時代では、コミュニティはアイデンティティの源泉かビロンギングの対象かだけでも不十分であり、コミュニティが高齢者支援の源泉になりうるのかまでが問われることになった[8]。

さらにコミュニティ論はその性質上、時間無限定の問題を構成し、時として理想像を語ることが多いから、学術的にはそれらとは一線を画した経験的に認識可能なコミュニティ論が求められる。コミュニティを論じることで、広義の社会目標に連結するものとして何が得られるか。コミュニティ成員が本質的に期待するアメニティやＱＯＬの向上などの社会的成果を示唆できるか。

コミュニティ精神

コミュニティ論での準拠点として、居住地へのアイデンティティ、共有された目標、活発に機能する諸制度、相互性の精神、互恵性などは、コミュニティ論の領域での発言をする際には、今後とも何らかの形で言及しておきたい。なぜなら、これらからコミュニティ精神をどのように生み出すかが、地方創生に向けての研究成果として期待されるからである。

集合的目標を超えた個人や公的な領域を超出した私性のどちらを強調すれば、コミュニティ精神が生み出せるのか。コミュニティの意味は時代に沿って変質してきたが、新しい展開の手段としてまた目標としてコミュニティを現代社会でも有効活用するには、共生に合意した「自由な個人」を束ねる社会参加という考え方が基礎になる。

ここにいう共生は、二つ以上の異なる主体間でお互いに依存しあいながら、「特定の利益」が共有される状態を意味する（金子、二〇〇七：四三）。このような共生は、共有財と集合的要件を媒介として、マジョリティと複数のマイノリティ間に発生する。社会的共通資本に分類できる道路・港湾・公園や病院や公的な集会施設などは、共生的な社会関係創造の基盤になり、異なった主体間ではこれらを媒介にした「特定の利益」が共有される[9]。

コミュニティの実践的な創出

従来からのコミュニティが担ってきた「エデンの園が持つノスタルジーあふれる夢物語」だけでは、人口減少社会で発生する社会問題には十分な対処ができない。もっと実践的な創出方法を研究者各自が工夫して提出したい。その意味で、コミュニティを「自宅にいる気分にさせる」という理解では、社会問題への戦略的概念としては不十分である。

学術的なコミュニティ論では、伝統的な場所としてのコミュニティの理解がある。コミュニティの空間的領域は、都心部や集合住宅地区それに郊外地区や農村地域などという居住場所の性質がそのまま近隣を構成し、そこでの関係の近接性と密度を提供する。範域を定められた空間が、集合的生活の構造を決定して、全体として都市的生活様式を創造する（倉沢、一九九八）。専門サービスの供給と消費、および相互扶助による互助や共助という形式は不変だが、地区特性に応じて内容は変化して、商助（金子、一九九七b：四五）も含めた支援構造が標準化する。

その居住場所の性質によって、共住する成員間に共有された理想と期待は様々である。都心部なりの問題もあれば、郊外地区独自のニーズや限界集落特有の行動様式ももちろんある。ただし学史的には、生活空間を共有する人々と一緒に持つ感情的な支柱と強い愛着心が、ベラーらのいう「心の習慣」になる。これらは、集合的凝集性と永続性を創り出す互恵性、義務感、道徳的感情を生み出す心の状態である。

コミュニティ意識

意識面への独立変数としては、社会結合のネットワークと忠誠心の対象としてのコミュニティ・モラール（鈴木編、一九七八）が想定される。人々を共通の課題に結び付けるのは、共有された目標とともにコミュニティ感情という意識次元である。住民の関心が学校支援やレクレーション計画ならびに災害防止という共通目標に向けられる時に、社会的相互作用は結束性（unity）の源泉になる。そして、この結束性は同時にコミュニティの中心的構成要素である。したがって、コミュニティはたくさんの要素からなる統一体である。この結束性は永続する場合もあり、一時的に顕在化して、目標が達成されたら、喪失してしまうこともある。

コミュニティの権力構造

この統一性を前提として、集合的枠組みとしてのコミュニティを想定することは有効性を高める。集合体を導くと考えられるものは、危急の際や重大局面に際しての合法的な支配、権威、リーダーシップである。これはコミュニティリーダーシップ論や広い意味でのCPS研究に含まれている（金子、一九八二）。権力の問題はその支持基盤である住民レベルの集合的なイデオロギーを前提にする。そこから社会的連帯性と参加を維持する価値が得られなければ、合法的な支配や権威は崩壊するからである。

個人とコミュニティ

コミュニティ論の分野では、中間集団は茫漠とした概念ではあるが、国家と個人間に存在するあらゆる団体組織を包摂する。国家もまたアソシエーションであり、個人はむき出しで国家に対峙するよりも中間集団を背景に国家と向き合う[10]。

有効性を高めるコミュニティ概念ならびにその指標にとっては、地域社会の全体性を目指す個人感情が普遍化した利他主義（altruism）による奉仕活動を突破口にして、集合的目標達成に向けての動きを含めておきたい。コミュニティは、現代都市における個人目標の喪失感、極大化した自己利益の追求（self-advancement）、都心部群衆のなかの孤独感、個人のライフヒストリーで発生する特定のライフステージにおける生きがいの消失、アイデンティティの欠如などへの有力な処方箋の一つであることは間違いない。その意味でコミュニティは、現在のソーシャル・キャピタルの多義性を先取りした概念だったと総括できるであろう（パットナム、二〇〇〇＝二〇〇六）。

だから地域限定的であってもなくても、個人の人生にとって根本的な意義を保有するもの、すなわち集合性という目標達成、社会的連帯、共有財維持への貢献などが新しいコミュニティ理論の要件に浮上することになる。そして綜合社会学の観点から、その操作概念化を目指す試みを、鈴木広が単独である時期に「コミュニティのＤＬ理論」としてまとめようとしたことがある。

2　コミュニティのＤＬ理論

コミュニティ・モラール・ディレクション

鈴木は一九七三年から七四年にかけての直方調査をまとめた直後から、一九七五年七月に実施された福岡市調査に全力を投入した。その調査では、都市社会学のコミュニティ、集団構造、市民参加などの重要なテーマがすべて盛り込まれた。そこではまだ「コミュニティ・ノルム」への直接的言及はないが、今日でも新鮮な「コミュニティ・モラール・ディレクション」というアイディアが打ち出されている。これは「コミュニティ・モラールのＤＬ理論」とも表現された。しかし鈴木がこの表現を行ったのは論文でも単著でも編著でもなく、行政の報告書『都市構造と市民意識──福岡市民意識調査』（一九七六年三月。以下、福岡市報告書と略称することがある）だけであった[11]。

ディレクションとレベルを組み合わせる

ディレクションとレベルを組み合わせる考え方は当時も今も社会学では皆無だったので、鈴木の身近にいた私は大いに気になりつつも放置して、その問題を体系的に考察してこなかった。たまたま二〇一二年の一二月に「鈴木社会学」の継承をめぐるシンポジウムが久留米大学で行われた際に、私はこの宿題にしてきたコミュニティのＤＬ理論を中心に報告を行った。それは四〇年前からの宿題にやっと取りかかるだけの内容であったが、綜合社会学性が濃厚に認められるその理論には、ミルズのいう全体社会への配慮はもちろん、そこでの個人生活の位置づけにも等しく配慮がなされていたことに気がついた。まさしく「一つの観点から別の観点へと移る能力」（ミルズ、一九五九＝一九六五：九）が都市理論で体現されており、鈴木が応用したマートンの中範囲理論の立場で、コミュニティの綜合比較社会学を実践し、人間生態学、社会心理学、都市計画、人口論なども駆使された成果としてコミュニティのＤＬ理論は存在していた。

福岡市報告書から

この福岡市報告書でのみコミュニティのＤＬ理論は言及されており、その後の展開はなされなかった。報告書とはいえ、コミュニティのＤＬ理論を含む学術的な水準の高さと二二〇頁という分量は実証的な都市研究書ともいうべき内容である。今となっては幻の報告書であるが、少し細かく検討しておこう。

福岡市報告書では、「コミュニティとは、社会体系を地域というアスペクトで把握した場合のターム……したがって地域社会体系といい換えても差し支えはない……われわれの社会生活・共同生活状態を地域という角度でとらえたとき、それをコミュニティという」（一九七六：三二）と定義されている。この指摘は重要である。また類似の表現も多い。「コミュニティは社会状態であり、〈モノ〉は〈ヒト〉のためのに対象化されるのだから、ここでは〈ヒト〉の方に比重をおいて考える」（同右：三三）。「コミュニティは何らかの『集積』状態である」（同右：三三）。これらの認識は、同時進行していた人吉と大野城での都市コミュニティ比較研究でも活用された（鈴木編、一九七八）。

そして、『望ましい』コミュニティ状態を、維持し、創出しようとする態度は、人によって積極的だったり消極的だったりする。この態度を軸として、コミュニティ意識を把握するとき、コミュニティ・モラールという」（同右：三三）と述べられた。調査票では具体的に「地域にかんする認知」「地域との同一化」「地域に対する評価」と表現され、これらはモラールの量的な高さであるとまとめられた。そして、「コミュニティのあるべき姿」を別に用意され、「モラールの質」として位置づけられた（同右：三四）。

モラールの質

この後にいよいよ「モラールの質」について検討される。すなわち、実態としてのコミュニティにかんする意識、理想としてのコミュニティにかんする意識、実際の行動にあらわれたコミュニティ性を類別され、「この複合物としてモラールというタームをつかう」（同右：三四）とされた。この分類は一九七七年の人吉・大野城調査では使われなかった使用法である。

これらの準備を経て、「Direction（方向性）はコミュニティ理想意識（D）であらわし、Level（水準）はコミュニティ実態意識（L）であらわす」（同右：三四）が登場する。この背景には奥田（一九七一）「コミュニティモデル」批判があり、ＤＬ理論という表現はないが、このようなコミュニティの考え方は人吉・大野城調査でも踏襲されるパラダイムになる[12]。

ただし「コミュニティ・ノルム」ではなく、「コミュニティ・モラールを水準（量）と方向（質）の複合状態」（同右：三四）と考えるという表現に終始されている。今日私たちが共有している「コミュニティ・ノルム」は「コミュニティ・モラール・ディレクション」とされ、その質問項目は以下の通りであった（同右：九二）。

コミュニティ・モラール・ディレクション

「A　平準・格差」

（甲）自分の住んでいる地域の利益ばかり考えないで、非常に困っているよその地域のことを第一に考えてやるべきだ。

（乙）やはり自分の地域の利益を第一に考えるのはあたりまえである。よその地域のために自分のところが損をする必要はないと思う。

「B　改革・伝統」

（甲）どんな地域にもくらしのモトになる「しきたり」がある。しきたりはなるべく守って、人の和をこわさないことが大切だ。

（乙）しきたりをただ守るよりも、みんなが討論して新しいしきたりを作りだしていかないと進歩がないと思う。

「C　主体・客体」

（甲）新しい住民も、もとからの住民にとっても、地域は生活の大切なよりどころであるから、住民がお互いにすすんで協力し、住みやすくするよう心がけるべきである。

（乙）しかし現実には、そこに永住しないひとなど、地域への関心もうすい人が多いので、もとからの住民や熱心なリーダーに、なるべくまかせた方がかえって万事うまくいく。

が、「コミュニティ・モラール・ディレクション」であった。

コミュニティ・モラール

同時進行していた人吉・大野城調査では、コミュニティ・モラールは、以下の、

- 「インテグレーション（統合）因子」：町のひとびとのまとまり、リーダーは地域のためにやっている、地域の人はお互いに世話しあっている。
- 「アタッチメント（愛着）因子」：自分の町の気がする、地域の悪口は自分の悪口の気がする、この町が好きだ。
- 「コミットメント（関与）因子」：町のために何かやりたい、一緒にする行事（運動会、寄付、清掃）に参加する方である、町内、校区内ですること（役員改選、年中行事、道路工事）に関心がある。

とされていた（鈴木編、一九七八）。

コミュニティ・ノルム

一方、コミュニティ・ノルムは、地域社会の方向性を示す内容であり、いわば各種の価値判断の軸が二択として設定されている。

- 主体・客体（active-passive）

主体(A)　私は地域の人とは進んで協力し、住みやすくするよう、できるだけ努力している。

客体(P)　私は地域のことはあまりわからないので、よく知っている熱心で有能なリーダーにまかせたほうがかえってうまくいくと思っている。

- 特殊・普遍（localism-cosmopolitanism）

特殊(L)　日本全体がよくなることも重要だが、何よりもまず自分の住んでいる地元をよくしていきたい。

普遍(C)　地元のことも大切だが、やはり今のような時代には、日本全体をよくするほうが先決である。

- 格差肯定・平準志向（discrimination-equalization）

格差(D)　自分の地域の利益を第一に考えたい。

平準(E)　非常に困った問題のある他の地域をまず考えたい。

であった(同右)。このような内容と表現であったから、福岡市調査のあとに鈴木自身の考えが変化して、「コミュニティ・ノルム」へと進んだのであろう。

かりにコミュニティ・モラールは「L」レベル、コミュニティ・ノルムは「D」レベルとすれば、社会システム(役割構造：資源配分、人員配分、価値システム)もまた、「L」レベル(資源配分、人員配分)と「D」レベル(価値システム)で組み立てが可能であり、そこに新しい社会学ならびに地域社会学の展開の可能性があると思われる。そしてそれは現在の地方創生論にも有効なのではないか。

方向(Dd)、水準(Ll)、資源(Rr)　以下は、コミュニティDL理論に社会資源論を加えた現段階での私なりの簡単なスケッチである。方向(ディレクション)、水準(レベル)、資源(リソース)の組み合わせから地方消滅と創生をまとめると、方向(Dd)、水準(Ll)、資源(Rr)の三者間には図4-1のような関連を想定できる。

すなわち、地域の方向性Dが鮮明でここに地域住民の総意が集中している半面、それを具体化できる資源Rに乏しい地域でしかも住民の力量LがDの達成をこなせない状態が(A)となる。一方の(C)では地域の方向性Dは不鮮明ではあるが、意欲のある住民が多い反面で、具体化できる資源Rが不足しているモデルとなる。

適正なDとLの関連はもちろん(B1)ないしは(B2)であり、地域の方向性Dと住民の力量Lがともに資源Rとともに相関しながら動くという理念図である。(B1)では停滞気味で消滅や衰退への坂道にあるが、(B2)になれば、むしろ地域発展や創生に結び付く。

コミュニティ・モラールの三要素

さて、コミュニティ・モラールは「三つの要素群から合成されている」（鈴木編、前掲書：一四）。具体的にはまず「地域の共同生活状態についてもつ情報と関心」、次に「地域の共同生活状態にたいする満足感」、そして「地域の共同生活状態にたいする総合評価と主体的関与の構え」の三要素から構成されている。すなわちIntegration（統合・関与）因子、Attachment（愛着・満足）因子、Commitment（関心・参加）因子に分類できる。私はこれらを覚えやすいように配列を変えて、ＣＩＡとしてきた。

ただし、「情報と関心」は「認知的要素」なのであるから、Integration（統合・関与）とするよりは（認知・統合）としたほうがCommitmentの（関心・参加）と重複する危険性を排除できると思われる。「関与」も「参加」も類似概念であり、このような表現の変更のほうが誤解を招かないであろう。

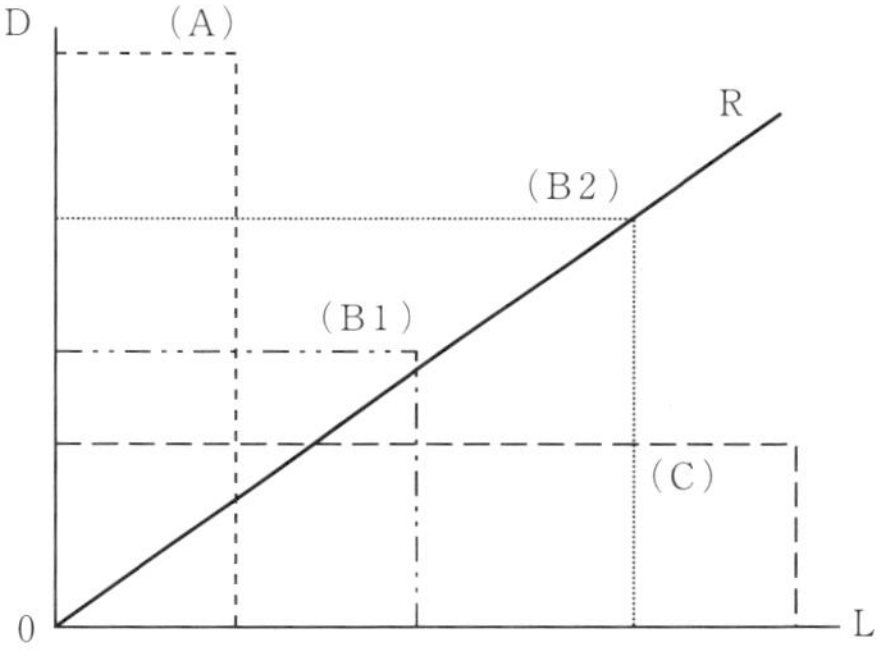

図４－１　方向（D　d）、水準（L　l）、資源（R　r）関連図

今後の地域研究では、とくに高齢市民の「自主的参加を規定する意志的要素」としてCommitment（関心・参加）に焦点を置き、福祉の受益者でありつつも提供者にも変貌できる条件の探求が望まれる。

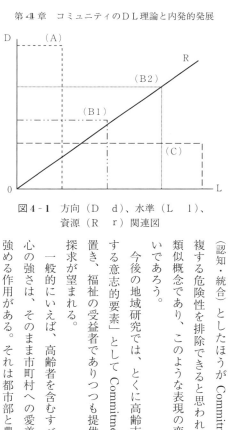

一般的にいえば、高齢者を含むすべての市民が持つ地元愛着心の強さは、そのまま市町村への愛着につながり、永住意思を強める作用がある。それは都市部と農村部の区別を問わないし、

どちらでもコミュニティ・モラールは非常に高い。身近な居住環境に親族や友人・知己が多く、日常の交流がきわめて盛んであることが、地域愛着心を増幅させるのである（鈴木、一九八六）。

このようにコミュニティＤＬ理論としての地域の方向性と地域の水準はなお一層の具体的な指標化が望まれる段階にある。コミュニティ・ノルムとして、たとえば地域農業のうちトマトに特化させる方針は、主体・客体、特殊・普遍、格差・平準のうち、主体的に特殊なトマト作りに専念して、差別化を図ることになる。そしてそれをコミュニティ意識としては普遍化して、平準化するという方向性があれば、コミュニティの進路としてのＤは実践が可能になる。

しかし、たとえそのようなコミュニティＤが得られても、コミュニティＬとしてのモラールが別のベクトルとして作動する。たとえば、地域に愛着がある人々のうち、まとまりがよく、参加意欲が強いトマト農家とその支援者がその地域に一定数存在すれば、コミュニティ・モラールが高い状態になる。このようにＤも鮮明で、Ｌも高ければ、そのコミュニティのＤＬ状態は図４－１の（B2）になるであろう。それを一世を風靡した内発的発展論と今後の地方創生論で検証してみよう。

3　内発的発展論と地方創生論

内発的発展論

一九八〇年代から九〇年代に「内発的発展」（endogenous development）が大流行したことがある（鶴見、一九九六）。二〇一四年からの地方創生論はこの理論に酷似しており、コミュニティのＤＬ理論の文脈からしても、またその時代の雰囲気を知っている世代としても、地方創生を論じるには、「内発的発展論」の検討は避けて通れない。

ここで取り上げる「内発的発展」の根本原則は、地域住民が自覚的・自律的・自立的に関わることである。自覚的関わりとは、活性化運動への参加に関する動機づけの点で、他者からの働きかけの有無にかかわらず、最終的には自分の判断によって活性化運動への参加が決定されることを指す。自律的な関わりは、活性化運動の推進に際して、運動方針や戦略それに実施内容などの決定を自らも責任者の一人として行うことを意味する。また、自立的な関わりは、活性化を担う運動の外部からの援助というよりも、運動内部の諸資源の積極的で優先的な活用を中心とする、自前主義的な態度を中核とするものである[13]。なお「自律的」と「自立的」の比較は以前にまとめている（金子、一九九七：一七四～一七五）。

外発的発展　現今の地方創生論の根幹に、私はこのような歴史を持つ内発的発展の影響を強く感じる。なぜなら、その理念として掲げられた以下の五要件は現在の地方創生と類似しているからである。

①人間を大切に、人間を社会発展の主人公と考える。
②発展は地域住民自らの創意工夫によって展開される。
③地域の文化・伝統は尊重され、新しい発展の土台とされる。
④自然環境・生態系は尊重され、発展との適合・調和が模索される。
⑤住民は互いに協力し、新しい開かれた共同体を再構築し、それぞれの社会の内部的構造改革に向かう。（宇野、一九九一：二四五）

ただし、発展へのキッカケは内発的でなくても構わない。なぜなら、それと対比的な「外発的発展」(exogenous development)も珍しくないからである。一定の集落やコミュニティや自治体にとって「外発性」の最たる主体はもちろん国家であるから、事業のキッカケを与え、発展のための「内発性」が育っても、国家は事業を継続する予算を出し続け、各種の相談に応じるから、これもまた地方創生論がお手本にした理論枠組みと考えられる。

その理由は、二〇一四年以降に政権担当者の思いが地方創生論として結実して、それは中央省庁での最優先課題の一つになり、その結果として、政府にも都道府県や市町村でも地方創生のための課や係が新設されたからである。その意味では、現今の地方創生は外発性が濃厚である。むしろ国家や都道府県や市町村の支援をまったく受けない地方創生事業が少ないことに象徴されるように、「内発性」も「外発性」も相対的な位置づけが可能である。

ソフトな時代

三〇年前の「内発的発展論」はそれ以前の一九七〇年代の「日本列島改造論」に象徴される土木事業優先の国土計画への反省から、マクロ社会レベルの「ソフトな文化の時代」を意識して、地域活性化運動にそれを絡めようとしていた。したがって、キーワードの一つに「文化・ソフト・民活」が利用されたが、これは列島改造に見る「経済・ハード・官活」と対比される開発理念であった[14]。コミュニティのDL理論でいえば、Dとしての方向性が経済から文化までも幅広く包摂するようになったことを表わしていた。

同時にLとしての水準としては、住民の力量とそれにより活用されるRとしての社会資源において、列島改造論では官主導による土木業界と金融経済界重視の組み合わせであったが、内発的発展論では文化次元までも含んだので、そこでの主役は農業、農村集落、教育、文化、宗教、法律、まちづくりなどの多方面の人材が集合して、それぞれの手持ちの資源を提供しつつ、その融合した全体像に依拠することが多かったように思われる。要するに両者間のＤもＬも異なっていたのである。

現在の地方創生論では「ソフト」や「ハード」の区別はなく、相対的に価値がある産業活動や文化事業ならば、昔風には地域活性化、今風ならば地方創生の方向（Ｄ）であると位置づけているように考えられる。地方創生論の理論的な近接性は内発的発展論にあり、単なる企業誘致は公言されないにもかかわらず、雇用が数名から数十名ないしは数百名になるような事業展開が地方創生論でも依然として求められる傾向は残っている。Ｌについても雰囲気的には生活水準という代わりに、生活の質（ＱＯＬ）やアメニティやエンパワーメントなども代替的に用いられるが、内容的には重複するところがある。

ハード面とソフト面

そのような時代の変化を踏まえて、二一世紀の地方創生論では創生の対象とそれに寄与する資源の両方で、伝統を踏まえてハード面とソフト面に分けて検討する方がよいであろう。

その前に補助線として、類似概念を整理しておきたい。まず地域成長（community growth）は、主として経済的側面に関連していて、経済的な水準が上昇していくことに限定される内容である。二〇世紀終盤から行政やマスコミや企業で多用されてきた「地域活性化」（community activation）は、「地域成長」と「地域発展」の両方を含んでいる。もっとも政府の「経済再生」も英訳が economic revitalization であり、「地方創生」の英訳は regional revitalization なので、この community activation も暫定的なものである。

社会資源面への配慮と動きを支える人材

しかし地方創生の時代において、Dレベルは目的的変動を求める地域独自の創生計画として登場するから、activation でも revitalization でもLレベルの社会資源面への配慮とその動きを支える人材に留意しておきたい。

通常、資源というと天然資源に代表されるようなものを想定しがちだが、社会学の場合は、必ずしも天然資源としての水、空気、森林、石炭、石油などに限定されない。それらを超えて、風土や資金はもちろんのこと、交通・通信手段、施設（文化・教育施設や歴史的施設も含む）、専門技術といったものが一応ハード面の投入可能な資源とされる。これらを外発的にも内発的にも地域に投入することによって、地方創生が起動しはじめる。

事例を挙げれば、高速道路が延長されることによって、高速インターに隣接する工場団地が売れはじめ、新しく企業や工場や研究機関などがそこに立地し、新規の経済活動や社会活動が始まり、雇用あるいは雇用以外の商品やサービスなど様々なものが活発に動き始めるという現実がある。また、『限界集落株式会社』（黒野伸一）で証明されたように、社会的共通資本であり公共財でもある高速道路を積極的に活用して、社会関係資本を活かしてみんなで作り上げた有機栽培野菜を首都圏に新鮮なうちに直送する事業もまた、社会的共通資本を地方創生の有力な資源とした活用法である。換言すれば、外発的にも内発的にも地域で何らかの新しい「動き」を引き起こすことが、地方創生の必要条件であり、それは地域活性化時代と変わりない。学術的にはその持続可能性の探求が十分条件となり、両者を合わせて必要十分条件が見えてくる。

ソフトな社会資源の威力

同じ考え方を、今度はソフトな面に適用すると、情報、時間、文化、教育、リーダーシップ、威信、信用、人望、参加意欲などもまた、地方創生の資源となる。たとえば、地域経済の活性化の事例として、かつての九州の筑豊地域での経験を比較してみる。ほぼ四〇年前に、同じく工場団地を売り出して、福岡県と大分県と熊本県の間でＩＣ製造の工場を誘致する競争が起こったことがある。結果は、熊本県にＮＥＣ、それから大分県に東芝がそれぞれ非常に大きな工場を作って、福岡県には来なかった。やや遅れて宮田町にトヨタ自動車の工場が立地した。

福岡県で候補地となった筑豊地域にＩＣ関連の工場が来なかった理由を後で調べてみると、いわゆる労働時間や給与面などの経済的条件というよりは、文化や教育や医療などの社会的条件が効いていた。すなわち地域社会のイメージや文化・教育水準や医療水準などを慎重に検討して、筑豊の候補地が熊本県と大分県での候補地より劣っているという総合的な判断を、企業側と組合側が下したように思われた（金子、二〇〇〇：一八七／二〇一四ａ：一〇～一二）。

この事例によれば、企業を誘致する場合でさえも、従来の優遇税制、労働力、住宅事情、水資源、交通の利便性、買い物の利便性といったハード面中心で経済的な条件より、むしろソフトな非経済的な要因としてのイメージ、すなわち文化、教育、医療のサービス水準などが非常に有効であったことがわかる。たとえば「石炭産業の衰退期に犯罪や非行が増加した」（平兮・大橋・内海、一九九八：四二三）という歴史が、その地域への企業進出に負の影響を与えたと考えられる。

今後、新しい地方創生の運動を始める場合、従来のやり方によって橋を作ったり、道路を整備したり、高速道路を延長することの意義に加えて、このソフト面の重要性をより強く認識しておきたい。また、たとえそういう事業が何もなくても、地域に対してアイデンティティを感じ、何らかの「動き」を開始しようとする人がいて、それが結局のところ地域社会に影響を及ぼすことになる。その「動き」自体が地方創生運動の誕生になる。

地方創生運動の類型

そこでコミュニティのDL理論を意識しながら、地方創生運動の類型についてまとめてみる。まず、そのスタートの起爆剤となるのが、民間なのか公的な機関なのか、あるいは市役所や街役場単独なのかを区別しておきたい。周知のように、地域づくりに民間が熱心なところと、官としての市役所が前面に出るほうがうまく行くところと、市役所よりも上位機関の国土交通省や経済産業省や北海道開発庁などの国や道庁が主体になるところがある。

この主体にも、まず公的機関としては国、道、市町村、一部事務組合、公社、公団、事業団、地方公社、第三セクター、そしてこれらの複合体などが混在している。他方で民間組織としては、もちろん企業が筆頭にくるが、それ以外にもNPO、農協、漁協、商工会議所、町内会・自治会、婦人会、青年会というような地域団体、青年会議所、各種協議会というような事業組合や第三セクターが行う場合もある。

経済面と文化面

その分類に地方創生の対象を加えてみる。一般的な対象としては経済面と非経済面に分けられるが、ここであえて文化という言葉を使えば、創生の領域には広義の経済面と、もう一つは広義の文化面があると整理できる。もちろん文化に経済が、そして経済に文化が含まれることは承知している。そして、それぞれがハード面とソフト面に分かれる。したがって、これらを組み合わせると表4-1のような類型ができる。たとえば、「経済・ハード・市役所」(A)、「文化・

ソフト・民間活動」（L）のような関係が得られる。

第三セクターによるプロジェクトは、市役所や民間活動ではなくて公的機関に含めた。つまり、単独での活動か複合的な活動かを考えていくと、民間とは西武や東急などの会社グループが独自でやったり、あるいは農協が行ったり、NPOやボランタリーなグループの運動、数名から数十名の地域住民、特定年齢層の青年会や青年会議所といった人たちの活動が該当する。これらはすべて民間活動で、それ以外の機関でやれば、市役所を除いてすべてを公的機関として分類した。

表4-1　地方創生運動の類型

領　域		市役所	公的機関	民間活動
経済	ハード	A	E	I
	ソフト	B	F	J
文化	ハード	C	G	K
	ソフト	D	H	L

経済・ハード・公的機関

表4-1から得られる「経済・ハード・公的機関」ならば、国や県庁などが中心になって行う一般道路、高速道路、港湾、防潮堤、仮設住宅作り、橋梁整備、新幹線整備等があてはまる。もちろん災害復旧のすべてもまずはここに分類される。

反対に、これらと同時に小規模ではあるが、民間の文化的でソフトな動きとしての地方創生も全国で徐々に芽生えつつある。それは、イベントという形態もあるし、シンボルづくり、あるいは事業としてもコミュニティビジネスの一部にもなりうる。表4-1から様々な組み合わせが想定されるが、その実施に当たっては、コミュニティの方向性（D）とそれを行う主体の力量の水準（L）を考慮した資源（R）の選択が、主体の側で行われることが望ましい。

コミュニティディベロップメント

さて、地域活性化の時代から地方創生の時代まで受け継がれてきた隣接的概念を整理しておこう。それはコミュニティディベロップメント（community development, 以下、ＣＤと表現）である。

まずＣＤは経済成長に伴って地域社会において構造変動が起き、地域構成員の役割分化が進み、組織間の関連がますます分業的に進行するという内容で構成されている。より具体的には、(1)生産―分配―消費、(2)社会化、(3)社会統制、(4)社会参加、(5)相互扶助などに整理された地域社会機能が活発になることであり、それはかならず「動き」をもたらす。

地方創生関連ではこのうちの農業生産や産業活動や商業活動とその消費面が強調される傾向にあるが、福島県磐梯町の「英語でまちおこし」に象徴されるように、物を作るというよりも人を作る社会化機能に特化しても構わない。対外的には日本の安全性、すなわち社会統制が比較的うまくいっているという意味での治安のよさや安全性もまたよく使われてきた。さらに限界集落レベルでは、生産にも分配にも機能的にはむしろ相互扶助の重要性が指摘される。「自治」や「共助」の文脈においてはとくにそれは顕著である。

すなわち、ＣＤにおけるコミュニティはまとまりと構造、ディベロップメントは動きと変動を意味するから、創生や活性化とは「まとまりと動き」ないしは「構造と変動」のような組み合わせを軸とする目的的な社会変動にほかならない。そのため広義のまちづくりは、コミュニティの諸機能を活発にすると定義できるから、ＣＤ概念は現今の地方創生でも依然として有効な側面がある。

改善と成長

ＣＤを計画的な地域社会の発展の手段と捉えれば、地域住民自らが集まり、地域社会の状況改善と成長を目指す活動とまとめられる。したがって、行政や企業はもちろん住民個人の資源動員と費用負担と参加を伴わないＣＤはありえない。これは既述した成長（growth）と改善

(improvement) に大別できるから、

(1)成長……経済的・技術的特質面
　企業活動、商品とサービスの生産と販売、消費行動の拡充
(2)改善……社会的・文化的特質面
　教育、健康サービス、住宅などの生活環境、政治参加、資源の平等な配分

という便宜的な類型化が可能になる。

ＣＤにとっての資源とは目標達成の手段であり、ハード資源とソフト資源に二分される。まちづくり関連ではたとえばコミュニティの方向性（Ｄ）の一つに、「アメニティ」が追求されることがある。これは、

(1)生活環境美：生活の質水準と景観美・機能美
(2)公衆衛生水準：保健と環境の質主義
(3)歴史性の保存：記念物と町並み修復
(4)近隣関係の親密性：近くの親しい他人との関係

などに分けられて、それぞれに具体化されてきた（金子、一九九三：一七九〜一八三）。

ＣＤを軸とした地方創生の目標、方法、留意点を明示するためのコミュニティ水準（Ｄ）の

機会財

方向性としては、まちづくりの目標を掲げて、そこで住民の感じる暮らしよさ（Well-being）を経済的、社会的、文化的に改善することがよく使われてきた。それにはコミュニティの機会財（opportunity goods）を増加させることになるが、これがいわばコミュニティ水準（Ｌ）レベルを具体化する内容である。ここでの機会財とは、コミュニティの諸機能（生産、参加、交流、社会化など）のいずれかに刺激を与えるために、内発的には定住者が、外発的には国や自治体が仕掛けて、内外の人々が集まるキッカケを意味する。

総論としては産業経済面の機会、政治行政面の機会、社会文化面の機会に大別できるが、細かくは表４－２に示した通りになる。現在の地方消滅論やその批判論さらには消滅論を乗り越えようとする地方創生論では、産業経済面の産業機会や起業機会が取り上げられる傾向が強い。部分的には政治行政面の参加機会や社会文化面の「農村の強靭さ」などにも触れられることもあるが、雇用問題を念頭に置けば、どうしても産業経済面に特化しやすい。

いずれにしても、そのような諸機会に登場するリーダーの存在が決め手になる。なぜなら、外部資源（ハード・ソフト）へのアクセスを伴う情報に通じたリーダーがいるかどうかで成否が決まるからである。これはＰＭ理論では実行力に富むリーダーと表現される。また限られた集落での協働や協同を束ねる統率力に富むリーダーがいるかどうかもカギになる。この表現は三隅のリーダーシップのＰ（実行力）とＭ（統率力）理論から得た内容であり、ＰＭとｐｍを組み合わせるリーダーシップの類型化である（三隅、一九八四）。

さらに地域社会の連帯を促進するコミュニケーション・チャンネルを作り、地域住民の問題解決能力(community viability)を向上させるプログラムを含むことが重要である。「もし問題処理力というものを、コミュニティレベルで問題に対処するコミュニティの能力、と考えるとした場合、どのような状況が問題であり、決定であり、行動なのかを、誰がきめるのか」(ウォレン、一九七〇＝一九七八：二九六)。この当時のウォレンの問題意識は現在の地方創生論まで持続している。

まとめていえば、地方創生とは地域に「動き」が生じて、その結果、地域が非常に元気になることであり、それが最終的な目標なのであるから、活性化の契機は雇用を確保し、経済的な活動を活発にするための大企業誘致でもよいが、国際化と不況下ではそれはなかなか進まない。とりわけ、室蘭市のような企業城下町すなわちワン・カンパニー・タウンの盛衰の歴史からすると、都市基盤の脆弱さが理解され、ワン・カンパニーへの依存のみでは将来展望は困難である(本書、補論参照)。そのカンパニー自体が好調ならばよいのだが、それがひとたび不調になると、あまりにもその企業の影響力が強いから、地域社会全体が沈没してしまう。そういう意味では、一つの産業に余り特化した地域づくりは好ましくない(金子、一九九七b)。

表4-2　機会財の分類

①産業経済：	産業機会、起業機会、就業機会、商売機会
②政治行政：	政治機会、参加機会、運動機会、行政機会
③社会文化：	交流機会、活動機会、集合機会、学習機会

社会学的想像力

かつてミルズは『社会学的想像力』の末尾に、「あらゆる者は自己の方法論者となり、あらゆる者は自己自身の理論家となれ。理論と調査とを職能的実践のなかに再び統一せよ」(ミルズ、一九五九＝一九六五：二九二)とのべた。私は翻訳者の鈴木広博士から直に教えていただく機会を得た一人だが、本書で地方消滅や地方創生というコミュニティレベルの考察をしながら、理論としての社会システム論への拘りが随時出てくるのは、自分なりの理論と調査の「職能的実践」を心がけたからである。

一般に社会システムは異なる個人を取り込みつつ構造化されているが、常態としての変化を許容しながら安定した構造を維持している。自己組織論的にも「単調な均衡の状態から少しずれたとき、最も大きな秩序を生み出す」（クルーグマン、一九九六＝二〇〇九：四六）ことは指摘されている。その意味で、常態としての変化はコンフリクト、リスク、不調和、緊張などにより引き起こされ、社会システムとしてのコミュニティの内部に恒常的に存在する。しかもコンフリクトがあれば緊張は絶えず発生し、リスクも社会システムの不調和の原因になり緊張を大きくすることもあり、これらの間の相互連関が強い。

そしてこれらはコミュニティの社会システムだけではなく、その構成員個々の行動と意識にも影響を及ぼす。ここからその持続可能性が問われることになる。しかし政治的危機や経済政策の失敗や世界不況それに自然災害への対応の不首尾など許容水準を超えた社会現象が長引くと、社会システムはそれまでの構造を変動させ、新しい社会構造を生み出すようになる。二〇一四年から地方創生が政治課題となり、政府も自治体でも本気でその具体化への対応を始めたのは、人口減少社会が日本の社会システムを変質させることが鮮明になり、日本の社会構造全体で対応せざるを得なくなったからである。

周知のように、社会システムにはコンフリクト、リスク、不調和、緊張などによる間接的影響と直接的影響が混在する。コミュニティの社会システム論でもそれは同じであり、過疎地域に関しての私の原体験は北海道後志地方であるが、かつての調査を思い起こし、調査ノートを参照しながら、社会システム論的な発想で地方創生への道筋を辿ってみたのが本書である。

第5章　地方創生と労働者の福祉活動

1　職業活動と福祉活動

仕事と職業活動

人間にとっての仕事（work）とは精神的ないしは身体的に何かを行うことであるが、その下位概念として自営業または雇用者としての所得や報酬を前提とする職業活動がある。内閣府の調査によれば、農業を除き家族従業者を含めた自営業者は一九九〇年には一三九五万人であり、それは全就業者六二一一万人中の二二・三％を占めていた。しかし二〇一〇年には一一・三％と半減して、二〇一一年二月時点で一一・四％（七一二万人）となった。(1)

また農林水産省によれば、一九六〇年の日本における農業就業人口率は全世帯の約三〇％であったが、二〇一二年ではわずか二・四％にまで低下した。同じように、時代とともに「農家人口」（農家の世帯員）も二〇〇九年の六九八万人が二〇一四年には五三九万人まで減少した。(2)

一方、二〇一五年一月から三月期の労働力調査では、役員を除く雇用者総数は五二四五万人であり、内訳として正規雇用が三二六五万人（六二・二％）、非正規雇用が一九七九万人（三七・七％）となった。それら以外に属する失業者は二二八万人、非労働力人口は四五一八万人であり、このうち就業希望者が四〇九万人、希望しないものは三九九一万人になっている[3]。

したがって、日本におけるこの就業構造において、労働組合の大半は正規雇用を軸とする全体の職業活動に従事する人々のうち約五〇%の組織化が可能である半面、自営業、農業、非正規雇用、失業者、非労働力人口等の範疇に含まれる人々にとってはそもそも労働組合成立の可能性に乏しいということになる[4]。

労働と労働組合

毎年行われている厚生労働省の「労働組合基礎調査」によれば、労働組合の加入率は二〇一三年で雇用者のうちの一七・七%であり、組合員の実数は約九八〇万人になる。しかし、自営業や農業には労働組合がないのだから、これらを含むすべての職業活動従事者六五〇〇万人を母集団とすると、労働組合員の比率は一五%程度になってしまう。

すなわち正規雇用を軸とした労働組合員九八〇万人が、全国の職場でそれぞれの仕事に従事しながら、組合活動も行い、そのうえで組合が目標とした「少子化する高齢社会」での社会貢献を模索するための福祉活動が位置づけられることになる。いわば三種の社会活動を日常生活に取り込むことは大変なことであるが、理論的な視点も踏まえてその現実的な可能性を展望してみたい。

二〇一三年度組合加入率が一七・七%にまで落ち込んだとはいえ、実数では全国に九八〇万人いるのだから、その一〇%でも日々の職業活動や組合活動の合間に地域における福祉活動に参入するのであれば、「少子化する高齢社会」が進む現代日本では大きな戦力となり、福祉や環境をめぐる貴重な地域社会活動となるであろう。

社会活動としての仕事と福祉活動

しかしそれは簡単なことではない。なぜなら、仕事としての職業活動と地域での福祉活動は同じく社会活動概念に含まれるとはいっても、両者には性質の相違があるからである。そこで関連する諸概念を整理しておくと、たとえば就労、勤労、労働、福祉活動などを包括する概念に社会活動があり、同時にこれは政治活動、経済活動、教育活動、環境活動、医療活動などの上位概念にもなる。(5) 同じ文脈で、社会活動の一部に職場での労働も労働者の政治活動もボランティア活動も位置づけられる。本章ではこの観点を採用する。

社会活動は世代間、男女間、階層間、地域間の支え合いを基本とする。(6) それは下位概念の職業活動でも福祉活動でも変わらない。職場では文字通り老若男女が協力して目標達成に努力する。その結果、自営業者でも雇用者でも業績の格差が生じるし、この格差とともに親の階層に規定される部分があるため、本人の所属階層もまた異なってくる。日本で五〇年以上にわたる「階層と社会移動」（ＳＳＭ）の研究成果が教えるのは、本人の所属階層決定要因は、(1)階層的に制約された親の資産をどのように引き継いだか、(2)本人の学歴や能力（ヒューマンキャピタル、文化資本）や職業上の地位やソーシャル・キャピタル（社会関係資本）により獲得された社会的資源の種類と質はどのように階層規定に影響したか、の二点に分けられる。強いていえば、(1)は親の階層による帰属性要因、(2)は本人による業績性要因とまとめられる。

職業活動

所得を前提とした社会活動の典型は職業活動であり、雇用される人ならば、勤務する企業における労働条件を改善することが第一義的な課題となるであろう。それには金銭的・物質的報酬が軸となることはもちろん、労働時間、通勤時間、有給休暇、育児休暇などの労働環境面もまた等しく重要になる。その他の福利厚生面も労働条件の考察の対象になることは当然である。

福祉活動

しかし、いわゆる福祉活動は所得を前提としていない。代わりに市場で売買の対象にならない無形の関係財および文化財として、権威・権力・影響力などをはじめとして信頼・名誉・名声・威信・尊敬・愛情・知識・熟練・技能・教養・情報などが報酬とされてきた。たしかに金銭的に恵まれた人でも権威がなかったり、名誉が得られた人が尊敬されなかったりすることは日常生活では珍しくない。知識や技能に優れているからといって、権力が行使できるわけでもない。

ただし、人からの信頼は情報入手に大きな役割を発揮するし、威信が尊敬に裏付けられることもまた多い。これらの関係財は文字通り多様な組み合わせが可能なので、職業活動に象徴されるように、所得や報酬の多寡が仕事の原動力になるという単線的な関係とは区別しておきたい。

もちろん、「仕事・職場労働」と「福祉・地域活動」における共通の原理もある。それは勤勉性（industry）であり、私なりに両者の異質性と同質性をいくつかの指標で対比しておこう（表5－1）。

表5－1　「仕事・職場労働」と「福祉・地域活動」

(1)　仕事・職場労働	(2)　福祉・地域活動
①　日常の繰り返し	①　非日常の世界
②　企業内部・職場に限定	②　企業外の地域に拡大
③　企業内で対抗・競争	③　地域で協調・協働
④　報酬・休日前提	④　無報酬・休日の活動
⑤　家族の支え	⑤　家族の支え
⑥　人生の機会拡大	⑥　人生の機会拡大

日常性と非日常性

まず「仕事・職場労働」は労働者にとっては毎日繰り返される活動であり、正規雇用者を筆頭に非正規雇用者も自営業者も農業者にとっても、それは日常生活時間の大半を捧げるものである。そしてその日常性が定期的所得や報酬を保証する。

これに対して労働者による「福祉・地域活動」は週に一回、月に二回、月に一回、年に数回というようにその活動自体は非日常の世界に属する。しかも元来が労働者の義務ではなくその自発性に依存するので、やらないという本人の判断もまた許容される。だから、この非日常性における「福祉・地域活動」がどのような効果を生み出すのかは、実行してみないと分からない。もちろん一度だけの活動で、権威や権力、信頼や名声などの報酬がもたらされるとは限らない。むしろ一定期間の継続でのみそれらの関係財は得られるので、いかに続けるかが重要になる。この個人的動機づけへの配慮を怠ると、労働組合としての全体的な狙いである社会貢献も空転してしまう。

しかし、日常的な「仕事・職場労働」をしながら、月に一回程度でも非日常の世界での地域活動を継続して数年経過すれば、その「福祉・地域活動」が向けられた高齢者や子育て者や行政などの団体からも評価され、信頼され、尊敬されるようになる。これは本業にとってもプラスに働くであろう。

成員の業績達成能力

パーソンズは社会システム論と役割論の観点から、既述したように「社会にとってもっとも重要な資源は、成員の業績達成能力とコミットメントである」（パーソンズ、一九六四＝一九八五：二二〇）とのべた。職場をもつ現役時代であれば、この業績は所属する会社・集団・組織・団体における目標達成に他ならない。この能力に恵まれ、健康が維持できており、社内や職場集団の対人関係をうまくやれる能力は「業績達成」にも有効であり、そのことで「出世」の道が開ける。それはまた否応なく会社へのコミットメントを強めるはずである。

さらに、社会の分化が進み、文化のレベルが高くなると、「蓄積され、組織された知識、技術的力能や洗練された技能、計画を立案し、責任を持続的に果たす能力、バランスのとれた判断力」（同右：三二四）がより求められるようになるとパーソンズは指摘する。現役時代は会社中心のライフスタイルを最優先することは当然であるが、そうすると、会社が要求する規範と一般的な社会的規範との衝突に従業員が悩まされる事態も発生する。いわゆるダブルスタンダードの問題であり、「社会と組織と個人」の永遠の命題の一部でもある（小室、一九九一）。会社が期待する行動様式が社会的な規範とは合致せず、結果としては大惨事を引き起こすことは「タワーリングインフェルノ」を想起すれば十分であろう。(7)

バランスのとれた判断力は福祉活動から

この回避は「責任を持続的に果たす能力、バランスのとれた判断力」によるところが大きい。そして、これは職場だけの労働や組合活動だけよりも、もっと広い範囲でしかも利益の追求とは無縁な社会活動を通して獲得できるものである。その一つに地域社会における福祉活動がある。たとえば、北海道の冬季では一人暮らしで要介護2程度の高齢者宅の玄関前除雪は生死に関わる社会的支援活動であるが、これは利益追求の精神とは無縁である。しかし、そのような精神を持ち地域社会での責任を分担するライフスタイルは、一方で必然的に要求される職場の目標達成のためのライフスタイルとのバランスを取り、結果的には「総合的な判断力」の涵養にも有効となる。

職場での限定と地域への拡大

加えて、「仕事・職場労働」は企業内部・職場に限定され、その外部の取引に関しても仕事の範囲を超えることはない。ところが「福祉・地域活動」では、企業外の地域住民全般に対象が拡大される。実際の対象としては一人暮らし高齢者であったり、子育て奮闘中の母親であったりするが、それでも対象は限りなく無限定に近づくようになる。しかも職場は身分的な秩序が貫徹した縦の組織であるから、いざというときには命令による上意下達が有効になるが、地域社会には身分的秩序がないから、横のつながりが薄い関係しか望めず、組合員による福祉活動実践者の思いや狙いが対象者にそのまま届くとは限らない。

競争か協調か

第三の対比は活動の基本姿勢にある。「仕事・職場労働」における従業者の関心や行動は企業内での対抗・競争に向けられがちであり、同期入社の競争はもとより、学閥や出身地によるグルーピングも珍しくない。なぜなら、そこでの仕事には成果をめぐる競争原理が貫徹しているからである。

しかし、「福祉・地域活動」の文脈においては、個人間の競争ではなく協調や協働こそが重要となる。仕事や職場での個人本位や組織全体の業績主義的な成果とは異なり、地域や福祉では業績主義というよりも、その支援対象となった高齢者や子育て者の満足感が最終的な成果として評価される。ここでも「バランスのとれた判断力」を訓練する契機がある。労働者が地域社会での福祉活動を行う際には、この相違をしっかり理解しておきたい。

報酬ありと報酬なし

第四には、「仕事・職場労働」ではその前提に報酬も休日もあり、むしろ権利としても保障されている。しかし、介護・福祉のプロではない労働者による「福祉・地域活動」では無報酬が当然とされ、しかもその活動は本人の休日でしかありえない。年に数日あるかないかのボランティア休暇程度では、十分な「福祉・地域活動」はできないから、結局は休日返上になりがちである。長期にわたって休日の「福祉・地域活動」を継続するには、家族ともどもかなりな覚悟が必要になる。仕事による出張もあれば、職場行事も入るであろうし、通園中の子どもの運動会や小学校の各種行事もあるから、福祉活動を目指す労働者としても休日の活用に優先順位が求められるようになる。

これら四点の克服が組合員による「福祉・地域活動」の継続性を支えるが、それには何よりも家族の理解と支援が重要になる。単身者はともかく家族同居で暮らす組合員にとって、家族による支えがなければ、休日を潰しての長期的な「福祉・地域活動」は困難である。そこまでの理解を家族にしてもらえるかどうかが、労働組合と組合員の新しい活動の試金石となる。

ただし、かりにそれが可能ならば、組合員もその家族もまたこれからの「人生の機会」が拡大することは間違いない。「仕事・職場労働」だけでは得られない機会財やソーシャル・キャピタルが「福祉・地域活動」によって提供されるからである。「責任を持続的に果たす能力、バランスのとれた判断力」は労働者個人の職場における目標達成にも有効であり、生涯を通じた生きがいにも促進要因となるし、健康づくりにも寄与するところが大きい。そのような活動を通じて、労働組合の社会貢献も現実化する。

2　過疎の地域社会

新たな「絆&ふれあい」社会の創造

以上のように、「仕事・職場労働」と「福祉・地域活動」とでは異質性と同質性とともに存在することを理解したうえで、ここではとくにJP労働組合を取り上げて、一二年に新しくテーマとして掲げられた「福祉型労働運動」について、その目的「新たな絆&ふれ

あい社会の創造」達成が展開される地域社会の特徴を整理しておきたい。なぜなら、このテーマは、

(1)人と人とが助け合い

(2)地域社会のきずなを深め、

(3)誰もが元気に安心して暮らせる社会の創造

と位置づけられており、JP労組でも「社会貢献活動」の総称とされているからである（JP労組、二〇一二a：六）。ここにいわれる「助け合ったり」、「きずなを深めたり」、「安心して暮らせる社会の創造」は、企業内というよりも地域社会が念頭に置かれている。

「少子化する高齢社会」（人口減少社会）が過疎地でも大都市でも地域社会を変えるという立場から、私はコミュニティ論を背景にして北海道後志地方を調査地点とした過疎地集落の研究と札幌市や道内の小都市である小樽市、富良野市、千歳市、伊達市などでも調査を積み上げてきた（金子、一九九三／二〇〇六b／二〇〇七／二〇一四b）。それらの結果としては、地域での福祉活動により「きずなを深める」のは大都市でも過疎地域でも可能であるとまとめられるが、両者の社会構造や社会過程の違いも歴然としているから、その差異をまずは理解しておきたい(8)。

過疎地集落の特徴

過疎地集落では、(1)高齢者の小家族化、(2)商店街の空洞化、(3)産み育てる医療の崩壊、(4)バス路線など公共交通機能の縮小、(5)義務教育施設の統廃合、(6)交番の廃止、(7)郵便局の閉鎖、(8)ガソリンスタンドの廃止などが、順不同ながらかなり並行的に進む傾向にあ

る（金子、二〇一一）。これは本書でも繰り返しのべてきた通りである。

小家族化

さらにここでは簡単なデータを使い、それぞれ略説しておこう。まず「少子化する高齢社会」では子どもが少なく、高齢者が多くなる。その結果、過疎地でも大都市でも目立つのは、高齢者の単身化と小家族化である。『都市データパック　二〇一五年版』（東洋経済新報社、二〇一五）によれば、二〇一三年度住民基本台帳による平均世帯人員が、函館市では一・九二人、小樽市でも一・九三人に、釧路市が一・九三人、夕張市が一・七九人に象徴されるように、過疎地では確実に小家族化が進んでいる。一方、大都市でも、同じ時期の札幌市が一・九三人、大阪市も一・九三人、新宿区が一・六四人、渋谷区が一・六五人、港区が一・七四人などになり、大都市でも小家族化が普遍化しつつある。したがって、過疎地でも大都市でも小家族化により、一人暮らし高齢者や要介護高齢者それに子育て中の家庭でも等しく社会的支援を求める領域が多くなる。

商店街の空洞化

商店街の空洞化には二つの原因がある。一つは、一九八〇年代以降に一世帯当たりの車保有台数の増加により、公共交通が不十分な地方都市を中心に、週末に一週間分の買いだめをするという家族ライフスタイルが定着した。それによって、道路が狭く駐車場が乏しい地方都市の伝統的な駅前商店街に買い物客が来なくなったことが挙げられる(9)。

もう一つは大規模小売店舗法が改正され、全国の都市郊外に大型ショッピングセンターなどが建設され、従来のスーパーマーケットとしての枠を超え、大規模駐車場を用意してそこに行けば何でも揃うという大型ショッピングモールも誕生して、多数の買い物客が集まるようになった。これらはいわば一つの建造物が大規模繁華街に匹敵する商業機能を持つものであり、集積利益もあって、販売面での品数や

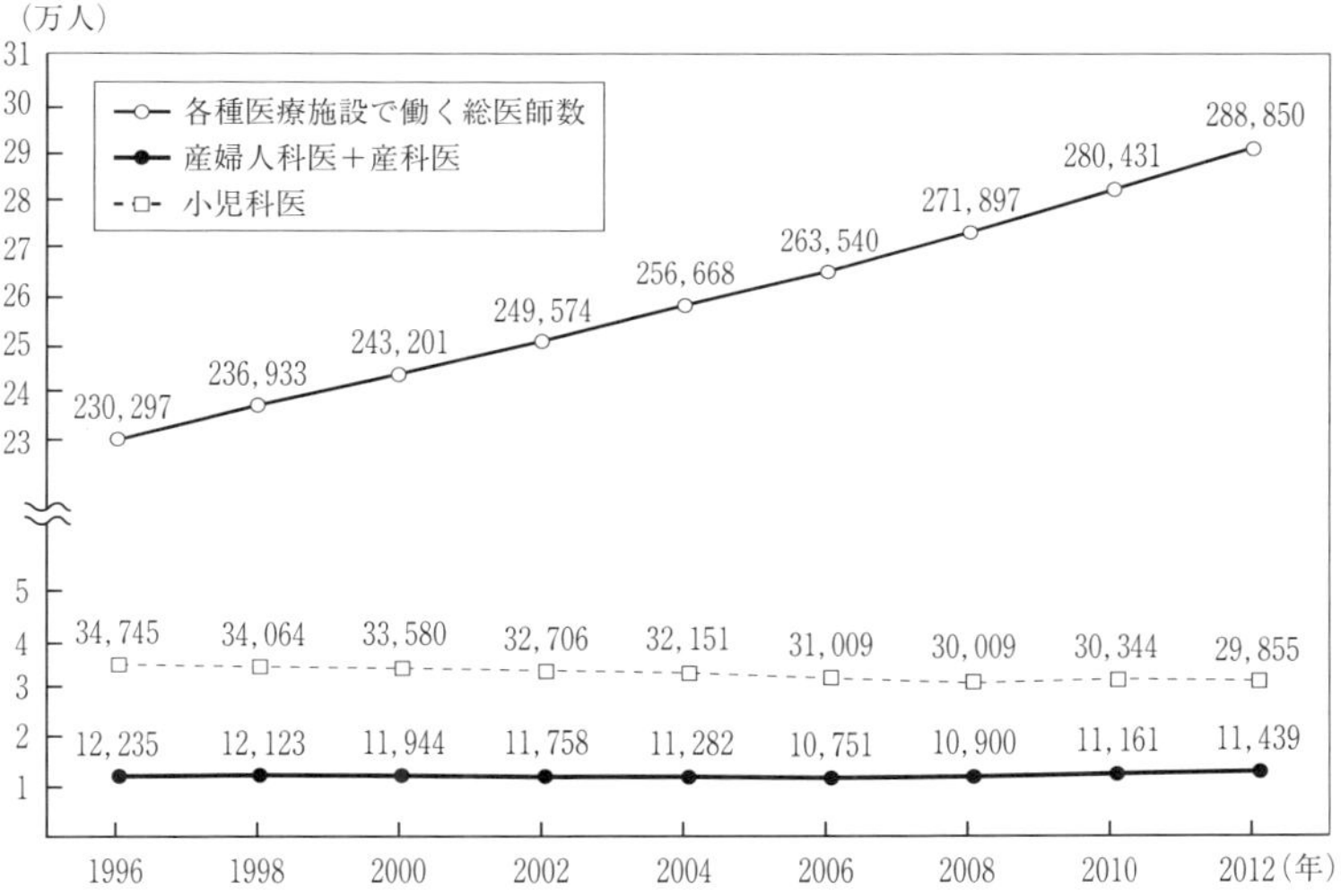

図５－１　全国における医師数の推移

（注）　各種医療施設で働く産婦人科＋産科と小児科（複数回答も含む）医師数の推移。
（出典）　厚生労働省「医師・歯科医・薬剤師調査」（1996～2012年）

価格の点で旧来の駅前商店街を駆逐するようになった[10]。

しかも大手のチェーン店は不採算を理由に撤退しやすいので、撤退すれば核となる大型店が亡くなった分以上に商店街全体の集客力は消失してしまう。商店街の店舗の数が減ると、アーケードその他の維持管理費、老朽化した設備の更新が進まなかったり、魅力あるイベントを打てなくなって、さらに衰退をもたらすこととなる。このようなメカニズムにより商店街から人の足が遠のくと、寂れた印象が強くなり、それがまた客足を遠ざけてしまうという悪循環が始まる[11]。

開業医の増加と減少

第三に、産み育てる医療については厚生労働省の「医師調査」があるので、これを利用すると、全体的には医学部定員の増加もあり、総医師数は順調に増えている（図5-1）。しかし、それと逆行するのが産婦人科医師と小児科医師の減少である（金子、二〇〇九：二一九～二四四）。「少子化する高齢社会」になっても、両方の診療科では医師が漸減気味である。しかも産婦人科（婦人科＋産科）では、産科を外したレディースクリニック現象が目立ち始めた。

小児科は一九九六年から二〇〇八年までは一貫して減少して、二〇一〇年にはやや増えたものの、二〇一二年では三万人を割り込んだ。産婦人科もまた一九九六年から二〇〇六年までは減少しており、二〇〇八年からは毎年二〇〇人程度ではあるが、漸増に転じた。これには、たとえば二〇〇七年に北大病院産婦人科医局が発展的に解消して立ち上げた「有限責任中間法人　WIND」などの試みも有効であった[12]。この目標は、産婦人科医師の労働環境と勤務時間改善への提言を通して、その構成員の福祉と医療技術向上を図ることにあり、日本の大学病院では初めての試みである。

バスの赤字路線

第四には公共交通便数の削減が挙げられる。二〇〇九年段階でも全国の路線バスの赤字路線は七〇％を超えていた。人口減少が続く過疎地域ではバス路線の赤字が定着して、自治体からの補助金で赤字補填を続けているが、それでも毎年九〇〇〇キロもの赤字路線が廃止されてきた。二〇〇二年から〇七年までの五年間でも全国の廃止路線は四万三〇〇〇キロにも達した。つまりかなりなバス路線が「消滅」したのである。

過疎化以外の「消滅」の原因としては、路線廃止の方法が簡便になったことが挙げられる。二〇〇二年に路線バスの規制緩和が始まり、廃止も参入も許可制ではなく届け出制に変更されたことが赤字路線の消滅を助長した。すなわちバス事業者は六カ月前に自治体に廃止を通告して、地域協議会で審議すれば、それが可能になるという制度変更が路線廃止の大きな要因になった。
二〇一三年一月に公表された国土交通省「地域公共交通の確保・維持に向けた国の取り組みについて」では、二〇〇六年から二〇一一年度におけるバス路線廃止合計は一万一一六〇キロであり、全国のバス路線四一万七四〇〇キロのうちの二・七％に相当する。人口が減少して、乗用車の保有台数はまだ増加しているから、バス利用者は減少せざるをえない。

表５‐２　バス輸送人員と乗用車の保有台数との推移

	バス輸送人員(100万人)	乗用車の保有台数(万台)
1990年	8,558	3,294
2000年	6,635	5,122
2005年	5,889	5,629
2009年	5,733	5,768

（出典）国土交通省「地域公共交通の確保・維持に向けた国の取り組みについて」2013。

表５‐２はバス輸送人員と乗用車の保有台数との推移である。バス輸送人員の単位が百万人、乗用車保有台数は万台であるから、直接の比較はできないが、日本において二〇〇九年が四ケタ数字の逆転が起こった年になった。傾向としては、一貫して減少が続くバス輸送人員数と確実に増加した乗用車の保有台数との対比が可能である。

小中学校の統廃合

第五に、二〇一四年一一月一三日に文部科学省が発表した資料によれば、二〇一二年度と二〇一三年度の二年間で全国での公立の小中高校の廃止は二〇一二年度が五九八校、一三年度が四八二校になり、合計で一〇八〇校になった。これには生徒数減少や市町村合併によるところが大きい。二年間の内訳は小学校が七六五校、中学校が二二一校、高校が九四校である。さらに、二〇〇二年度からの廃止校数は五八〇一校に上っている[13]。

少子化や人口減少社会に伴い、学級数や学級当たりの児童生徒数そして教職員の減少がもたらされるが、これらの現象について文部科学省の立場は既述した通り（八一～八二頁）である。

交番の減少

第六の交番については、二〇〇四年の全国の交番数は六五〇九カ所であったが、〇五年には六四五五カ所、〇六年には六三六二カ所にまで減少した。地域の人口、世帯数、面積、行政区画及び事件・事故の発生状況等の治安情勢を勘案して決定されることになっており、警察署協議会等の場を通じて交番の廃止は地域住民の理解を得るとされている。

交番は減少したが、代わりに交番相談員が配置され、都市部の主要な交番等で活躍している。〇六年で五二〇〇人の交番相談員は、警察官の身分を有しない非常勤の職員であり、交番等で事件・事故発生時の警察官への連絡、住民の意見・要望の聴取、遺失・拾得届の受理、被害届の代書及び預かり、地理案内等の業務に従事している。

郵便局の減少

第七に、日本郵政グループ（二〇一四）によれば、二〇一四年九月末現在全国の直営郵便局が二万一九五局であり、簡易郵便局の四三〇七局を加えて合計で二万四五〇二局になっている。このうち、一時閉鎖中の直営郵便局は全国で六五局、簡易郵便局が二三五局ある。もっとも内訳をみると、東日本大震災の影響による閉鎖が直営で四七局、簡易郵便局でも一五局ある。周知のように、長年にわたり日本では郵便局と小学校が同じ数であった。いずれも地域社会の核となる施設であり、徒歩一五分圏内に二万五〇〇〇の郵便局と小学校がそれぞれあったのである。

しかし、小学校は少子化により統廃合が進み、総務省統計局の『日本の統計　二〇一五』によれば二〇一三年の小学校総数は二万一一三一校となっている。文部科学省「ホームページ」の二〇〇七年五月一日の小学校数は二万二六九三校だったので、この六年間に一五六二校の廃止が進んだことになる。

ガソリンスタンド数

第八に、各年度末現在での資源エネルギー庁調べによると、ガソリンスタンド数は着実に減少傾向にある。ガソリンスタンド数は一九九四年度（六万四二一軒）をピークに一貫して減少してきた（表５-３）。これは、特石法（特定石油製品輸入暫定措置法）が一九九六年四月に廃止され、ガソリンの輸入が解禁されたことに伴うものである。

また直近では二〇〇八年四月に一時的に解除された暫定税率関連の混乱に影響を受け、減少率が上がったことが確認できる。また二〇一二年度以降に営業の継続を断念した理由としては、「経営者の高齢化が進んでおり、休廃業・解散が進んでいる」、「仕入れ価格の上昇や地球温暖化対策税導入で収益が悪化し、廃業を選択した」などが挙げられる。大都市はいざ知らず、過疎地域は公共交通機関の廃止が進み、自家用車が欠かせない地域構造になっている。にもかかわらず、この二〇年間で一万五〇〇〇ものガソリンスタンドが廃業しており、地方消滅を加速する要因となっている。

以上簡約したように、過疎地集落ではこれらの諸問題が絡み合っていて、地方消滅への推進力になっている。この社会的共通資本もしくは地域生活要件といわれる分野への配慮がない、精神的な掛け声だけの地方創生論では今後とも現実的な有効性は期待できないであろう。

対照的に大都市はどのような現状にあるか。

表５-３　ガソリンスタンド数の推移

年度	ガソリンスタンド数
1996年	60,421
2000年	53,704
2005年	47,584
2010年	38,777
2014年	34,706

（出典）資源エネルギー庁ホームページ。

3　大都市の現状

大都市の全体的な傾向

東京都二三区や二〇の政令指定都市などの全体的な傾向としては、(1)個人化する粉末社会、(2)小家族化、(3)町内会加入率の減少、(4)生活協力と共同防衛（コミュニティ機能）の劣化、(5)地域支えあい機能の弱化、(6)居住環境水準の質（アメニティ）の低下、などが等しく指摘できる。[14]

「粉末社会」とは日本社会学界でも共有されている「私化」（privatization）と同じ系列の概念であり、個人がサラサラパラパラの状態にある粉末化（powdering）により、短期的視野で非社会性が強い個人が織り成す社会を意味するもので、二〇〇九年に私が造語した（金子、二〇〇九：一〇七）。それは内閣府による時系列調査「日本人の社会意識」によって裏づけられる。図5－2により、ほぼ四〇年以上にわたる日本人の「個人志向」の高まりから粉末化に到達したことが理解される。

日本人の社会意識

なお、この調査の母集団は全国の市区町村に居住する満二〇歳以上の日本国籍を有する者であり、標本数は一万人、調査地点数は三三一市区町村で実際には三五〇地点で抽出されたものである。抽出には層化二段無作為抽出法が使用されたきわめて精度の高い調査であり、二〇一四年一月調査での有効回収率は六一・九％であった。

個人志向が強くなる

ここでのデータから学べることは多いが、とりわけ多少のズレはあるものの、表5－4のように長期的な視野で「個人志向」だけを取り上げると、それは鮮明に

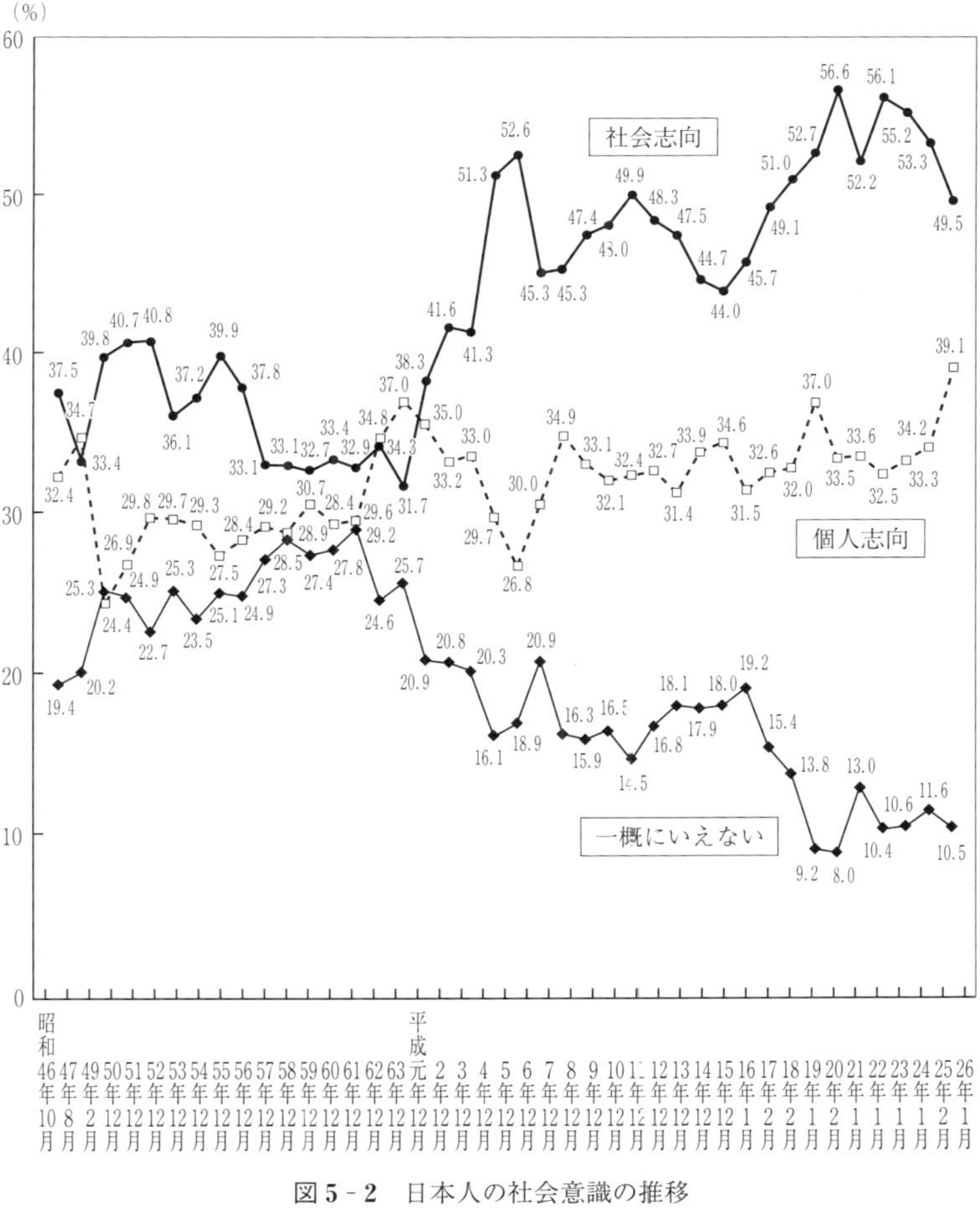

図 5 - 2　日本人の社会意識の推移

(注)　昭和55年12月調査までは,「『これからは, 国民は国や社会のことにもっと目を向けるべきだ』という意見と,『まだまだ個人の生活の充実に専心すべきだ』という意見がありますが, あなたの考えはこのどちらに近いですか。」と聞いている。

(出典)　各年度内閣府大臣官房政府広報室「日本人の社会意識」。

表5‐4　「個人志向」の推移

1975年	26.9%
1980年	28.4%
1985年	29.2%
2000年	31.4%
2005年	31.5%
2010年	33.6%
2013年	39.1%

（注）　各年度の「個人志向」のみをまとめた。

なる。すなわち、一九七五年の二六・九％から五年ないしは一〇年おきに「個人志向」の比率が着実に高まってきた。二〇〇〇年で三一・四％になり、二〇一〇年で三三％を超えて、二〇一三年では四〇％に迫っている。また、図5‐3では二〇一三年における都市の規模別に「社会志向」と「個人志向」をまとめ直した。念のために統計的検定を行うと、五％で有意であった。特徴的なことは大都市の方が小都市や町村よりも「社会志向」が強かったことであり、通説として理解されてきた大都市の「個人志向」ではなく、日本人全体の「個人志向」の強まりのなかで、大都市では貧困、失業、児童虐待、高齢者の孤立死、犯罪などによる「社会性」により、大都市市民の間にも「社会的配慮」の必然性が出てきたからであろう。なお、この調査での大都市とは東京都二三区に政令指定都市を加えたカテゴリーであり、中都市は人口が一〇万人以上、小都市は一〇万人未満、町村とは二〇一三年四月一日現在での町村を指している。

政令指定都市の動向

ここで、大都市としての人口動向をマクロ社会学的に明らかにするために選択したのは政令指定都市である。これは日本社会の縮図が大都市に現れているからという理由である。ただし、二〇の政令指定都市全部ではなく、人口が多い順から横浜市（三六九万人、『都市データパック　二〇一五年版』による、以下同）、大阪市（二六七万人）、名古屋市（二二六万人）を「上位都市」と命名して、人口の面ではそれらに続く札幌市（一九一万人）、神戸市（一五四万人）、福岡市（一四六万人）を「中位都市」として、六大都市だけの動向で十分だと仮定した。表5‐5では人口以外

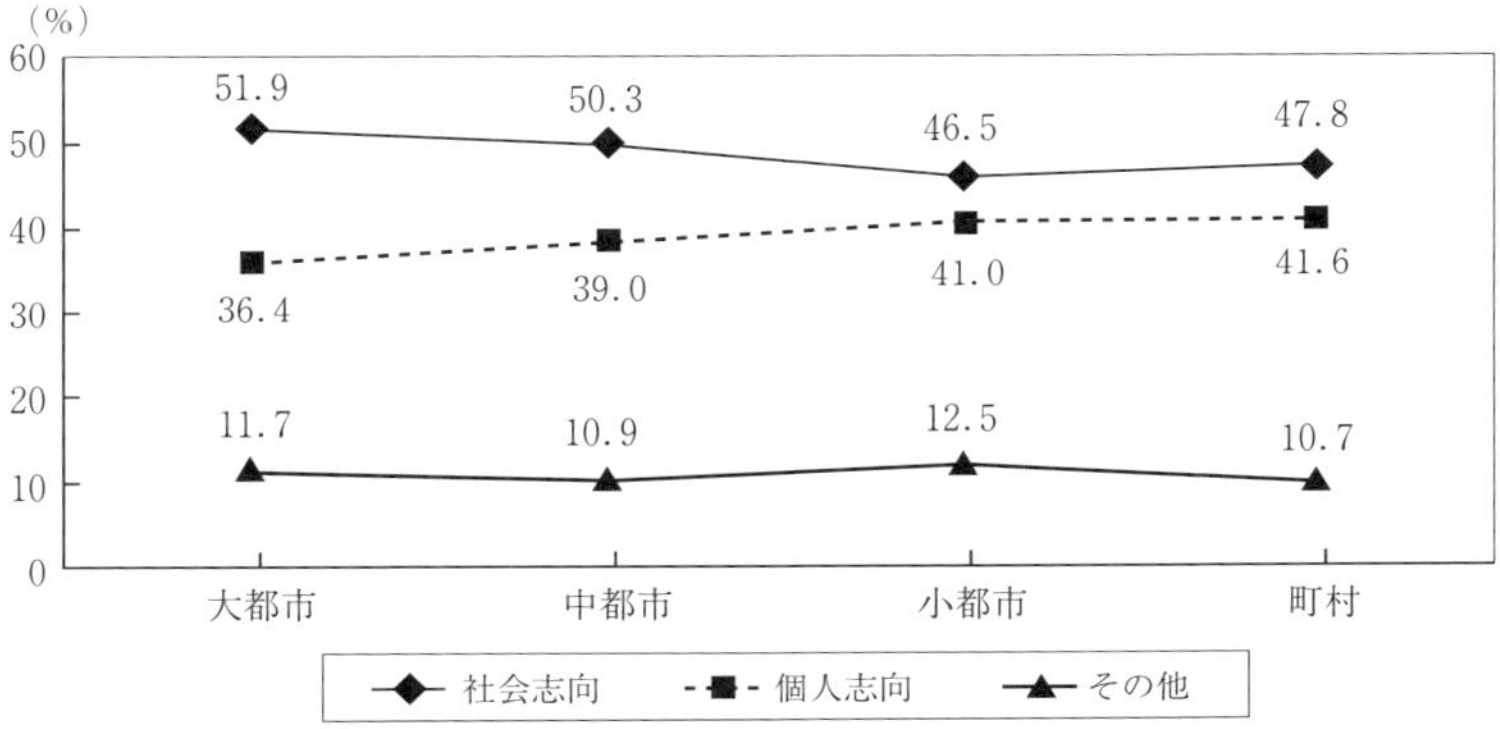

図5-3　都市の規模別「社会志向」と「個人志向」

(注)　$\chi^2 = 13.39$　df=6　$p < 0.05$

表5-5　6大都市の少子化関連資料

	TFR	年少人口率	1世帯人員	生活保護率	1万人当たり離婚件数
横浜市	1.29	13.2%	2.18人	3.0%	17.80
大阪市	1.25	11.6%	1.93人	9.0%	24.62
名古屋市	1.35	12.8%	2.17人	3.7%	20.23
札幌市	1.08	11.7%	1.93人	5.1%	23.80
神戸市	1.28	12.6%	2.13人	4.8%	19.73
福岡市	1.24	13.1%	2.05人	4.5%	21.85

(注)「1万人当たり離婚件数」は10000×離婚件数／総人口で金子が計算した。データは『統計でみる市区町村のすがた　2014』(総務省統計局）より。その他のデータは『2015年版　都市データパック』(東洋経済新報社）より。なお，TFR (total fertility rate) は合計特殊出生率のことである。また，生活保護率＝100×被保護世帯／総世帯で得た。

表5-6　札幌市の町内会加入率の推移

1990年	81.70%
1995年	77.46%
2000年	75.81%
2005年	74.92%
2010年	72.79%
2015年	70.06%

（注）　各年1月1日現在の加入率。1990年は金子（1995）による。
（出典）　札幌市ホームページ「町内会・自治会の現状」。

の少子化関連の情報をまとめた。

合計特殊出生率は札幌市が最低であり、一世帯当たり人員も札幌市と大阪市がともに少なかった。年少人口率でも一一%台は大阪市と札幌市だけであった。さらに、生活保護世帯率でも大阪市が最高の九%を記録したが、札幌市でも五%を超えており、「一万人当たり離婚件数」でも両都市のみがやや多い。

小家族化もまた六大都市では顕著である。この指標には「一世帯人員」が使われるが、全国平均は二・四三人であるが、札幌市と大阪市ではともに一・九三人、福岡市が二・〇五人というように、小家族化は完全に大都市では定着した。これには未婚率の高さ、単身者率の高さに加えて、合計特殊出生率の低さ、年少人口割合の低さもまた影響している。子どもは生まれず、誕生しても少なく、単身者が多く、離婚率も高いのが大都市である。[15] このような社会環境で労働者の福祉活動分野をどこに求めるかが具体化されないと、せっかくの善意が支援を必要とする人々に届かない。

大都市町内会加入率の低下

第三の「町内会加入率」の減少については、札幌市の現状から大都市の傾向を把握できる（表5-6）。この二五年間でも着実に加入率は減少しており、一五年には七〇%にまで落ちた。なお、以前の研究で八五年の町内会加入率が八七・一九%であった（金子、一九九五：一二一）ことを追加すると、三〇年間で一七%の下落となる。

これでは近隣を軸とした各種「生活協力」も犯罪や災害からの「共同防衛」も成立しがたい。[16]

表５－７　札幌市と北九州市の高齢単身者率

	札幌市	札幌市１世帯当たり人員	北九州市	北九州市１世帯当たり人員
2000年	26.1％	2.32人	30.3％	2.48人
2005年	28.4％	2.21人	32.1％	2.40人
2010年	31.6％	2.11人	34.6％	2.32人

（出典）　札幌市，北九州市のホームページ。

町内会加入率の低下と並行して高齢単身者率の増加も認められる。表５－７のように、たとえば札幌市と北九州市の

高齢単身者率の増加

高齢単身者率と「一世帯人員」を比較すると、それがよく分かる。札幌市よりも北九州市のほうが「高齢単身者率」は高いが、「一世帯人員」では北九州市の方が多く出た。高齢の一人暮らしが多くても、それ以外の世帯平均人数が多い大都市もあれば、ともに少ない大都市もある。

札幌市が二〇一〇年に行った「高齢社会に関する意識調査」の中で、近所との付き合いについて尋ねたところ、「立ち話するような付き合い」（三四・一％）が最も高く、次いで「あいさつをするような付き合い」（三三・六％）、「困った時に相談したり助け合えるような付き合い」（一一・一％）、「お互いの家を行き来するような付き合い」（一〇・〇％）の順となっていた。この結果からも大都市での近隣関係が希薄化してきていることが読み取れ、高齢者が孤立しやすい都市社会環境になっている。そのなかでの小家族化であるから、「生活協力」や「共同防衛」がますます困難になる。

近隣関係の希薄化

また二〇一四年「横浜市市民意識調査」では、「道で会えば挨拶ぐらいする」が五一・三％で筆頭になり、「たまに立ち話をする」が二七・七％となった。親しい関係に該当するのは、「一緒に買い物に行ったり、気のあった人と親しくしている」五・八％、「困ったとき、相

談したり助け合ったりする」が四・四％であり、関係の希薄さが歴然としていた。「顔もよく知らない」が一〇・四％あるのも、政令指定都市のうち一番多い人口規模のゆえであろう。これでは「生活協力」も「共同防衛」も難しいし、「地域支えあい機能」は弱まるし、「居住環境水準の質（アメニティ）」の低下も避けられないであろう。

ＪＰ労働組合が地域社会における福祉や環境を軸とした社会貢献活動に取り組み際には、その組織的なエネルギーの効率的な利用と組合員の継続的な動機づけを慎重に準備しておくことが望ましいのは、以上のように過疎地でも大都市でも構造的な変容が進んでいるからである。

4 「人生は、夢だらけ」——幸福の条件

マッキーバーの「幸福の条件」

二〇一五年に出されたかんぽ生命（二〇一五）巻末に「人生は、夢だらけ」が提示されている。これは会社・集団・組織内での仕事でも地域での社会貢献のための活動でも、有効な標語である。これをより具体的な「幸福の条件」として読み替えると、かつてのマッキーバーの「幸福の条件」としての次の五点にたどり着く（マッキーバー、一九五五＝一九五七：五二）。

(1)他人の愛情と尊敬
(2)温かな住みか
(3)建設的な能力を自由に使うこと

(4)暮らしの維持と将来への希望
(5)なんらかの意味で理解されること

社会学者が自らの専門を離れてこのような「幸福の条件」を追究することは珍しい。しかしこれを参考にして、長年職業に従事してきた人が自分の加齢と並行して、どういう個人目的を達成するかとともに、その目的が職場と自分の人生過程で適切かどうかを考えておくための素材として、晩年のマッキーバーによる五つの「幸福の条件」は有用性に満ちている。そのため「人生は、夢だらけ」の応用原案としてもこれらを活用したい。

ＪＰ労組の「人生は、夢だらけ」

「人生は夢だらけ」素材はＪＰ労組によってすでに明らかにされている。すなわち、(1)福祉…高齢者などの支援、(2)保健・医療…病院でのボランティア、(3)国際協力…海外協力、日本の外国人支援、(4)環境…自然保護、リサイクル、美化活動、(5)学校教育と社会教育…生涯学習、(6)消費生活…消費モニター、(7)芸術文化…美術館・博物館ボランティア、(8)スポーツ…スポーツイベント支援、(9)災害支援…防災、災害時支援活動、(10)まちづくり…福祉マップ作成、(11)人権…ＤＶ被害者支援、などである（ＪＰ労組、二〇一二a）。ここには福祉や環境だけではなく、教育、芸術、スポーツ、まちづくりなど多彩な素材が揃っている。組合員は職場での日常的な勤務や組合活動を行いながら、この一一点に整理された分野から個人的にも集団的にも自由に選択することが可能である。

その方向を辿って行けば、福祉型労働運動ないしは労働者の福祉活動の新しい展開が期待される。ただし、それは長期的に継続されないと、初期の目的を達成できない。しかも、とりわけ五〇歳代の労働者にとって定年退職は他人事ではなく、身近に感じ取れるから、職場での仕事をしながら一〇年がかりで退職後の姿を描くことが、職場外の福祉活動に投入する自らのエネルギーを一貫して補給する手段となる。

生涯現役を貫く動機づけは現職の時から

なぜなら、退職することを前提に五〇歳代から生涯現役を貫く動機づけがないと、職場における労働型福祉運動の持続力が出ないからである。これには個人的報酬として「健康・生きがいづくり」が代表的であり、本人はもちろん家族からも評価される。高齢期のQOLにとって「健康・生きがいづくり」はその中心となるので、福祉・保健・医療分野から人権分野までの一一点のいずれを選択するにしても、個人の達成目的の筆頭は「健康・生きがいづくり」にしておきたい。

一般に六〇歳代での退職後の人生は平均で二〇年間続くので、生涯現役を貫くには職場での現役時代から高齢期を堅実に生きていくための動機づけを怠らないことが重要である。それには地域活動が「健康・生きがいづくり」に有効であるという自己確認と、その地域活動により支援された人々からの報酬として、尊敬・愛情・知識・熟練・技能・教養などが得られるという事実である。職場を超えた非日常的な活動がたとえ月に一回であっても、その恩恵にあずかった人々から喜ばれ、敬意を表されるという報酬こそ生涯学習や社会貢献の動機づけとなる。そこから「人生は、夢だらけ」を感じ取ることができる。

しかしこのような推論は一定の理想を形づくるものであり、現実には「老化」をはじめ高齢者の人生は思い通りになりがたい。そこでこれまでの社会調査結果を活かして、関係面における「老化」の断面

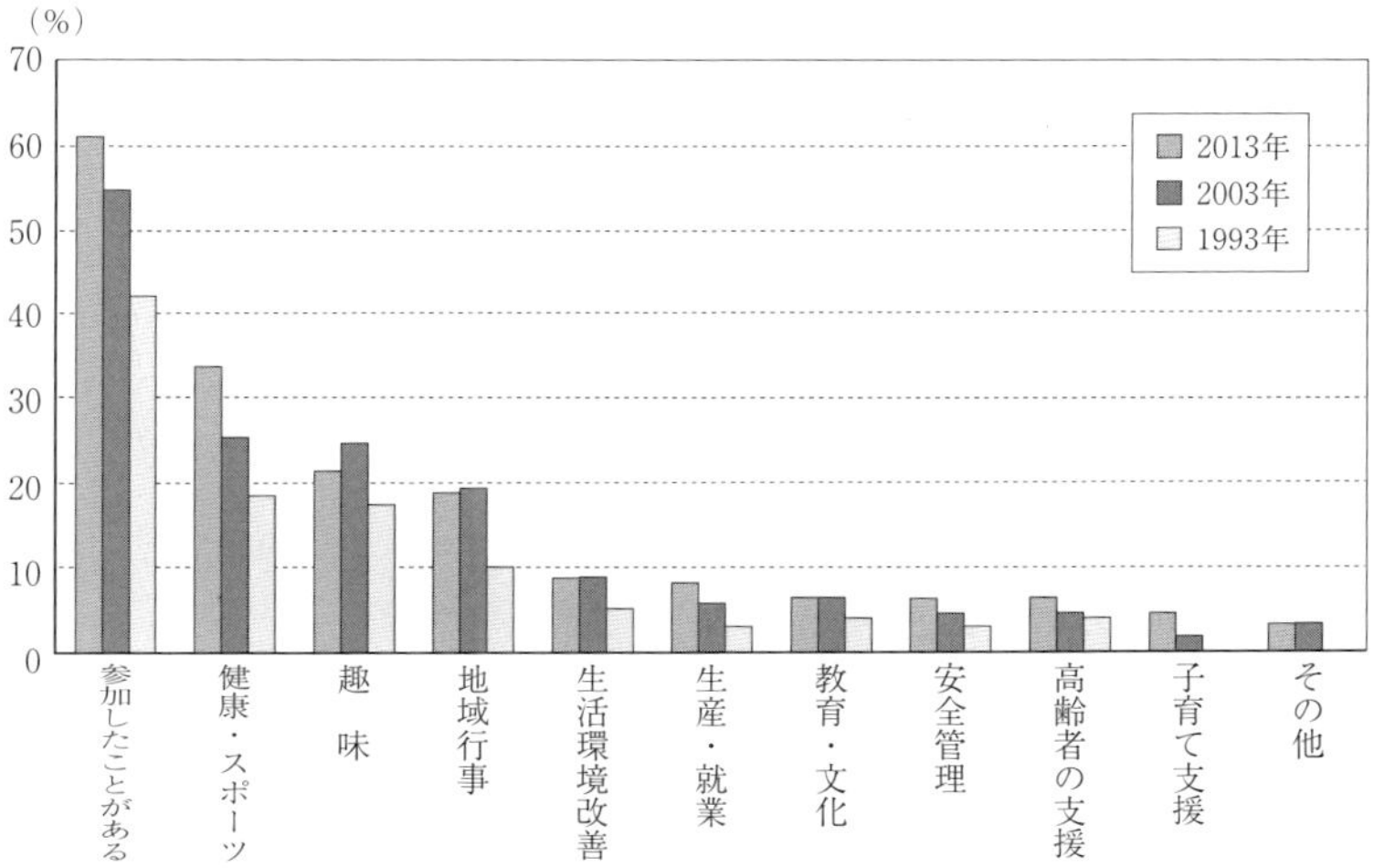

図5-4　高齢者のグループ活動への参加状況

（出典）内閣府編『平成27年版　高齢社会白書』35ページ。

を示しておこう。

老化の法則　社会調査からみた「老化の法則」として紹介するのは、私がこの二〇年間で行ってきた都市高齢者の生活構造調査の結果から、人間関係に関わる部分をまとめ直したものである。[17] (1)友人が少ない、(2)親交の範囲が狭い、(3)人を誘わない、誘われない、(4)親密な他者がいない、(5)会合時間に遅れる、(6)人の話を聞かない、(7)人に感謝の気持ちを表さない、などが「人間関係面の老化」に該当する。

この「老化」の代表は高齢者の友人関係の縮小であるが、集団参加はむしろ増加している。図5-4によれば、二〇一三年段階では六〇歳以上のうち六一%が何らかの集団活動に参加しており、これは二〇〇三年と比べても、一九九三年と比べても増加している。その集団活動の筆頭は「健康・スポーツ」(三三・七%)であり、次いで「趣味」（二二・四％）、「地域行事」（一九・〇％）となっており、とくに「健康・スポーツ」は一〇年前に比べ八・四％、二〇年前に比べると一四・八％も増加した。これは厚生労働省「健康日本二一」の趣旨にも合致する傾向にある（金子、二〇一四b）。

高齢者の自立志向

健康づくり、スポーツ、趣味などは高齢者の自立志向を促進する。私は千歳市、宜野湾市、佐久市、諏訪市などで行った高齢者調査から、その自立要因を⑴外出すること、⑵働くこと、⑶運動散歩、⑷趣味をもつこと、⑸得意をもつこと、⑹仲間の存在に分け、さらに最も重要な要因としては⑺家族との良好な関係を挙げたことがある（金子、二〇〇六b／二〇〇七）。歴年の「高齢社会白書」で紹介された全国的な傾向も私の都市レベルでの調査結果も同じ方向にあった。

趣味活動と健康生きがいづくり

さらに趣味活動はそれだけにとどまらず、仲間を増やし、運動する機会も増加させて、高齢者自らの健康・生きがいづくりに寄与するところが大きい。それがまた、かりに自立に欠ける場合には、趣味を通した生きがいからのアクセスが最短距離となる。趣味活動は一見多様に見えるが、類型化を行うと、音楽系、美術系、保健体育系、技術家庭系の四者に大別できる。これは高校入試で主要五科目から除外された分野である[18]。戦後七〇年のうち、高校入試にこれらを含めた九科目が出題された時期が七年間あり、それは団塊世代の高校入試の時期に符合する。その結果、私も含めた団塊世代は高齢者になっても音楽や美術に関心を持ちつつ、定年前から実行する人々も存在する。おそらく高校入試の受験勉強で得た知識がそれを可能にするのであろう。保健体育系のウォーキング、ジョギング、パークゴルフ、技術家庭系の料理や手芸や日曜大工作業などもまた受験勉強の経験とは無関係であろうが、確実に高齢者の生きがいに結び付く。

地域社会における社会貢献の原動力になる。

ＪＰ労組が過疎地域でも大都市でも福祉や環境を軸とした社会貢献活動を継続的に行うためには、五〇歳代組合員のライフスタイルの支援が重要になる。なぜなら、定年とともに職場での仕事や組合活動を失うと、その後の日常を支えるのは家族と地域社会しかないからである。家族が抱える事情は千差万別なので組合としては介入できないが、地域社会での活動を非日常的にも日常的にも行えるノウハウを現役時代から職場で提供しておくことは、定年退職者だけではなく、その予備軍にも大きな意味がある。職場を取り巻く地域社会の現状に応じて、また個人の関心に合わせて社会貢献が可能な知識と技術を定年予備軍にも示しておきたい。それが組合による地域における福祉活動を支えることになる。

ＪＰ労組と地域

一般にＪＰ労組が地域社会で取り結べる各種機関・団体は、自治体だけではなく、社会福祉協議会、他の労働組合、ＰＴＡ、町内会・自治会、ＮＰＯ、ボランティア団体などである（図5-5）。そこではＪＰ労組の活動目的に応じて、環境ＮＰＯにも福祉団体にも自治体主催のイベントにも様々な関係が生じる。まちづくりには町内会・自治会との連携があるし、放課後の子どもの居場所についてはＰＴＡとの協議がある。

これには含まれていない事例として、かつて北海道で行われていた警察（Police）と郵政公社（Post）とのＰ＆Ｐセーフティーネットの試みは大きな効果を生み出していたので、少し説明しておこう。これは必ずしも組合の福祉活動ではないが、広義には通常の職務の延長に置かれた公社ぐるみの社会貢献活動であった。

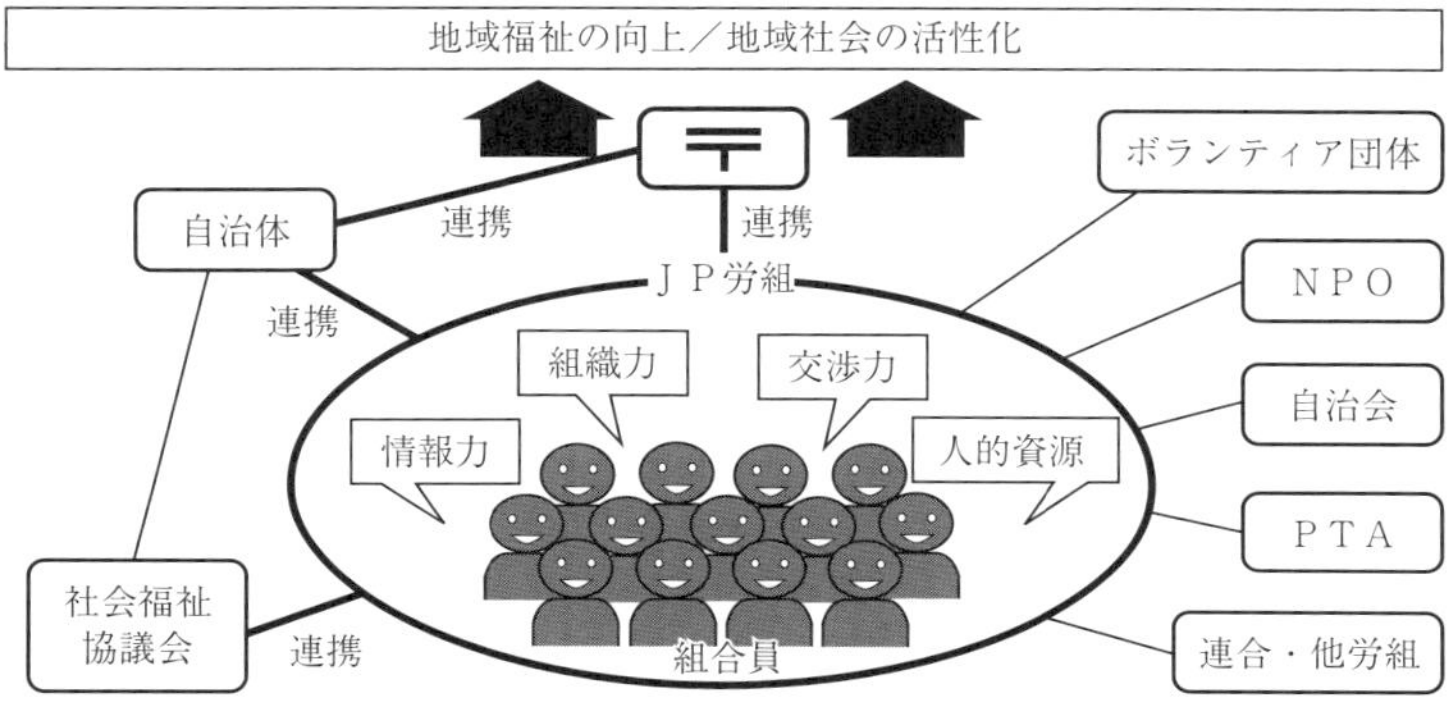

図5-5　地域社会におけるＪＰ労組の位置づけ

（出典）JP 労組『JP smile プロジェクト　実践マニュアル』2012：17。

北海道のP&Pセーフティーネットワーク　P&Pセーフティーネットワークは、二〇〇三年に日本郵政公社北海道支社と北海道警察本部との間で結ばれた協定であり、主として地域の安全のための協力を謳ったものである。その第二条には、「日本郵政公社北海道支社は、郵便局のネットワークを活用し、業務に支障のない範囲で犯罪防止及び交通事故防止等地域の安全確保に関する情報提供を行うこと」が明記されていた。北海道警察本部は、郵便局における強盗事件発生防止等郵便局及びその利用者である住民の安全確保に協力し、郵政公社道支社は全道約五九〇〇人の郵便集配員らが警察の防犯活動に協力するとした。

この協定の内容は、

(1)郵便集配員が配達中に不審な人物や車を見つけた時や、交通事故があった際には警察に通報する。

(2)警察は、全郵便局で強盗対策訓練をし、周囲のパトロール回数を増やすなど防犯に一層の力を入れる。

の二点を強調するものであった。そこには通常の郵便業務を超えた仕事内容が書かれているが、これもまた社会貢献活動の一環であり、しかも日常業務として公社側にも位置づけられていた。

公社化前から道内自治体と郵便局は、住民票交付仲介、市営バス提携、ごみ不法投棄防止通報体制確立などがあった。また、徘徊老人の情報提供や「子ども駆け込み寺」としても郵便局を提供していた。P＆Pセーフティーネットワークは地域ぐるみの安全確保に協力し、犯罪防止と交通事故防止を狙うものであった。

具体的には郵便集配業務の際に、不審者や不審車両の発見、信号機の故障や交通標識の破損の確認などを行った。かりに地域安全確保の問題点を発見したら、外務職員が警察に通報する仕組みであり、郵政民営化とともにこれは自然消滅したが、この「面」的取り組みに札幌市民をはじめ北海道民の満足度は高かった。

「面」への広がり　地本や支部の「点」での試みを「線」で結び、やがて「面」に広げていく。北海道で数年行われたP＆Pセーフティーネットワークはその先駆けであり、学ぶことはたくさんある。

「点」から「線」を超えて「面」に至るには、

(1)人の群れと群れをつなぎ、橋を架ける役割を担う人がいる。
(2)創発的ネットワークの構築には、自分自身をくさびにする。
(3)くさびがアイデアや情報、その他の資源を広める。

(4)格差が拡大すると公共ネットワークは生まれない。
(5)他人への奉仕が相互援助ネットワークへの投資となる。
(6)人を創ると、地域が良くなり、また人が創れるという善循環を繰り返す。

三年目の成果

北海道内六八署と配達業務を担当する四五三郵便局の間での協力体制は三年目で一定の成果を出した。とりわけ外務職員による「地域安全パトロール」は車上狙い、空き巣、引ったくりなどの防止には効果があった。郵便集配業務の際に、不審者や不審車両の発見、信号機の故障や交通標識の破損の確認などを行い、街での犯罪予防と検挙に力を入れる警察機能を郵便局が側面支援しており、治安復活への取り組みの一環になっている。また、徘徊老人の情報提供や「子ども駆け込み寺」としても郵便局舎を提供していた。地域ぐるみの安全確保に協力してきた郵便局は、これらに加えて犯罪防止と交通事故防止にも協力し始めた。

その結果、たとえば、郵便局と交番だけではなく、区役所、教育委員会、青少年指導センター、町内会連合会、ＰＴＡ連合会などでも、Ｐ＆Ｐ協定の趣旨を踏まえた多機関連携が登場し始めたのである。連携の多機能化も進み、地域安全パトロールや子ども一一〇番などが日常化されている。その複合度が高い伊達市では、「一一〇番協力タクシー」、ガソリンスタンドの「かけこみ一一〇番」、「理容店一一〇番」、コンビニの「防犯ステーション」、「子ども一一〇番の家」などがあり、これらにＰ＆Ｐ協定による郵便外務員が加わって、地域での安全運動がさらに多面的に展開されている。

以上を概括すると表５-８を得る。

表５-８　P&Pセーティネットでの事例（北海道郵政公社と北海道警察資料より作成）

	日時	郵便局	警察署	内　　容
1	2003. 5.29	幌糠	留萌	《信号機破損情報》小学校前の国道に設置された押しボタン式信号機の押しボタン破損が破損しているとの内容。 ★修理で処理済。
2	2003. 6.23	東室蘭	室蘭	《居住者不審情報》郵便小包配達員が，配達先の郵便受け多数の新聞が溜まっていることに不審を抱き，小包発送者に連絡。 ★発送者から連絡を受けた妹と警察官が確認，単身の女性（69歳）が死亡しているのを発見～病死。
3	2003. 6.24	沼ノ端	苫小牧	《交通標識破損情報》道道の中央分離帯表示設備が折れ曲がっているとの内容。 ★土木現業所で処理済。
4	2003. 8.29	野幌	江別	《引ったくり被疑者の通報》自転車の前籠から手提げバッグ（時価2000円相当）を引ったくられた被害者の「誰かその人捕まえて」との叫声を聞いた通りがかった局窓口係の女性（24歳）は，車両で追跡，他の者に110番を依頼し，駆けつけた警察官が犯人を逮捕。 ★無職　男性　（22歳）　を緊急逮捕。
5	2003. 9.11	白神	松前	《高齢者の犯罪被害未然防止通報》「孫が交通事故を起こしたので300万円振り込みたい」という女性（85歳）の申し立てを不審に思い，女性の家族等に振込依頼の事実を確認した結果，騙されていることが判明し振込を猶予させ，他の郵便局に注意喚起の連絡をするとともに警察には本事件案の経過を報告。 ★通報を受け，防犯速報を作成し，報道機関にも情報提供し住民の注意を喚起。
6	2003. 9.24	札幌北	北	《救出依頼に対する適切な対応》配達中の午前11時50分ころ，家屋内から助けを求める女性の声を聞き，浴室内に閉じこめられていた女性を発見，助け出した。女性は前日に訪れた孫が浴室の錠を破損させたことを知らずに浴室に入り閉じこめられた。 ★後日，女性から礼状が届く。
7	2003.11.11	篠路	北	《高齢者の犯罪被害の未然防止通報》老夫婦（80代）が，息子の上司を名乗る者から「共同事業の損金100

				万円の支払い」を要求され振り込もうとしたが，振込用紙を点検した局員は，金額や振込先名義が異なることなどを不審に思い老夫婦に事実確認を助言し警察へ通報。 ★息子に確認結果，振込依頼事実なく振り込み金は夫婦に返還。
8	2004．1.21	北13条	東	《高齢者等の犯罪被害の未然防止通報》女性は，工務店の営業の男と必要性が薄い住宅のリフォーム契約（床下の穴修理，トイレの修理）を結び，郵便局から修理費500万円を引き出そうとしたが，女性の態度や話の内容から不審を抱き警察に通報。 ★警察官は，女性から「解約の意志」を確認した上で不要な改修契約を解約。
9	2004．2.26	札幌北	北	《窃盗被疑者逮捕に寄与》配達中に，窓ガラスを割って空き巣を敢行中に家人に発見され，「泥棒」と追称されている犯人を発見，バイクで追跡し，一旦は追いついたが，犯人が後に手を回したため身の危険を感じひるんだ隙に逃走されたものの人相着衣を通報した。その後，犯人が出頭し，面割捜査に協力するなど犯人逮捕に寄与。 ★署長感謝状授与　被疑者は住所不定無職の44歳男性（犯歴5年）。

組織内の人的資源とリーダーシップ　このP&Pセーフティーネットの試みから学べるのは、組織内の人的資源に基盤を置く情報力や交渉力である。そして組織を束ねる内部のリーダーシップが問われる。換言すれば、会社主導でも組合主導でも、そこで実践する労働者が新たな社会活動を始めて、共生の福祉地域社会づくりを実践するには、労働する組合員が

(1)支援を多様な活動の場で継続する。
(2)支援活動参加者が自分の役割を選択し分担する。

ことになる。

さらに、組織内で期待されるリーダーシップには実行力（Performance）と統率

力（Maintenance）の要因があるので、この分類にも目配りしておく。[19] この実行力が強い場合はＰ、弱いときはｐで表し、統率力が強い場合はＭ、弱い場合はｍとするリーダーシップのＰＭ理論は三隅が開発した（三隅、一九八四）。表５‐９はリーダーシップのＰＭ理論の簡単な分類である。ＰＭ理論では組織目標に応じて、どの組み合わせが望ましいかを論じることができる。すなわち、活動の内容に応じて必ずしもＰＭでなくても、ＰｍでもｐＭであっても構わない。

このように、福祉型労働運動でもその成否はリーダーシップに依存するところが大きい。「少子化する高齢社会」が進むほど、老若男女（世代間と男女間）、有職者と無職者、健康者と非健康者、子育て経験者と未経験者などの利害が衝突しがちになる。それを放置すれば、社会の内圧が昂進し、社会システムが制御できなくなる。この対策として、「支え合うこと」つまり「支援」をキーワードにした「子育て共同参画社会」づくりと最終目標である「老若男女共生社会」を提起している（金子、二〇一六近刊）。

表５‐９　リーダーシップのＰＭ理論

		統率力(M)	
		強	弱
実行力(P)	強	ＰＭ	Ｐｍ
	弱	ｐＭ	ｐｍ

第6章　介護のマイクロマクロ問題

1　介護のどこに焦点を置くか

マクロデータだけの限界

二〇一五年七月に発表された増田と日本創成会議がその一部として作った「首都圏問題検討分科会」による「東京圏介護破綻」（『中央公論』第一二九巻第七号、以下、「増田介護レポート」と略称することがある）は、ほぼ一年半前の「人口減少社会による自治体消滅」と同じくマクロデータのみによるレポートであった。

しかもそこでは「医療介護」や「医療介護サービス」という表現に象徴されるように、「医療」と「介護」が無媒介的に連結されている。[1] そして、東京圏の「入院需要が一〇年で二〇％増加する」や「介護需要では東京圏の増加が最も著しい」と予測され、「埼玉県、千葉県、神奈川県では一〇年で五〇％増加する」とのべられている。とりわけ「介護サービス」に関しては、東京都による周辺地域（東京圏）への依存度が非常に高くなるという予想も出された。その結果、東京圏の「医療介護」態勢は不十分になり、「医療不足」も「介護施設等の不足」も深刻になるとまとめられている（増田・日本創成会議、二〇一五：三九）。

解決を阻む「土地制約」

これら不足問題の打開策を拒む原因には、まず東京圏の「土地制約」がある。端的には「医療介護施設」用の土地不足と土地価格の高騰による用地整備費と建設費の高額が挙げられる。医療における病院でも介護のための福祉施設でもこれらが新築される際には、厳密な土地面積の基準や建築面積や部屋の面積などについても法的規制がある。加えてそこで働く「医療介護人材」の数や資格にも一定条件が課されるために、東京圏では「医療介護施設」の「土地確保」や「人材確保」が難しくなる。

政府による二〇二五年における「医療介護人材」の見通しでは、全国的には約二四〇万人から二八〇万人の不足とともに、東京圏だけで約八〇万人から九〇万人の人材不足になるとされている。増田介護レポートではこの数字の引用を行い、「医療介護」人材の近未来における供給が厳しくなる東京圏において、とりわけ介護職員が三〇万人、看護職員も二〇万人が必要であり、これらの人材が地方から流出して、東京圏へ流入することが見込まれた。

医療介護サービスの「人材依存度」を引き下げる

このように、全国では最大予測で二八〇万人、東京圏でも九〇万人の人材不足が心配される論調とは裏腹に、その解決に向けては介護や医療に従事する専門家の離職率を下げるために、現状の５K（きつい、暗い、厳しい、給料が低い、休日が少ないなど）に象徴される他業種よりも劣った労働条件を改善しようという主張ではなく、増田介護レポートでは「人材依存度」を引き下げようという提案がなされている。[2] なぜなら、日本の労働力人口は減少し、人手不足が常態化しているからである。

『週刊東洋経済』（二〇一二年一〇月二〇日号）によれば、介護職員の「仕事上の悩み」が「ワースト一〇」としてまとめられている（表6-1）。これらは多少ともすべての職場にも該当する「悩み」ではあるが、せっかく仕事への意欲に燃えた高卒の若い介護福祉士がいきなり一人で深夜や夜間の勤務に回され、業務への不安が募り、身体的精神的負担感を強めて退職する現実を知ると、この「ワースト一〇」は介護人材の育成にとっても深刻に受けとめられる項目ばかりである。

このような条件下の「医療介護」の職場では、「追加的人材」の確保は困難になるであろう。通常であれば、まずはこのような悩みを多く抱える職場で働く人材の待遇改善を推し進めようという議論になるのだが、増田介護レポートではそれを完全に省略して、「外国人介護人材の受け入れ」を積極的に議論し、「医療介護福祉」サービスの「構造改革」を進め、「ICTやロボットの活用」を優先的に提唱している。

表6-1　介護職員の「仕事上の悩み」

順位	項　　目
1	仕事内容の割に賃金が安い
2	人手が足りない
3	有給休暇が取りにくい
4	身体的負担が大きい
5	休憩が取りにくい
6	業務に対する社会的評価が低い
7	精神的にきつい
8	夜間や深夜時間帯が不安である
9	健康面（感染症やケガ）の不安がある
10	労働時間が不規則である

（出典）　金子（2013：155）。

しかし、労働力人口が減少して、人手不足が常態化していることと「医療」や「介護」での人材不足は同質ではない。「医療」や「介護」への就職希望は依然として強いにもかかわらず、「ワースト一〇」に象徴される労働条件が厳しいために「医療」や「介護」系の「離職率」が他業種よりも高いのである。ここに介護業界の人手不足の原因がある。[3]

すなわちこの増田介護レポートでは、介護保険立ち上げ当時から懸案となってきた他業種と比べて、介護従業者の働く条件の悪さが目立つ賃金や労働時間や勤務形態の現状にはまったく触れていない。これはかなり意識的に選択された主張であろう。

外国人の受け入れに条件が付けられるか

くわえて、その対案として出された「外国人の受け入れ」は、その受け入れの規模が不明であり、予想される社会的コンフリクトへの目配りがゼロでもある。一九九〇年代に私は台湾・台北市において地域福祉と家族福祉の調査をしたが、その際に台湾での「外国人の受け入れ」では厳密な条件が施行されていたことを想起する。まだ地下鉄工事が盛んであったから、男性の外国人労働者の場合その多くは既婚者のタイ人であり、本国に家族をおいての単身赴任が最も大きな条件であった。これは独身の外国人男性が台湾女性と結婚することを防ぐ意味があった。

フィリピンからは住み込み看護介護をする若い女性も単身でたくさん入国していたが、これら女性は四カ月ごとに医療機関での妊娠チェックを義務づけられていた。違反が分かればフィリピンへの強制送還になるという条件である。これもまた、台湾男性との結婚が簡単ではないことの証明であった。

かりに外国人労働者が解禁されたとして、日本では男性でも女性でもこのような厳しい条件が課せられるのかどうか。現状がそうであるように、かりに野放しであれば、そこにはいくつかの社会的人種的コンフリクトが芽生えるであろう。さらに、トルコ移民で苦労しているドイツやマグレブ移民で苦労しているフランスでの実状にも触れないまま、増田介護レポートの視線には予想される様々なコンフリクトが何も見えていない。

しかもこの「外国人の受け入れ」と「ロボットの活用」が「一人当たりの付加価値を向上」させるというロジックは分かりにくく、その結果「賃金水準を高める方向にも結び付く」（増田・日本創成会議、二〇一五：四二）という意味不明な結論になっている[4]。

介護人材が流出する原因に触れない

現在、日本全国で「ワースト一〇」のような条件で働いている「医療」や「介護」の勤務者が抱える問題に「正面から議論」せずに、増田介護レポートでは東京圏で増加する「空き家」の「公的買い上げシステム」を論じたり、全国で繰り返し作成されてきた「地域医療計画」的な「医療介護総合ビジョン」を提唱したり、東京圏の高齢者の地方移住を促進したりするようなまとめに終始した[5]。そのうえ、「高齢者の地方移住は、医療・介護・福祉のトータルコストの節減」になるという意味で、大きな意義があるとのべている（同右：四五）。

「介護ベッド」だけで現状を判断する愚かさ

増田介護レポートでは、高齢者が移住した地方でも「医療介護」専門家はたくさんいるのに、地方のその現場が抱える5Kによって専門家が他業種に「流出する構造的原因」への考慮が皆無であった。また、「医療介護」の現状を、「急性期医療密度」と「介護ベッドの準備」でのみ判断するというデータを扱う方法からみても誤った推論を展開した。たしかに「急性期医療密度」は「医療」の、そして「介護ベッド」は「介護」の現状の一断面（高橋、二〇一五：五一～六五）ではあるが、それらはさらなる議論のための必要十分なデータとはなりえない。

家族論抜きの人口減少社会論では不十分

私は増田らの前作「自治体消滅」の一部を構成する五十嵐による「北海道の地域戦略」を取り上げ、これには家族論が皆無であること、地域住民のライフスタイルへの配慮がなされていない限界性を指摘した（本書第2章）。家族への配慮がなければ、全体としての人口減少社会における子育て支援の議論は不可能である。それを省略して、二〇～三九歳の女性数が減少するから出生数も減少して、いずれその地域では高齢者はますます多くなり、地域社会を維持できなくて、消滅に至るという筋書きはもちろんできるが、そのような認識はいかにも一面的であり、説得力に乏しい[6]。そして、それでは学術的にはなりえない。このような単一のマクロデータだけでは、いかなる少子化分析もできないし、その対策や地方消滅から創生へと至る道筋が認識できない[7]。

百年間の議論を踏まえておきたい

「人口減少社会と地方消滅」にからめた「人口の東京一極集中」の弊害もまた、柳田國男以来の百年間の議論の蓄積があるのに、増田グループレポートではすべての検討を省略している。同時に、「地方消滅」論での「人口の東京一極集中」の解決の一つに、地方中核都市づくりへの期待を高唱することもまた新鮮味に欠ける。

第1章で論じたように、百年前の柳田國男からその指摘は繰り返されてきた。四五年以上も前の「日本列島改造論」時代でも、同じような「地方二五万都市」「地方中枢都市」「一〇大都市時代」「魅力ある地方都市」「地方の時代」などの構想が打ち上げられていた[8]。

「人口の東京一極集中」は従属変数

介護保険制度の立ち上げ時点から発生して、一五年が経過して広がってきた介護問題は、「介護ベッド」だけのような単一の変数だけでは分析できない。それは「東京一極集中」の原因を「人口」としても、何も解決しないことと同質である。既述のように、「人口」が集中するのは社会システムのG機能としての「中央政治の決定機能」の集中、同じく社会システムのA機能として「物品の生産」と「サービス生産」の本社機能の集中、ないしは社会システムのL機能の一部を含む「全国への情報伝達機能」であるマスコミキー局の集中に原因があると判断しておきたい。元来「人口集中」は日本社会システムの中央機能集中の結果引き起こされた結果なのであり、地方に対してはむしろ独立変数的に作用するところに地方消滅問題や東京集中問題の複雑さがある。

表６－２　介護を理由とした退職者

（人）

	合計	男	女
2007年10月～08年９月	88,600	17,100	71,500
2009年10月～10年９月	98,600	20,900	77,700
2011年10月～12年９月	101,100	19,900	81.200

介護による離職問題

周知のように、全国的には、毎年一〇万人前後が介護を理由として退職している。内閣府男女共同参画局仕事と生活の調和推進室による「共同参画」（二〇一四年九月）によれば、表６－２のような推移がある。男女の比率では女性が四倍であるが、男性でも毎年二万人が介護を理由にして退職している。

介護しながら働く人の増加

同時に、厚生労働省『平成二四年版　働く女性の実情』は、総務省「就業構造基本調査」により雇用者について、男女別で介護をしている者の総数は二三九万九〇〇〇人と推計している[9]。そして、女性は一三七万二〇〇〇人、男性は一〇二万七〇〇〇人となっており、雇用者総数に占める割合はそれぞれ女性五・五％、男性三・三％であった。さらに年齢階級別でみると、「五五～五九歳」が男女ともに人数が最も多く、女性三〇万二〇〇〇人、男性が二二万六〇〇〇人となっているが、次に多いのは男性では「六〇～六四歳」で二〇万三〇〇〇人、女性では「五〇～五四歳」で二八万八〇〇〇人となっており、女性の方が男性に比べ年齢層がやや低いことが分かる。

ここで紹介した介護離職者や介護しながらの雇用労働者は全国的にも増加する傾向にあるので、今後の日本の介護問題にも深刻な問題を投げかけている。これらは東京圏における「介護ベッド不足」と弱い関連があるかもしれないが、もちろん直結するものでもない。なぜなら、その多くは「在宅」での介護問題だからである。

その意味で、今回のレポートのように、首都圏のしかも介護施設の介護ベッドを

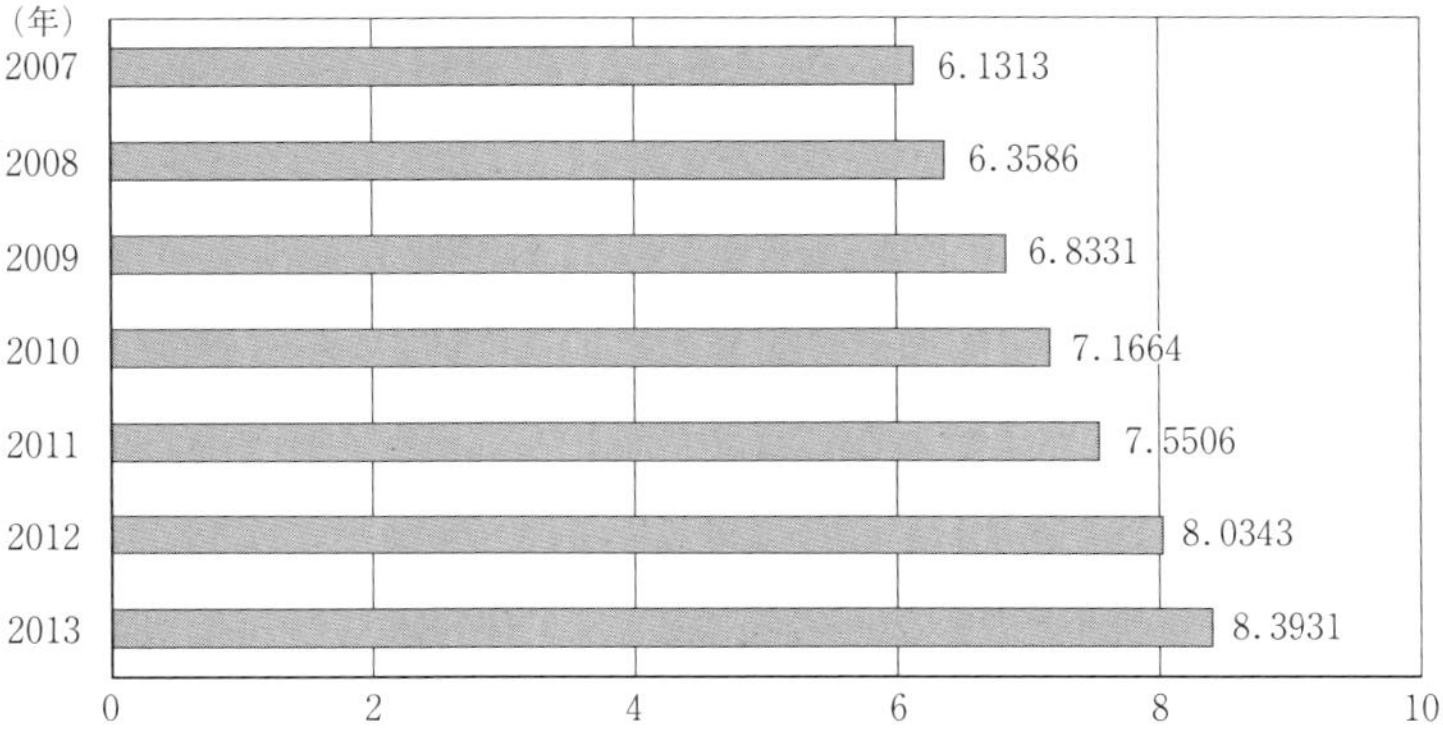

図6-1　介護給付費の推移

（注）　単位は億円であり，6.1313は6兆1313億円，8.3931は8兆3931億円を意味する。いずれも5月から翌年4月分の集計であるから，たとえば2013年度は13年5月から14年4月までを含んでいる。各年度厚生労働省ホームページから。

軸としたマクロデータだけを使って首都圏の「介護破綻」を打ち上げる姿勢は、「二〇～三九歳女性数の減少」だけをデータとして用いた「地方消滅」と同じような過度の単純さを感じる(10)。

介護給付費

介護が「介護施設」だけで行われているのではなく「在宅介護」が身近にあることは、中年以上の国民ならば全員が熟知している。費用面でも両者の合計が「介護給付費」として毎年公開されてきた（図6-1）。介護制度が立ち上がった二〇〇〇年度は四兆円程度であったが、〇七年に六兆円を超えて、毎年ほぼ四〇〇〇億円前後の増加を示して、一三年では八兆四〇〇〇億円程度まで増えてきた。「介護ベッド」もこのうちの一角を占めるかもしれないが、それは費用の面ではほぼ誤差の一部に属する。

介護の内容

一般に人間の要介護状態とは、日常生活動作についても自分で行うことが困難であり、何らかの他者による支援を要する状態を指しており、以下のような内容を基本的に含んでいる。

まずは「直接生活介助」があり、これは入浴、排せつ、食事等の支援であり、生きていくうえで一日も欠かせない。同じく「間接生活介助」もまた洗濯、掃除等の家事援助等であり、週に数回は必要とされる支援になる。元気な人ならば、無意識に行う日常生活動作（Activities of Daily Living）であるが、いったんその機能が弱くなると、他者からの支援が不可避となる。機能が失われて初めて知るありがたさの典型でもある。これらは在宅でも施設でも同じであるが、「直接生活介助」において「介護ベッド」は必ずしも必要ではない。

「問題行動関連行為」とは、徘徊に対する探索と不潔な行為に対する後始末等が該当する。これは入浴、排せつ、食事や洗濯、掃除ほど頻繁ではないかもしれないが、一度発生したら、問題行動への速やかな対応が求められる。とりわけ徘徊はその途中の事故が予想されるので、家族にとっては重要な問題になる[11]。

「機能訓練関連行為」とはいわゆるリハビリであり、頭から足の指先まで失われた身体機能回復が課題となる。足が不自由になった高齢者をはじめ、脳卒中による麻痺が残る患者の歩行訓練や日常生活訓練等の機能改善が中心となる。これは病院や介護保険施設でも日常的になされる行為であるが、在宅でも訪問看護師の指導で行われる。

「医療関連行為」には、介護の一部としての「輸液の管理」や寝たきりによる「じょくそう」の処置等の診療の補助がある。「在宅酸素」の酸素濃度調節などもここに含まれるであろう。

介護保険事業状況報告の概要

公表されている二〇一五年五月の暫定版に依拠して、全体的な介護動向をまとめておこう。まず六五歳以上の「第一号被保険者数」は三三一四万人である。これは同

表6-3　要介護認定者の内訳

（％）

	要支援１	要支援２	要介護１	要介護２	要介護３	要介護４	要介護５
男	13.9	12.1	20.3	19.3	14.1	11.5	8.8
女	14.6	14.6	18.9	16.6	12.6	12.3	10.4

（出典）　2015年５月の「介護保険事業状況報告」より。

時にその段階での高齢者の総数でもある。このうち「要介護（要支援）認定者数」は六〇八・九万人であるから、全高齢者に占める「要介護（要支援）認定者」比率は一八・四％にまで増加した。介護保険が立ち上がった二〇〇〇年から二〇一〇年までのこの比率は一五〜一六％前後で推移していたが、二〇一一年に一七％を超えて増加傾向に転じた。私は「自立高齢者八五　対　要介護高齢者一五」という分類を長らく使ってきたが、一一年段階で「八〇対二〇」という表現に修正した[12]。

これはいわゆる日本歯科医師会の「八〇歳で自分の歯を二〇本」というキャッチコピーと同じになった。第一号被保険者のうち男性は三〇・九％に対して、女性は六九・一％になっている。これは女性の長寿化によるところが大きい。

「要支援・要介護」の内訳は表６-３のようになっている。男性は「要支援」と重度の「要介護」では女性よりも少ないが、中間の「要介護１」から「要介護３」までは女性よりも多くなる。

このような概略を踏まえて、増田介護レポートによる首都圏「介護破綻」の根拠に「介護ベッド」不足だけを使う論理上の問題点を具体的に指摘してみよう。ここで用いられた「介護ベッド」はすべて「施設サービス」に含まれるものであるから、まずは「施設サービス」と「在宅サービス」との区別から始める。

施設サービス

介護保険施設とは、要介護１〜５の高齢者（第２号被保険者も含む）を対象として介護保険法による「施設サービス」を行うところであり、代表的には指定介護老人福祉施設と介護老人保健施設がある。介護保険施設は施設サービス計画を作成して入所している要介護者にサービスの提供を行い、指定介護老人福祉施設は入所者の日常生活上の世話や健康管理を、介護老人保健施設は医学的管理の下における介護や日常生活上の世話を主な目的としている。具体的には入浴、排せつ、食事等の介護になる。

在宅サービス

一方、「在宅サービス」は要介護1～5の高齢者（第2号被保険者も含む）と要支援1～2の高齢者が対象であり、ケアマネージャーが策定したホームヘルパーによる「在宅」におけるサービス提供、訪問看護、外部の福祉介護施設利用によるデイサービス、短期入所サービスがあり、在宅での福祉用具レンタル（車いす、特殊寝台、歩行器、ポータブルトイレ）なども含まれる。なかでもヘルパーによる「直接生活介助」も「間接生活介助」も、「在宅」での介護の基本的なサービス内容になっている。これには利用者とヘルパー間の相性が重要であり、ヘルパーが二時間訪問すればすべてうまくいくわけではないところに、人的支援サービスの難しさがある。そしてこの相性を考えながら要介護者宅へのヘルパー派遣を計画するのがケアマネージャーであり、責任が重い。

隣接の「介護保険外のサービス」の筆頭には配食サービスがあり、軽い日常生活支援（買い物、布団干し、草取りなど）なども在宅高齢者を念頭にして、市町村の予算によって行われている。配食サービスは一食単価の半分程度を税金で賄うので、たとえば七〇〇円の夕食宅配弁当ならば、利用者本人が三五〇円、市町村の負担が同じく三五〇円になる。

介護保険受給者

介護保険関連のサービス合計が毎月「介護保険事業状況報告」として公表されている。ここでは暫定的ながら、現段階で最新の二〇一五年五月分の概要を紹介しておこう。まず在宅でそれを利用する「居宅サービス」受給者数は三八一・八万人であった。加えて、要介護者の住み慣れた地域での生活を支えるために、身近な市町村で提供されることが適当なサービスである「地域密着型サービス受給者数」は三九・五万人となっている。この両者はいわゆる「施設サービス」には含まれないので、合計すれば四二一・三万人になる。

他方、「施設サービス」受給者数は九〇・九万人であり、内訳は「介護老人福祉施設」が四九・八万人、「介護老人保健施設」が三五・一万人、「介護療養型医療施設」が六・三万人となっている。このように「在宅サービス」と「施設サービス」との差異は明瞭であり、「在宅サービス」受給者が「施設サービス」受給者の四倍を超えている。

したがって、今回の増田介護レポートのように、この大きな差異を無視して、施設における「介護ベッド」だけのデータにより首都圏の「介護破綻」を論じることは不適当であろう。

介護保険給付費の相違

次に給付費の現状を比較してみる。最新のデータとして二〇一五年四月の給付費総額を取り上げると、それは七六六九億円であった。カテゴリーとして一番多かったのは三八二万人が使った「居宅サービス」であり、四月だけで三九四二億円になった。利用者が約四〇万人の「地域密着型サービス」は八二九億円であった。合計すると四七七〇億円程度になる。

増田グループレポートが今後の介護ベッド不足で危惧した「施設サービス」は二四四〇億円であり、関連する「高額介護サービス」費用は一一九億円、「高額医療合算介護サービス」は五〇億円、「特定入所者介護サービス」は二九〇億円となった。この四者合計は二八九九億円であり、合計に占める比率は

「在宅サービス」系が六二・二％、「施設サービス」系が三七・八％であった。

これらから判断できるのは、増田グループが首都圏「介護破綻」を施設の「介護ベッド」のみのデータを使って指摘しても、それは比率でいえば介護保険利用者のうち「施設サービス」利用者一七・七％が該当しているにすぎず、さらに介護給付でも三七・八％を占めていた方のデータだけで、「介護破綻」を断定するという論理的には疑問が大いに残る方法を採用したことになる。

ただし、要介護者全体の一七％しか施設入所していないにもかかわらず、その介護給付総額が三八％あまりに上ったという事実からは、いかに「施設サービス」に費用が掛かっているかの証明にはなる。

しかし、介護保険は今でもケアマネージャーが策定する「在宅サービス」が主流であり、そこには家族の苦労が潜在的にも顕在的にも存在することを理解しておきたい。マクロな情報としての「介護ベッド」の不足だけで、「介護破綻」を論じるわけにはいかないのである。

2　介護サービス提供の問題

高度成長に貢献した恩人たち

現在の高齢者とりわけ七五歳以上の国民は、すべて日本の高度成長期に「豊かな社会」づくりに邁進し、その達成に貢献した恩人たちである。その晩年が、必要な介護・医療・看護を満足に受けられない「貧しい社会」とは悲しい逆説である[13]。

地方でも東京でも介護現場は疲弊している。「介護破綻」は「介護ベッド」不足だけではない。そこでは「人が品質」を特色とする介護サービスという商品の質そのものが維持できにくくなっている。ケアマネージャーもヘルパーも「仕事が忙しく、精神的にも疲れ、対象者の話を聞けなくなった」と嘆く毎日が続く(14)。

介護現場からの離脱

その結果、介護関連の職場を去る人も多い。この背景には、国が設定した介護報酬が低く、事業所経営がうまくいかないことも原因として指摘できる。数年前になされた社会保障費自然増加分の二二〇〇億円の圧縮に象徴されたように、国費の投入が制限され、しかも介護保険の枠内でのやりくりが困難になってきており、退職する有資格の介護専門家が後を絶たない。福祉系の高校や専門学校を卒業し介護福祉士として就職しても、早い人は数カ月で退職する。「福祉の現場で働きたい」という熱意と意欲とそして純真な心は、現場が抱える5Kならびに他と比べて二〇%ほどの報酬の低さによって崩れてしまう（金子、二〇一三：一五六）。増田介護レポートではこの問題に取り組まずに、「人材依存度を引き下げる」と主張する。その方向で「介護破綻」は回避できるのか。

「人が品質」構造の崩壊

このような「在宅介護」でも「施設介護」でもその専門家離脱による「人が品質」構造の崩壊で、一番困るのが要介護者とその家族である。もとより福祉も介護も根本的には人と人とのつながりを基本として、その信頼関係で成り立っているサービス業である。適切な入浴介助や排泄介助それに家事援助などは、要介護高齢者にとっては死活問題であり、基本的人権の一部である。物としての「介護ベッド」以上に、一定以上の品質を伴った人によるサービスこそが介護の現場では求められている。

それを受け持つ介護の仕事は、人間の尊厳の部分に直結するから、プロの真剣勝負の世界でもある。

それをきちんと果たせるような専門家の数と質の確保は、介護保険一五年の歴史でどこまで達成されたか。残念ながら、現状も将来も暗澹としている。

失業者対策としての介護人材転用の愚策

なぜならたとえば、二〇〇八年末から各地で起きた派遣切りに伴う失業者への対策として、介護の人材に転用しようという試みが始まったからである。しかし、この対策には疑問が多い。なぜなら、介護従事者は一定の資格を保有して働く人であり、農業と同様、介護もまた専門家しかやれない世界だからである[15]。失対事業としての手伝い程度では、逆に現場の専門家の足を引っ張ることになる。介護は「業《わざ》」であるから、「人を作ると、高品質のサービスができる」世界なのであり、数十時間の講習程度では「業《わざ》」は身につかない。

食事介助での誤飲予防、オムツ交換時の慎重な手作業、入浴介助の際の抱擁は、専門的な訓練を受けて長年の経験によってのみが技術が磨かれるものである。要介護対象者に対する声かけ一つにもプロの魂がこもる。その精神は「優しさ」にあるが、この本来の意味である他「人」を「憂」う毎日は、従事者のうつ病の原因にもなりうる。

五年前だが、介護の最前線で働く専門家の座談会でなされた「一年たっても入浴介助もできない子がいる。覚える気がないのです」(『週刊ダイヤモンド』第九八巻一八号、二〇一〇年四月二四日号：六四)という指摘は衝撃的であった。

介護施設への苦情増加

たとえば、二〇一五年七月の有料老人ホーム協会ホームページで公開されている「苦情処理委員会」がまとめた相談件数は、表6-4のように増加傾向にある。

このような介護施設としての有料老人ホームへの苦情が増加しているという趨勢を考えてみると、有

表6-4　全国有料老人ホーム協会による苦情相談件数

年度	件数
2004	25
2006	32
2008	65
2010	69
2012	77
2013	115

料老人ホーム数の増加もさることながら、介護の素人が施設を安易に開設し、賃金の安い新人職員を採用した結果ではないのかと推定せざるをえない。「明日の介護」を切り開くための最優先課題には、劣悪な条件でも頑張る現役の有資格介護職員の育成を位置づけたい。その基本は他の職業とせめて同じ待遇にすることであり、安易な外国人労働者への依存やロボット活用では「少子化する高齢社会」が内蔵する介護ニーズに対処できない。ましてやマクロレベルの「介護ベッド」のデータだけで「介護破綻」を論じるわけにはいかない。これらが介護を論じる第一の課題群である。(16)

どこまで介護予防が可能か

第二の課題は、高齢者が介護状態に陥らないように、予防を重視した訪問プログラムの実行である。在宅支援の一部ではあるが、これを費用面でも保障して積極的に進められるように、専門家を増やしたい。もちろんロボットでは不可能な領域である。しかし現状では、介護サービス利用の伸びに伴い費用も急速に増大しているため、「制度の持続可能性」を確保するために、予防重視型システムへの転換、施設入所者の居住費・食費の見直し、新たなサービス体系の確立に向けて、「介護保険」の方針転換ができていない。

ケアマネジメント

居宅と施設（老健施設と特養施設）の三場面における介護の現状と理想像についてどう考えるか。その要はケアマネジメントにある。これは第三の課題であり、これを「利用者の社会生活上でのニーズを充足させるため、利用者と適切な社会資源とを結び付ける手続きの総体」（全国社会福祉協議会、二〇〇二：四）と理解して、介護が直面する課題について事例研究を通して総括的に考えてみたい。

豊後大野市での事例研究

とくに日本全国にある地方小都市では、高齢化と人口減少という過疎化が同時進行しているために、介護面でも深刻さが増してきた。高齢化に伴い、市民全体の平均年齢が五〇歳を超えた都市も出てきている。ちなみに市民年齢で日本一の高い平均年齢は夕張市の五七・二歳（二〇一〇年国勢調査）だが、五年前に調査した大分県豊後大野市も過疎化と高齢化が進み、二〇一〇年国勢調査での高齢化率は三七・三％で、これは全国七九一市の中で第一五位、平均年齢も五二・七歳と高くて全国第一七位になっていた。

二〇〇五年三月に三重町をはじめとする五町二村が合併してできた豊後大野市は、人口が四万人を超えた大分県の南西部に位置する典型的な地方小都市であった。県内屈指の畑作地帯があり、農業を基幹産業として仏教遺跡や伝統芸能にも恵まれた歴史文化資源が豊富である。持家世帯率七九・八％は大分県内では高く、人口一万人当たり医師数一八・五人も県内では多い方に属するから、在宅診療や在宅介護の基盤はたしかに存在していた。

その中心部にある「おかもと病院コミュニティ・ケア・センター」の活動を軸として、本章における地方における在宅介護の問題を考えてみた。この病院は明治一八年（一八八五）の開設だから、すでに一三〇年の歴史があった。一九五〇年に医療法人帰巌会岡本病院に改組し、平成に入って病床を増やしつつ、高齢社会に適応すべく老健施設、在宅介護支援センター、ヘルパーステーション、コミュニティ・ケア・センターなどを増設した。とりわけシンボルマークの四本の土筆は保健、医療、リハビリ、福祉を意味するとされ、地域総合医療福祉貢献としてこの四分野における総合的なサービスの提供に努めていた。地方小都市では典型的な基幹病院の姿を通して、現代日本が抱える介護サービス問題を精査してみたのである。

「少子化する高齢社会」を乗り切るための制度の一つである介護保険は、日本社会にしっかり定着した。高齢化ビジネスとしても強い期待を受けており、そこでは雇用の増加も期待されている。しかし、大都市に比べて高齢化して過疎化が進む豊後大野市における在宅介護現場では、ヘルパーの低賃金と重労働がもたらした慢性的な人材不足が深刻になっていた。

介護人材不足とは何か

人材が不足すると、介護サービスの質が低下して、利用者のニーズを満たせなくなる。意欲ある介護専門職従事者が、使命感を抱き、要介護者のニーズに応じられるように、労働条件を良くすることは可能か。

そのような介護従事者は、様々な事業所や施設に勤務している。介護老人福祉施設、介護老人保健施設、介護療養型医療施設、訪問介護事業所、通所介護事業所、認知症対応型共同生活介護事業所、居宅介護支援事業所などが主な勤務先である。基本的には施設系と訪問系とに分けられる。

豊後大野市のこの病院では、コミュニティ・ケア・センターを軸としたサービス提供をしていたが、これは地域における居宅介護支援事業所の機能を持ち、ケアマネージャー（介護支援専門員）が在宅介護に関わる全体的なケアプランからモニタリングまで受け持っていた。介護支援の説明、申し込み・契約、訪問調査、課題分析などを手がける。介護対象者の家族や地域生活面への配慮を重視するのもコミュニティ・ケア・センターなりの特徴である。

ケアマネージャー

当時のスタッフはセンター長をはじめ五人のケアマネージャーであった。うち四人は主任ケアマネ（主任介護支援専門員）でもある。同時にそれぞれが福祉・介護系の各種資格を保持していた。なかでも、全国では五五〇人、大分県では二人しかいない認定ケアマネージャーの存在が大きかった。その認定ケアマネージャーは他にも三つの資格（看護師、助産師、保健師）を持つ介護福祉の専門家であり、大分県の審議会や委員会の委員を歴任して、県内をはじめ九州全域でも介護関連の講演会の依頼が多く、可能な限り引き受けていた。

このようなケアマネージャーは一人で三〇人程度を受け持ち、認定調査と医師の意見書によって「要介護認定」（1～5）を受けた対象者には「ケアプラン」を、「要支援認定」（1～2）ならば「介護予防ケアプラン」を作成する。このうち「ケアプラン」は施設サービス、居宅サービス、地域密着型サービスがあり、「介護予防ケアプラン」には介護予防サービスと地域密着型介護予防サービスがある。

カンファレンス

高齢者への介護サービスの継続には定例のカンファレンス（サービス担当者会議）が不可欠である。このコミュニティ・ケア・センターでは、毎週火曜日の夕方の実施を原則にしていた。そこでは各自が抱える利用者の状況を全員が共有して、専門的な意見交換をして、個別事例を全員で検討して、過去のケースに照らし合わせてその情報を共有し、質の高いサービス提供を目指してきた。

このような介護サービス構造が劣化すれば、一番困るのが要介護高齢者とその家族である。もとより介護は根本的には人と人とのつながりを基本として、その信頼関係で成り立っている。適切な入浴介助や排泄介助それに家事援助などは、要介護高齢者にとっては死活問題である。ここからも、「介護ベッド」だけを取り上げる根拠は得られない。

まず、ケアマネジメントにも利用できるニーズ調査では、利用者として要介護認定された「個人」を相手にする。ただしこの場合、必ず利用者の同居家族および別居家族関係を精査して、加えて居住地域が都市部か過疎地を含む非都市部かの判断を行いたい。なぜなら、家族関係の質と居住地の特性によって、提供できる介護サービスのメニューやレベルに違いが生じて、その背景にあるインフォーマルな社会資源の質と量が変化するからである。

同じく施設入所でも、別居家族との関係をはっきりさせること、および施設が立地する場所の特性の分析も欠かせない。

利用者個人の属性の分類

次に、男女、世代、所属階層、居住地域の特性、ADLを含む健康の程度などの観点から、利用者個人の属性を細かに調査して、分類する。[17] この過程で明らかになったプライバシー情報には、ケアマネジメントプラン作成に活用する場合に細心の注意を払う。

利用者のADLや要介護度がどのようなレベルであれ、社会生活を営むためには収入と衣食住と医療福祉交通通信などを含めたそれぞれの生活の質(QOL)が存在する。利用者調査では、まずこれらのうち本人が何を重視しており、不足と判断しているものは何かを解明したい。これには厄介さもあり、時間もかかるが、調査者と対象者との信頼関係(ラポール)を維持するためにも、介護ニーズ調査者の勤勉さが欲しい。ここでも外国人の介護者では言葉の壁があり、ロボットでも無理がある。

ケアマネジメントにおける方向性

この手法は広い意味でのインタビュー調査であり、方向性のある会話(guided conversation)を中心にした構造から成り立っている。ケアマネジメントにおける方向性とは、(1)対象者個人のQOLに必要とされるサービス内容を発見し、(2)それを速やかに巧みに提供するところにある。調査票の有無にかかわらず、この方式で獲得されたデータは、問題発見にとってとくに有効になる。作成された会話記録と収集された資料からトピックに沿った一般化を引き出し、一貫したストーリーを提示することになる。

アプローチの際の必須項目　利用者のADL状態を問わず、次の六つは調査の際には必須項目になる。これは社会調査のうち質的調査としてのインタビューを軸とする方法である。

(1)頻度…要介護の状態はどれだけの期間続いているか。
(2)規模…要介護の状態は利用者個人の社会生活のうち、どの側面を阻害しているか。
(3)原因…要介護の状態をもたらした主要因は何か。
(4)資源…要介護の状態を緩和するための資源の種類と総量は何か。
(5)過程…ケアマネジメントのための資源は、時間的経過とともにどのような効果を生むか。
(6)帰結…このケアマネジメント実施で、利用者の何がどの程度緩和されるか。

この頻度、規模、原因、資源、過程、帰結の六段階によって、ケアサービス利用者の正確な状態を知ることが可能になる。

調査記録の整理方法　調査票の有無にかかわらず、調べた結果をまとめるに当たっては、(1)利用者本人の意見か、(2)家族の意見か、(3)調査者が見聞した事実か、(4)利用者の日常生活行動か、などを区別しておきたい。少なくとも意見か行動そのものかをきちんと分けておかないと、ケアプラン作成にも影響が出る恐れがある。

介護難民への対応

このような事例研究方法を踏まえて、改めて「介護」について考えてみよう。元来、福祉介護事業は民間ビジネスとしての利益極大になじまない部分がある。しかし日本社会の高齢化は必然なので、要介護認定率も確実に上がり、ニーズも急増する。それを見越した高齢社会対応の財政誘導と少子化対策それに国民負担のあり方に、今後は議論を深めることが重要になる。いずれ「介護難民」が二〇〇万人と予想されても、なんら実効に富む改革ビジョンに乏しい現状に対して、不安を抱えている高齢者も福祉介護関係者も多い。

多くの場合、自治体単独の介護サービス事業では介護ニーズすべてに応じられないので、民間事業者が健全な経営を維持していくためにも、行政が投入する高齢社会づくりへの社会資源の傾斜配分はこれまで以上に工夫の余地がある。公助と商助に共助が加わる図式である。

併せて「少子化する高齢社会」では、「介護難民」と同時に発生が予想される「医療難民」の増加にも目配りしたい。こちらも社会全体の「医療費抑制」という単一目的のために、それまで入院して治療を受けていた患者が退院を余儀なくされ、医療面では劣る老健施設に入所せざるをえない事態がすでに発生しているからである。(18)

ケアマネージャーの資質の向上

介護保険制度の運営の要であるケアマネージャーの資質の向上を図るため、政府による実務研修および現任者に対する研修が体系的になされ、二〇〇六年度より資格の更新制も導入され、更新時研修が義務づけられた。また、地域包括支援センターにおいて、介護支援専門員に対する指導助言や関係機関との連絡調整等を行い、地域のケアマネジメント機能の向上が図られるに至った。

さらに、利用者の介護サービスの選択に資するため、「介護サービス情報の公表」制度が二〇〇六年四月より施行された。都道府県知事は、事業者から介護サービスの内容、事業所の運営状況等に関する情報等の報告を受けて調査を行い、その結果をインターネットで公表する。〇六年度には、訪問介護、訪問入浴介護、訪問看護、通所介護、福祉用具貸与、居宅支援介護、特定施設入居者生活介護、介護福祉施設サービス及び介護保健施設サービスの九サービスについての公開が開始された。

たとえば、日常生活行動として利用者が買い物に行くことを想定したら、ケアプランとしては「転倒予防」が短期目標になり、そのサービスには「買い物の同行・介助」や「腰痛のマッサージ」を織り込む。緊急相談も含めた幅広い職務をカバーするケアマネージャーが、「介護チームの司令塔」と評される所以である。

ケアマネジメントに有効なアプローチも、社会調査の根本原則である「観察された事実」の収集と解釈を基盤とすると結論づけておきたい。

補論　巨大企業と都市開発問題——室蘭調査から

1　衰退した地方都市の姿

地方都市の衰退の現状

この二〇年以上も前の古証文を「補論」として採録する意味は二つある。一つは二〇一四年以降の「地方消滅」論に関連して、人口学の原俊彦（二〇一五）が北海道社会学会編『現代社会学研究』（Vol. 28）に「人口減少社会」を書き、そこで室蘭の現状に触れていたからである。新日鉄（現在は新日鉄住金）という世界に誇る巨大企業の製鉄所が立地する工業都市でありながら、道内三五都市では一一位の人口九万人の室蘭の人口減少スピードは速く、都市の疲弊度は尋常ではない姿がそこには軽妙に描かれていた。

原の文章から現在の室蘭の現状に触れておこう。「終着駅前の人気のない駐車場広場に降り立ち、道を聞く人さえ見つからず、早速、途方に暮れることになった。ようやく商店街の入口に辿り着き歩き出したものの、……（中略）営業している店は皆無に近く、パチンコ屋、信用金庫、スーパーなども閉店休業」（原、二〇一五：四二）であった。また、「閉じているのは商店だけでなく、正面を除き建物の崩壊が始まり、角地の歩道などは倒壊の危険から立ち入り禁止のロープが張られているのだが、そこにさらに雑草が生い茂っている状況である」（同右：四二）。これが二〇一四年一〇月に描かれた室蘭の中心部の姿であった。

私が調査に出かけていた一九九四~九五年頃の人口は一一万人程度であり、九五年一〇月の国勢調査では一〇万九七六六人であったが、二〇一〇年の国勢調査人口は九万四五三一人になり、一五年三月の「住民基本台帳」では八万九〇五八人まで減少していた。

九五年当時の街はまだ元気があり、斜陽とはいえ中心部の中島商店街は「シャンシャン共和国」という名前の活性化運動の最中であった。シャンシャン共和国とは、一九八五年に、地域を愛するイベント好きな商店主が、遊び心に商魂をマッチさせて創りあげた全国初のパロディ商店街であり、私は一九八八年度の「北海道大学放送講座　北海道経済の地平をさぐる」のうち、第六回「地域は不況にどのように挑戦しているか——創意工夫の地域活性化」でそれを紹介したことがある（金子、一九八八：六一~七〇）。

シャンシャン共和国

シャンシャン通り（共和国1号線）には、個性的でオンリーワンの店舗が多く、毎年六月開催される建国記念祭には、フリーマーケットや露店等が多数出店し、数多くの参集者で賑わっていた。共和国は常に「親切」「思いやり」「やさしい心」で文化の香り高い国づくりを目標としており、二〇〇三年からは、他地域の商店街らと連携して年金支給日に「無料循環バスお元気号」を運行しており、まちの賑わいづくりにも積極的に取り組んできた。

中島商店街では、二〇一〇年から「ふれあいサロンほっとな~る」を連携して開設、運営しており、地域住民向けの講座や教室のほか、展示会やミニコンサート等を行うなど、地域のコミュニティ機能の充実と強化による商店街および地域全体の魅力向上を図ってきた（以上の概略は現在のシャンシャン共和国ホームページより）。

疲弊したまち

それにもかかわらず、疲弊した室蘭の現状に触れた原の慨嘆からは、日本全国が人口減少社会に突入して五年が経過して、それは北海道だけではなく地方日本すべてでより顕著になっていること、および室蘭市という地方都市の一地区である中島商店街だけの独自の取り組みだけではその趨勢に対抗できないこと、この両者がはっきりと窺える。これを敷衍すれば、全国的な人口減少社会という動向を受けて、地方消滅への対抗策として過疎地農村や中山間地域における農業集落での取り組みだけでは、人口減少社会への対処としてはうまくいかないことの例証になる。本書全体で繰り返し指摘したように、全体社会の基本的趨勢となった人口減少社会への対案がない限定された個別集落だけの試みによる影響力には限りがある。

ハード面では総工費一〇〇〇億円の白鳥大橋が開通し、ソフト面ではシャンシャン共和国運動をはじめとした様々な創意工夫がありながら、結局のところそれらも人口減少への歯止めにはならず、室蘭市は地方消滅の候補になってしまった。

その意味で、室蘭市の人口がまだ一〇万人を超えていて、少し元気であった時代の記録として、古証文ではあるが、ここに補論として採録することにした。

二つ目にはこの原稿は恩師鈴木広先生の科学研究費による成果物であり、何回か科学研究費による研究を分担した私にとって、これが最後の分担研究となったという意味で、本書にできるだけ発表時のままで採録しておこうと考えたのである。

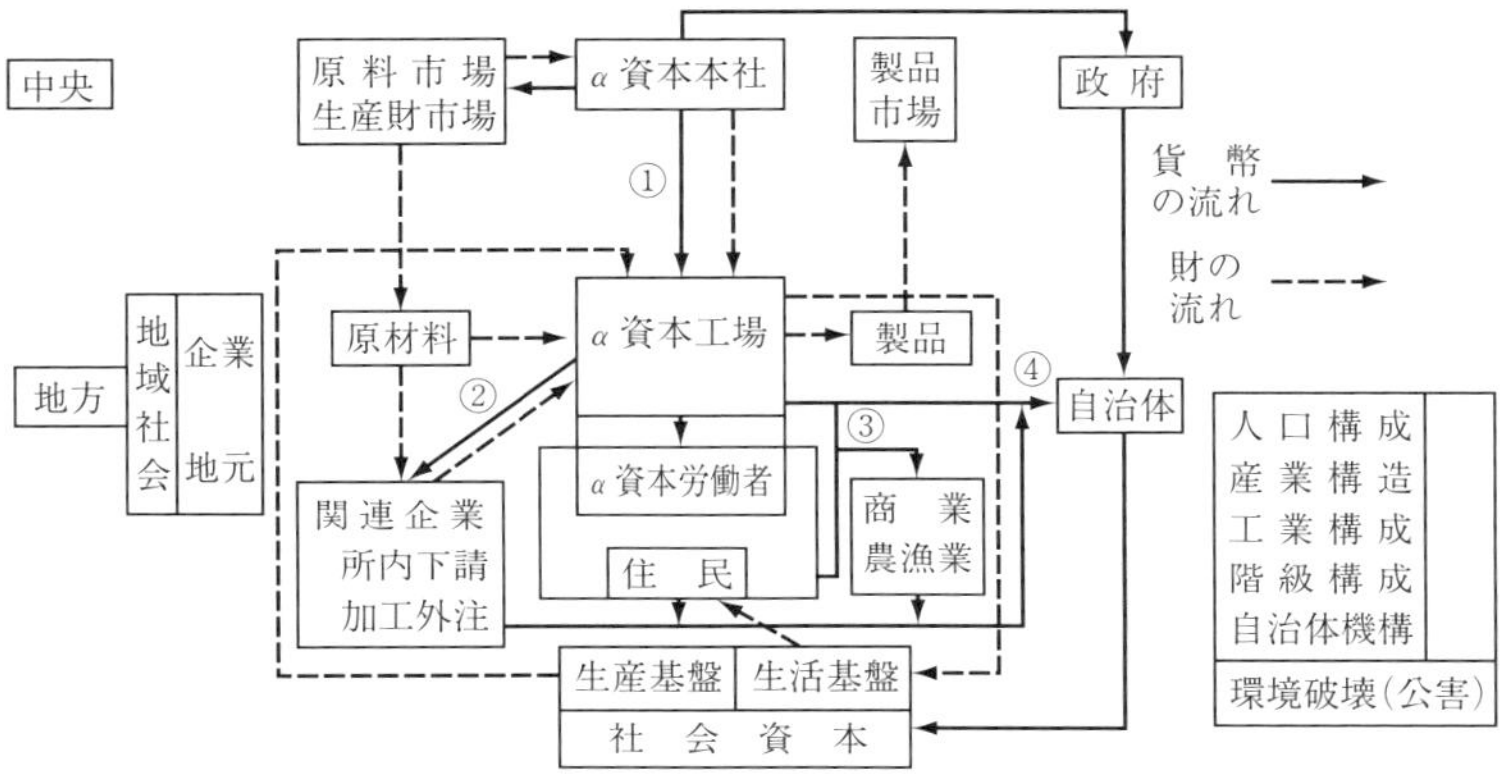

図補-1　中央資本の企業と地域社会・自治体との関連図式

2　企業都市の盛衰

都市研究における「釜石モデル」の応用

三〇年以上前に、私は「巨大企業とコミュニティ」の研究テーマを設定し、具体的には「日立造船と長州町」の調査を行ったことがある（金子、一九八二）。そこでは「富士製鉄と釜石市」の研究から鈴木広が開発した「釜石モデル」の応用を試みようとした。資本が都市をよびおこし、創り出し、発展させながらも、同時に都市を衰退させ、壊滅的打撃も与えうることを論証するための素材を、その研究から提供しようとする意図からであった。

巨大企業と地域社会の分析モデル

その際の筆者の分析モデルは図補-1の通りであったが、これは「全国ないし国際的規模をもつ巨大独占資本の一構成部分」（鈴木、一九七〇：一八）である「α資本工場」を軸とした関連図である。中心となる「α資本工場」にはかつては日立造船有明工場が、そして今回は新日本製鉄室蘭製鉄所および日本製鋼所室蘭製作所が該当する。このような問題設定からは、要するに、巨大企業が地域社会にどのような影響を与えたか、そしてこの構図のなかの地域社会はどこに向かおうとするのか、の二点が最低限解明されなければならないであろう。言い換えれば、過去から現在への流れを押さえ、同時に現在から近未来への地域展望を具体的データに基づき論じる必要がある。以下はその小さな試みである。

3　室蘭の都市的停滞

室蘭の歴史の概略

まず、過去から現在への流れを年表風に概観し、一九二二年に市制施行された室蘭市を前後の歴史を含めて略説してみよう。アイヌ語の「モ・ルエラン」（小さな坂道の下りたところ）という音を語源とする室蘭が、日本史に登場するのは松前藩の領域となった一五九三年であり、慶長年間（一五九六〜一六一四）にはすでに和人の漁村があった。一七九六年にはイギリス船プロビデンス号が来航している。一七九九年から幕府直轄地となり、南部藩がここに駐屯して警護にあたり、明治維新を迎えた。その後は一八八七年に輪西屯田がおかれ、北方防衛の基地となった。一八九二年の北海道炭礦鉄道（室蘭本線）の開通により、石炭積み出し港としてその価値が高くなった。

一九〇七年（明治四〇）日本製鋼所が設立され、同じく北海道炭礦汽船による輪西製鉄所が建設された。一九〇九年に両者が操業を開始し、ここに重工業都市の性格を帯びるようになった。重工業都市として室蘭は九〇年の歴史があるので、祖父母から三代にわたり製鉄所に勤務してきたという家系を発見するのも簡単である。一九三四年には輪西製鉄所を日本製鉄が吸収合併し、第二次世界大戦中も軍需基地であったため、一九四五年七月に艦砲射撃により大被害を受けた。

戦後は一九五六年に日石室蘭製油所が操業開始し、六一年には富士製鉄室蘭製鉄所に日本最大の第四溶鉱炉が完成し、重化学工業都市として復興した。北海道の石油精製基地の一つにもなり、一九六五年には室蘭港が国から重要港湾の指定を受けた。一九六九年には、室蘭史上最大の人口数である一八万三一二五人を記録した。

しかし七〇年代から八〇年代にかけて、「鉄冷え」によって都市の活力が減退し始め、七八年には「特定不況業種離職者臨時措置法」の地域指定を受けるほどになった。新日鉄の室蘭製鉄所の高炉は次々に休止し、八二年には一基体制になった。八四年、新日鉄室蘭製鉄所と日本製鋼所室蘭製作所がともに合理化案を出し、引き続いて八六年八七年にも連続して合理化案が出された。

新日鉄室蘭製鉄所は一九七三年には粗鋼生産量が四〇九九万tだったのに一九九四年には二五一二万tに減少し、新日鉄全体に占める生産量の割合も一二%から四・一%に低下した。従業員もまた一九六二年の最盛期九九三四人から一九九五年には二一二四人まで減少したが、それでもこれは室蘭市全体の従業者の二〇・七%になる。一方、日本製鋼所室蘭製作所では、まずその出荷額で見ると、最高時の一九八二年には八五三億五六〇〇万円を記録したが、一九九三年にはその五八%である四九五億三二〇〇万円となった。従業員の最高は一九七五年の四二一六人だが、一九九四年には一一八三人まで減少した。しかし、室蘭市従業者の一〇%程度を占めるので、結局両工場のみで三〇%になる。大企業二社の合理化が室蘭市全体を直撃する訳だ。

要するに、世界市場で競争をしていく巨大企業に都市は振り回され、人口は激減し、一九八八年には一二万九八三三人になった。今日に至るまで室蘭の人口減少傾向は止まらず、九五年国勢調査ではついに一〇万九七六七人になってしまった。

ところで室蘭港は水深が深く、絵鞆半島が風波を防いで天然の良港をなしている。この恵まれた資源をこれまでも活かしてきたが、平地は少なく、中央埠頭をはじめ、一三の埠頭や新日鉄などの工場は埋め立て地にある。新日鉄は輪西地区の大半を占め、その西側御崎から母恋地区にかけては日本製鋼所が立地する。まさしく、資本が都市を創り出した光景がそこにはあり、室蘭駅前から眺める都市のカラーはグレィ一色だ。

工場群の西に、いくつかのＪＲ駅、胆振支庁、市役所などの中心街が形成されている。中心地区の北部に中央埠頭やフェリー発着所があり、その西方に地場産業の楢崎造船、函館ドックが並んでいる。対岸には日鉄セメント、日本石油精製など第二次大戦後の新しい工場があり、その背後に新しい商業センターがある。

住宅地はある時期の人口増加に伴い、山地の緩傾斜地や、山地を刻む小河川の河谷に延びていった。一九六五年以降、西方の白鳥台に大規模な団地が造成された。またその廃棄土砂による埋め立て地に、巨大な石油備蓄基地と石油揚陸バースが建設された。

室蘭は歴史的には道央一の港湾工業地と広い商圏をかかえる商業地、交通の要地であったが、苫小牧工業港の発展で、現在の両市は競合関係にある。石炭輸出は苫小牧に譲り、室蘭港内のコールセンターは輸入炭の貯蔵と調整の役割を果たしている。

ただ今後の交通の切り札は、室蘭開発建設部が総力を挙げ一〇〇〇億円の総工費で九八年に完成する白鳥大橋である。半島部には好展望の測量山や地球岬などの景勝地があり、対岸には南部藩陣屋跡（国史跡）や市立民俗博物館がある。白鳥大橋により、伊達市と登別市との交通ルートが便利になるので、この地域圏全体での新しい動きが期待される。

巨大企業の盛衰に翻弄される

以上の駆け足の略史からも、巨大企業の「α資本工場」に翻弄される都市と市民が浮かんでくるであろう。やや図式化すれば、室蘭の停滞の背景には、世界経済に占める室蘭の巨大企業（新日鉄室蘭製鉄所、日本製鋼所室蘭製作所）の国際競争力の低下、これに強く左右される都市経済の低迷、さらに構造的要因としては円高とアジアＮＩＥＳの技術向上が指摘される。

このような経済環境下でも、第一に室蘭の中小零細企業には大企業依存体質が濃厚に感じ取れる。たとえば、不況下でも大企業との取引きを望む中小零細企業が多い。それは自前の設計力や技術力それに販売力の弱さの裏返しである。さらに自社独自の製品がなく、まったくの下請けのみをやっている中小零細企業も多い。

したがって、第二としては中小零細企業におけるビジネス創出機能の弱さが目立つ。巨大企業を頂点とするタテ型の企業系列志向は、予想以上に強いようだ。しかしここから派生するのは、自主的企画力に乏しく、技術者が慢性的に不足し、経営者の高齢化と従業員の高齢化が進み、販売意欲に欠ける企業イメージである。そうすると、コスト意識が低いままで高コスト体質が続く。製品の付加価値が低く、しかも納品管理レベルも低ければ、競争に勝つことは困難だろう。

この簡単な見取り図を受けて、次に都市の各領域が急激な落ち込みと停滞を余儀なくさせられた八〇年代と、二一世紀に向けていくつかの分野での展望可能な九〇年代を、具体的な都市指標を用いて比較

表補-1　成長力，民力度の採用指標

指標名（＊は年度）	年次	成長力（5年前比）				民力度（●1人当，◎1世帯当）			
		総合	消費購買力	工業係数	商業係数	総合	消費購買力	工業係数	商業係数
①総人口	95	○	○						
②工場従業者数	93	○		○					
③工業製品出荷額	93	○		○		●			
④商業（卸＋小売）従業者数	94	○			○				
⑤卸売業年間販売額	94	○	○		○	●	○	○	○
⑥小売業年間販売額	94	○	○		○	◎	○		○
⑦銀行預金残高	94	○	○			◎	○		
⑧新設住宅床面積	94	○	○						
⑨乗用車登録台数	93	○				◎	○		
⑩課税対象所得額	93	○	○			◎	○		
⑪地方財政歳出額＊	93	○				●			

してみよう。直接のデータベースは東洋経済新報社編『地域経済総覧』の九二年版と九七年版であるが、室蘭開発建設部、胆振支庁、市役所、市社協、α資本工場などでのインタビューも適宜利用する。

まず、都市の成長力であるが、測定に採用された指標は表補-1の通りである。

室蘭は、その停滞の時代には、総都市数が六五七であった九一年の総合係数七二・七、順位六五七位に示されるように、最下位に位置していた。構造不況が著しかった夕張よりも総合係数は低かったのである。内訳となる消費購買力、工業係数、商業係数はまったく低迷していた。この時期、既述したように、巨大企業の「α資本工場」では合理化が次々に進められ、日本全国の各工場への従業員の配転が日常化していた。

しかし九〇年代半ばになると、室蘭の都市指標のいくつかは僅かずつだが、好転を始めた。たとえば、九六年の成長力の総合係数は一〇八・七になり、順位も六六七都市のうちで一五〇位まで上昇した。商業係数はまだ八八・九で低迷しているが、消費購買力一一一・八、とりわけ工業係数一二九・八の寄与が大きい。ただし、民力度は九一年（八一・八、三九八位）と九六年（八九・二、三二二位）から分かるように、あまり好転していない。これは「α資本工場」と関連する経済活動の速度に比べて、民力度の指標にはタイムラグが発生するからである。もっとも、民力度の工業係数が九一年の一〇七・二から九六年の一六九・七まで急上昇していることは注目していいだろう。

室蘭は道内でも就業構造に占める第二次産業比率が三〇・三％（一九九〇年国勢調査）と高いので、工業係数の動向が重要な基準になる。ただし、関連の深い「事業所統計」によると、事業所数は八六年の七二五六から九一年には六七〇二まで減少して、この間の減少率は七・六％であった。そこでの従業員数は八六年が六万三三〇五人、九一年には六万三七四一人となり、一・〇％の微増を示した。つまり、事業所は依然として減少中だが、従業者は微増したのである。

これは室蘭の住民税総額が八九年度の総額五九億三七〇〇万円（個人：三八億三〇〇〇万円、法人：二一億七〇〇〇万円）と九四年度では五五億一七〇〇万円（個人：三九億四四〇〇万円、法人：一五億七三〇〇万円）とを比較しても分かるだろう。住民税も構成要素である地方財政歳入額は八九年度が三九〇億八六〇〇万円、九四年度が四三一億三〇〇〇万円であり、財政力指数は八九年度が〇・六八で、九四年度になると〇・六六と落ち、自主財源率は今も低迷したままである。しかし、法人の住民税は減少中だが、個人のそれは総人口が減少しているにもかかわらず増加した。

新しい動きの芽生え

この傾向は競争力のある事業所が生き残り、少しでも雇用を増加させ、企業全体の競争力を高めていることを意味する。端的には分社化が原因であるといってよい。その主軸は新日鉄分社の結果誕生した次の三社である。

まず、コンピュータソフトやシステム開発を手がける北海道エニコム（現在は北海道NSソリュージョンズ）が挙げられる。この企業は一九八八年に設立され、九五年には総額で四四億円の売り上げを記録したが、親会社の新日鉄からの発注はこれまでのところ三割未満に留まっている。同じく一九八八年に創られた北海道制御システム（現在は日鉄住金テックスエンジ）は、各種の制御機器製造を行う。新日鉄からの発注はやはり三割未満だが、九五年には一二〇億円の売り上げになった。ニッテツ室蘭エンジニアリング（現在は日鉄住金テックスエンジ）も前二社と同じであり、設備・装置エンジニアリングを得意な領域とする企業であり、九五年には八〇億円の年商があった。新日鉄室蘭製鉄所からの受注は二七％にすぎない。市内企業への下請け発注率は八九・九％に達していて、市内志向が強い企業である。各社の総務課とも、「室蘭で育ててもらった会社だから、地元企業との関係が最も重要」という。地元志向のうえ、独自の技術があり、今後の室蘭のあり方を示す企業群だ。

室蘭の製造品出荷額にしめる鉄鋼、造船、石油などの重工業主要七社（新日鉄室蘭製鉄所、日本製鋼所室蘭製作所、日鋼特機室蘭事業所、函館ドック室蘭製作所、楢崎製作所、日石室蘭精油所、日鉄セメント）の割合は、一九八四年度の九二％から九四年度には七四％まで低下している。分社三社を含むいくつかの中小企業の活躍は見逃せない。

事業所の内訳から、工場数が着実に増加してきたことが分かる。一九八七年の工場数は一六一、以下順次八八年が一七四、八九年が一八二、九二年が二二四、九四年は二三五となり、この五年間には二九・一％増加した。工場従業者も同じように増えている。一九八七年の工場従業者数は一万五八三人、八九年が一万七〇二人、九二年には一万二〇九八人、九四年では一万二三五一人に増加し、この五年間で一五・四％の増加を示した。

一九八六年の工業製品出荷額は三九九〇億八七〇〇万円であったが、一九八九年には三三〇二億八三〇〇万円と減少した。しかし、一九九四年には四五九〇億二四〇〇万円へと上昇し、五年間に三八・一％増加したことになる。これに伴って、人口一人当たりに換算した工業製品出荷額も、一九八九年の二六一万九〇〇〇円から九四年の四〇八万二〇〇〇円まで上がった。

この間の事情を室蘭の工業製品出荷額上位六業種で点検すると、室蘭の工業製品の種類に微妙な変化が発生したことに気がつく。すなわち出荷額上位六業種のランクは、

一九八九年　1．鉄鋼　2．機械　3．窯業　4．金属　5．食品　6．化学

一九九四年　1．鉄鋼　2．機械　3．金属　4．窯業　5．食品　6．電気器具

となるのだが、九四年には金属と電気器具の成長が工業係数関連指標を押し上げたことが分かるのである。この理由は、もちろん既述した新日鉄分社の三社に代表される新しい企業活動に求められる。

しかし、タイムラグが発生している民間の商業活動では、依然として停滞が続いている。それは卸売業商店数が一九八五年では四六三あったのに、九一年には四三九に減少し、九四年でも四〇二となっていること、および卸売業従業者数も、一九八五年の三六〇三人から九一年の三五七〇人、さらに九四年には三二四二人へと減少していることから理解できる。卸売業年間販売額は一九八五年の二二六八億四八〇〇万円から八八年の二三二四億八一〇〇万円を経て、九四年の二三三六億八四〇〇万円と横這いの

状態である。

関連する飲食店商店数も一九八六年の六二二から、九二年には五〇二まで落ちた。飲食店従業者数も同じであり、一九八六年の一七八三人から九二年には一七一三人に減っている。飲食店年間販売額は一九八六年の七三億八六〇〇万円がいったんは八九年には六七億七二〇〇万円まで減少したけれども、九二年には六九億三九〇〇万円へと二・五％の増加を示した。

同様の傾向は小売業でも認められる。小売業商店数は一九八八年の一六六七に比べると九四年では一四四三に減少したが、小売業従業者数は九一年の七七一一人から九四年の八二四〇人へと増えたのである。だから、一商店当たり従業者数は九一年で五・〇人、九四年には五・七人になった。小売業年間販売額は、九一年の一四三五億九一〇〇万円から九四年の一四六六億六四〇〇万円へと、一四・七％の増加であった。

以上の卸売業、飲食店、小売業関連の指標から、室蘭では商業活動の停滞は事業所の減少に象徴されてはいるが、従業員と年間販売額ではやや好転の気配を感じ取ることができるように思われる。

生活指標の動態

もっとも、個人の豊かさの指標の一つである高額納税者（税額一〇〇〇万円超）は、一九八九年には室蘭市全体で五〇人いたが、九四年には二三人に減少しているので、市民個人レベルの景気回復にはほど遠い。八九年には室蘭市人口一万人当たり高額納税者人数は三・九人になり、九四年には二・〇人になる。一九八九年日本全国には一一・五人、北海道には六・六人、小樽でも六・五人いた。それが九四年の日本全国で七・七人、北海道では四・四人、小樽で四・六人になった。ちなみに、税額が一〇〇〇万円になるためには一般の給与、事業所得者（家族四人）の場合では、年間所得で二六六三万円が必要になる。

持ち家率は八八年には四九・三％であったが、九五年には四七・五％に低下した。しかし、社会的共通資本関係では着実な水準の向上が認められる。たとえば、人口一万人当たり病床数は一九八九年の一九七・七が一九九四年には二三五・五まで増加しているし、同じく人口一万人当たり医師数も一九八九年一五・三人から九四年の二一・六人に増えている。公共下水道の普及率は一九八九年には六八・二％だったが、九四年七四・二％まで上昇した。

このような分析から、「ワン・カンパニー・タウン」でさえも、巨大企業の業績に左右されながらも、分社化を契機として新しい企業活動が芽生え、それを取り巻く中小企業の活動が持ち直し始めたことが分かった。さらに、小売業、飲食店数、卸売業などの事業所数の減少とは逆に従業員の微増も認められ、売り上げの増加傾向が確認された。タイムラグがあるとはいえ、商業部門でも復活のきざしが感じられるのである。

これを応援するような都市活性化の現状を次にのべてみよう。

4　室蘭の都市的活性化

都市特性の活用

内発的発展論を引くまでもなく、都市の活性化にとっては自前の社会資源の有効活用しかない。自然環境、人材、周辺都市とのネットワークなど、どれをとっても「原石」や「素材」や「ローカルチャー」（ロー《生の》・カルチャーとローカル・カルチャーを合成した筆者の造語。本書「はじめに」および第1章に詳しい）に付加価値をどのように付けるかに絞られる。「α資本工場」の動向に左右されながら、現在の室蘭では「都市特性の活用」が始まっている。「基本計画」も道通産局、開発局、道、市の協議会で二〇一一年を目標に策定されている。それによると、

(1)風力、波力、太陽光発電など新エネルギー開発（祝津地区）
(2)室蘭テクノセンター機能充実（東地区）
(3)レインボープロジェクト推進（中央地区）
(4)中島中央通り拡幅と市街地開発
(5)ＪＲ東室蘭駅周辺開発
(6)白鳥新道整備

が大きな柱である。

その背景には、室蘭が道内唯一の工業集積地であることを再確認しての交通網の整備拡充があり、具体的には室蘭港（フェリー航路は青森、八戸、大洗、直江津、大畑、上越港への六種類）、新千歳空港、高速道路の徹底利用が挙げられる。このうち、室蘭市と上越市との姉妹都市化が完成したので、九五年からの室蘭―上越―博多港ラインが脚光を浴びている。

九五年に室蘭港は、外国貿易船の累計入港数で開港一八九九年以来三万隻を達成した。ただ貿易額のピークは七四年の二三六一億円であり、現在は外国貿易貨物取り扱い実績は年間一一〇〇万ｔで、輸出

入総額一〇〇六億円（輸出三〇一億円、輸入七〇五億円）になっている。前年度比で四・六％下回ってはいるが、室蘭港の貨物総取り扱い量は五〇一一万四〇〇〇tである。内訳は公共七埠頭扱いが二五四九万七七五七t（うちフェリー埠頭が二二〇四万一一〇一t）、民間一〇埠頭扱いが二四六一万九九三〇t（うち新日鉄埠頭だけで七七一万七四七t、日石埠頭が一三三八万三四二九t）になる。

白鳥大橋の可能性

交通網の新しい目玉は、一九九八年完成予定の全長が一・三八キロの白鳥大橋であり、白鳥新道整備がこれに関連する。大橋の通行料は当面無料にして、利用率を向上させることになっている。開発の「原石」となる社会資源は年間の平均風速六m／秒の強風であり、これを利用して夜間の照明を風力発電でまかなうことが検討されている。

先行例としてはすでに青森県の竜飛岬の風力発電所がある。ここでは、年間平均風速一〇・一m／秒を活用した一〇基の風力発電機が作動している。これは総事業費二二億円で建設され、標高一七〇〜一〇〇mの高台の六万三〇〇〇m²の敷地に総出力が一八七五kw／日、年間で二〇〇〇世帯に電力を供給できるものである。また、道内でも風力発電は経験済みであり、現在では寿都町の風力発電が八二・五kw／日、ほりかっぷ発電所（泊村）は一一〇〇kw／日を発電している。

これらの経験から、白鳥大橋側の絵鞆臨海公園に高さ三八m、直径三〇mの風車一基（一日当たり五〇〇kwを発電）が設置される予定である。イルミネーション用の特殊電球が二二八個、主塔にはライトアップ用の大型照明八八個が取り付けられる。さらに、六億円の予算で一四五〇m²の敷地に二階建てで年間維持費一〇億円程度の白鳥大橋記念館構想（現在は、道の駅「みたら室蘭」として開館）がある。室蘭における「二一世紀への最大の贈り物」（市企画課）を徹底して活用する方針だ。白鳥大橋は市長のいう

「サークル都市」づくりの柱にもなっている。

関連するシナリオには、完成した白鳥大橋と室蘭市全体の比較的安価な土地利用、それに市内東町に日鋼室蘭製作所が四万m²の遊休地を保有することに象徴される、巨大企業の遊休地利用がある。

第二にはレインボープロジェクトと呼ばれる再開発計画がある。これは現在の終着駅の室蘭駅をそこから南東六〇〇mに移し、線路撤去による中央地区の商業地域を開発し、合わせて国鉄清算事業団用地や官庁街などの入江地区を一体化し、再開発する計画であり、総計六〇〇億円の投資が必要と見込まれる。すでに市民病院の移設も始まった。

工業と商業におけるタイムラグの結果、売り上げの伸び悩みが深刻な商店街でも、たとえば東銀座商店街が街路灯を二八カ所設置することから新しいまちづくりを開発した。また「まちおこし」では長い歴史のある中島まちづくり委員会は、次の各部会を作って再開発を独自に進めている。

(1)地区ビジョン検討部会：土地利用のためのゾーン分け
(2)中島中央通整備部会：中央通拡幅
(3)再開発事業研究部会：商店街再開発

たとえば中島中央通り商店街の拡幅工事は、総延長が八七〇mに達し、道路の両側を一・五mずつ拡幅し、二二m道路を二五mにする計画である。

その他、観光開発としては鯨ウォッチングやイルカウォッチングを取り入れた室蘭ルネッサンス運動がある。

先端技術の応用

しかし、最も可能性に富むのは、技術力の向上を目指して一九八六年に完成した室蘭テクノセンターである。産学官の連携協力を標榜するこのセンターは、室蘭のもう一つの顔である中小企業の育成・振興のための技術開発と、市場開拓を支援する。ソフトな支援としては、人材育成、技術相談、情報提供があり、ハードな支援には研究開発推進と機器の開放がある。運営資金は一〇億円であり、そのほとんどは中小企業高度化事業、地域産業育成支援事業から得られている。ただ、現段階の問題点としては、専任の研究員が少なく、高齢化していること、機器が老朽化していること、講習会のテーマに偏りが認められることなどが指摘できる。

このような問題点の克服こそが室蘭の新しい飛躍に結び付くだろう。とりわけ、まず付加価値を高める新しい技術講習会の開催が望まれる。これには設計技術や生産管理に直結するテーマがほしい。各方面でのインタビューでは、このニーズの強さが明らかになった。同時に先端技術に偏らずに、中小企業のレベルに応じた技術情報の提供力を向上させたいという市役所や市民の願望も根強くある。

第三には、一九九〇年に開設された室蘭工業大学地域共同研究開発センターとの連携の強化である。これは、産官学の技術融合を促進する施設である。たとえば、従業員六六名だが、錆や腐食防止の独自の技術を開発し、チタン材料に特化して、素材の曲げ、溶接、発色、鏡面研磨加工などに優れた共伸機工、同じく従業員六八名で人工降雪機の開発、高圧配管ステンレスの特殊溶接技術の商品化、油圧用パイプ内部洗浄のための酸洗工場の三本柱に特化した増田工業などが、産官学の技術融合の成果として高い評価を受けている。両社ともに新日鉄室蘭製鉄所と日鋼室蘭製作所の下請けの歴史があるが、現在では積極的な新技術によって新しい市場を開拓するまでになっている。

新技術の開発では「α資本工場」も負けてはいない。日鋼室蘭製作所では、九五年にフロンを使わない冷凍システムが具体化された。これは水素吸蔵合金を利用するもので、合金が水素を吸収する際に発熱し、放出する際に吸熱する性質を応用するものであり、様々な方面への応用可能性を秘めた新技術である。

自力まちづくり路線

一方、市民生活面の動きとしては、在宅高齢者への支援を強化するために、日鋼記念病院の訪問看護が始まった。「訪問看護ステーション・母恋」が一九九五年一〇月に開所したのである。現在三台の訪問看護用のクルマで支援活動が進められている。合わせて老健施設「母恋」が日鋼記念病院の新棟が完成した九六年七月に開所した。これは一般療養病床が七五床、痴呆病床が二五床であり、入所対象者を(1)七〇歳以上、(2)六五歳で老人医療保険受給者、(3)初老期痴呆者に分けている。そこでは一回の入所が三カ月を目途とされ、その費用は一日に一九〇〇円、デイケアで八五〇円となっている。

この母恋《ぼこい》地区は過去も現在も日本製鋼所の「城下町」であり、御前水町の社宅街には一九四五年には五三三三戸あった旧式の社宅がいまも六二五戸残っている。大半は四階建てのアパートに建て替えられ、一部は一戸建てが混在している。

また、徒歩一〇分の母恋駅を愛する会が九五年に町内会有志によって結成され、市内一八三町会のなかで最大規模の母恋南町会（一九〇〇世帯、四七〇〇人）と母恋北町会（七〇〇世帯、一八〇〇人）が駅を核にしたまちづくりの基盤になっている。母恋駅は一九三九年開設され、日鋼室蘭製作所全盛期には、母恋の人口が二〇〇〇人の時の一日利用者が八〇〇〇人の記録を保持するが、合理化による配転が続いた結果、母恋地区の人口も一九七〇年の三万人が九六年には六六〇〇人に減少した。並行して、駅利用者も激減し、一九八四年には民間に委託され、一九九五年一〇月から無人駅となった。「東室蘭駅を核にしたまちづくりを志す中島町や中央町が先行しているのに、歴史が古い母恋駅のある南町や北町が遅れたらみっともない」と南町町会役員の宮本氏はいう。

この「自力まちづくり路線」の一環に、かつては蘭中地区（母恋北、母恋南、御前水、茶津、新富町）一帯で多くの利用者がいた三乃湯を、地区内の九〇世帯が資本を出し合い運営するという地区経営方式が挙げられる。自宅内の浴室が普通になった今日、公衆浴場の経営は困難が多く、三乃湯でも高齢の経営者が死亡した時に廃業する予定であった。しかし、それを惜しむ町内会の有志が一口二〇〇〇円で合計六〇万円を出資し、経営を続けている。ひとまず一日一〇〇人が採算ラインだが、現在は三〇人程度と苦しい。それでも「まちづくりは心意気だ」を合言葉に九〇世帯は頑張っている。

5　企業都市の新展開

巨大企業と中小零細企業のネットワーク　「釜石モデル」では、市議会をα資本工場に対する「下請的政治」（鈴木、一九七〇：二四）を行うと位置づけていた。現在の室蘭では、新日鉄関係者議員が四名、日鋼関係者が二名、北電関係者も一名であり、三四名の議員総数に占める割合は二〇％程度に低下している。ただし、共産党議員三名を除けば、緩やかな与党を残りで作っている。

議会の力量の低下と逆比例的に、北海道開発局と道庁の関与が強くなっている。たとえば、九六年七月に、室蘭市のイニシアティブで、サハリンの大陸棚石油と天然ガス開発のためのプロジェクト研究会が設立されたが、事前に北海道開発局と道庁には入念な相談がなされた。巨大企業も中小企業も新しい活性化の方向に海洋開発と東アジア志向を位置づけ、研究会に加わっている。室蘭市もまたワン・カンパニー・タウンから脱却する方策として、国際的な展開に期待する。

その萌芽は、室蘭で少しずつ生まれてきた法人組織を横断するネットワーク化にも認められる。これはまさしく「都市における人間関係の観察には、意識して積極的に、財の媒介という外在的な条件ないし物質的な関連を重視する」（鈴木、同右：一〇）集まりである。政治の枠を超えたこの経済のネットワークが、都市の社会構造の再編に強い影響力を直接発揮できるかどうか。

たとえば私が調査した限りでは、九六年秋でも「室蘭金型及び加工技術交流会」（地元企業九社と進出企業一一社で構成、技術・研修セミナー開催、会員企業相互の見学会）、「室蘭ソフトウエアサロン」（地元企業一〇社、年三回三日間の技術講座）、「技術情報交換プラザむろらん」（地元企業四二社新製品の発表説明会、講演会、先進企業との交流、新規取引機会の創出）、「北海道技術・市場交流プラザ」（地元企業九社と他地域企業一〇社、環境・自然エネルギー利用研究、共同開発、市場発掘）、「ホットデービーネット」（会員企業三三社、製品情報、保有技術情報）などが、すでに機能していた。

都市的体質改善

各方面で戦後五〇年間の日本社会の「構造疲労」が顕著になってきた今日は、「α資本工場」に左右される室蘭の都市的体質改善の時でもある。その可能性を、私は議会ではなく新市場開拓を目的とした法人間のネットワーク形成に求める。もとより室蘭の「α資本工場」を排除するものではないが、中小零細企業群が持っている経営資源の活性化の道筋が、このような横断的ネットワークづくりである。

室蘭では都市指標のうち工業係数がかなり回復してきた反面、商業係数は停滞している。工業係数の順調な伸びがなければ、工業と商業間のタイムラグは解消しない。換言すれば、市民レベルの豊かさ回復に結び付かないのだ。消費を通して都市住民は豊かさを実感するのだから。商店街の再開発もルネッサンス運動も、ひとえに横断的ネットワークづくりの浸透の度合いに左右される。

ともかく九一年には成長力の総合指数が最下位の六五七位だった室蘭が九六年には一五〇位まで上がったのだから、生の都市資源である「原石」加工のノウハウいかんではもっと上位を狙えるに違いない。その際の基本方針はナンバーワン志向ではなく、オンリーワン志向にある。二一世紀室蘭に特有の都市資源は白鳥大橋である。さしあたり、この都市資源の積極的活用のためのシンポジウム開催から、企業都市の新展開が可能になるだろう。

6　急がれる学的知の投入

「補論」本文の末尾にも当時の「成長力の総合指数ランキング」などを記載していたが、二〇年後の『都市データパック　二〇一五』（東洋経済新報社）から類似の四指標の結果を紹介しておこう。

「住みよさランキング」では七九一都市（東京二三区を一つの都市と数えている）のうち室蘭市は六二三位であった。この内訳は、「安心度」「利便度」「快適度」「富裕度」「住居水準充実度」の五分野でそれぞれに選択された指標の合成による。一昔前の社会指標と同じ方式に依存している。道内三五都市の間では一九位であり、前年に比べてかなり下がった。

「財政健全度ランキング」は四六五位であり、前年に比べると、一〇〇位ほどの低下であった。この分野は「脱借金体質」「弾力性・自立性」「財政力」「財政基盤」の総合指数から構成される。

「成長力」は四四六位であり、前年度よりも一六四位も下がった。これには、「人口」「世帯数」「民営事業者数」「民営従業者数」「製造品出荷額」「卸売業年間販売額」「小売業年間販売額」「新設住宅着工床面積」「乗用車＋軽乗用車保有台数」「課税対象所得額」「地方税収入額」の一一領域を含んでいた。

「民力度」は三一八位であり、前年並みであった。この領域は、「人口当たり事業所数」「人口当たり製造品出荷額」「人口当たり卸売業年間販売額」「世帯当たり小売業年間販売額」「世帯当たり新設住宅着工戸数」「世帯当たり課税対象所得額」「人口当たり地方税収入額」の七領域にまたがっていた。巨大企業都市のなごりか、「製造品出荷額」などの指標が含まれた室蘭の「成長力」は中程度であり、「民力度」は上から三分の一に近い位置にあったが、「財政力」では下位グループに属して、「住みよさ」では明らかに最下位グループに近いという社会指標からの診断が出たことになる。

この状態で、冒頭の原の慨嘆が得られたことになる。人口面に関しては、室蘭は道内都市ではまだ多い方であるが、一万人前後の道内都市や地方日本の都市では、このような社会指標により診断すれば、「住みよさ」でも「成長力」でも「民力度」でももっと状態は悪化する。その疲弊度は想像を絶するのではないか。社会学の力量は限定的であるにしても、その実態を捉え、改善に向けての学的知の投入は急務であると思われる。

注

第1章　地方日本の消滅論と地方創生問題

（1）現在の死亡率と出生率を前提にすると，日本全体における人口減少は続き，二〇五〇年あたりまでは減少する。これを受け入れながら，現在の一億二六〇〇万人の人口数を基にして，二〇五〇年をめどにした適正人口一億人の「少子化する高齢社会」の提言をしたことがある（金子，二〇〇六ａ）。

（2）「地域活性化」論は同じようなパラダイムとして数十年の歴史をもっている。

（3）多様性原則を貫徹すれば，そこには必ず差異が生まれ，格差も発生する。

（4）集合体（collectivity）が最も一般化された表現であり，具体的には機関，集団，法人，団体，組織などもまたここでは互換的に使用する。

（5）これは「年間六〇万円の仕事を五つ集めて暮らす」ようなライフスタイルである。毎月五万円稼げる五つの仕事を持つことはかなり厳しいと思われるが，小田切は「半農半X」という表現を使い，「生活の中から仕事をうみだし，仕事の中から生活を充実させる」（小田切，二〇一四：一九八〜一九九）といっている。

（6）これらは過疎化が進むコミュニティの生活要件として，北海道後志地方における数回の地域調査の経験を基にして抽出した指標である。詳しくは金子（二〇一一）を参照してほしい。

（7）「定住者」と「移住者」は合わせて「居住者」として一括されるが，コミュニティ・モラールやノルムの点で「定住者」と「移住者」間には相違が認められる（鈴木編，一九七八）。

（8）小田切が言う「強靭性」の根底にあるのはこの生活協力と共同防衛であり，それには「定住者」も「移住者」も合わせた「居住者」が寄与するところが大きい。したがって，盆暮れの帰省者や週末のいわゆる「ウィークエンドファーマー」に集落機能の維持や「強靭性」の支えに関して過大の期待をかけることはできない。

(9) 北海道郵政公社と北海道警察との間に「P&Pセーフティネット」が締結されて、郵便外務職員による地域社会における日常的な防犯、防火、防災の予防や発見がなされていた時代があった(金子、二〇〇六a)。

(10) ラベンダーを活かした地方創生の端緒として夏の富良野市や中富良野町の事例があり、一九九九年に始まった運河沿いの「雪あかりの路」ならば小樽市の冬の風物詩である。

(11) このような過疎地で小田切がいう「ナリワイ」が成り立つのだろうか。

(12) 少子化は、経済的な将来展望の乏しさからの未婚率(non-marriage rate)の高さが一方の理由であるが、もう一つの理由である既婚者の出生数の減少は晩婚(late marriage)と晩産(overdue birth)を基調とする。なお、晩産の対語は早産(premature birth)ではないことはもちろんである。

(13) 生活保護に関しても別居家族や親族による支援は考慮の対象になるが、世界の趨勢とは違い日本の場合は家族への関与が高すぎるという特集がある(東洋経済新報編集部、二〇一五)。そこでは相変わらず、ヨーロッパ的な二五%と日本の八%の消費税率の相違やヨーロッパ的な六五%と日本の四五%の国民負担率の相違を等閑に付して、「欧州各国では……親子間の扶養義務も通常、親から子に対してのみ生じる。反対に、成人した子供が高齢の親を扶養する親孝行型の扶養義務が求められることはごくまれだ」(同右:四五)というコメントがある。福祉学やマスコミの業界でこのような四〇年前と同じ構図が現存することに驚くとともに、国際比較研究の難しさを痛感する。

(14) 北海道では、少なくとも海岸部と内陸部とでは居住者の意識と行動には相違がある。内陸部の基幹産業である農業や酪農業では、気候風土への順応意識が強いため、イデオロギー的には保守化する。一方、海岸部の漁業者や養殖漁業者では気候風土への順応性を超えた積極性が基盤となり、道内全体では消滅寸前の「進取の気風」が残っていて、自由意識も強い。私は内陸部の富良野市と海岸部の伊達市と白老町でそれぞれの住民五〇〇人をランダムサンプリングして、ソーシャル・キャピタルや生活ニーズなどを比較調査した経験があるが、前記の指摘を裏づける結果を得たことがある（金子、二〇〇六ｂ／二〇〇七）参照。

(15) この判断は、全国知事会が二〇〇七年から毎年九月に行ってきた「先進政策創造会議」において、北海道の「先進政策バンク」への登録数が少なく、同時に会議参加者全員の投票で「大賞」が決められる席にも道庁職員の参加が少ないという事実に基づく。ちなみに二〇一五年九月の参加者はゼロであった。

(16) (1)から(6)まではすべて家族関連の動態である。ウィークエンドファーマーも盆暮れの帰省にしても家族との関係性の問題であり、この分析がなければ、中国山地や東北地方での経験が北海道では活かせない。それだけ日本各地の地域社会では多様化が進んでいるのであり、多様性を強調する研究者が、自らの調査地での経験をそのまま全国区に昇華させうるという希望的観測には疑問を抱かざるをえない。北海道も中国山地でも東北地方でも、家族や地域社会の特性が一様であるとの無自覚的見解が地方消滅論者にも批判者にも垣間見える。

(17) たんなる紹介を超えて、その事例にみるリーダーシップがたとえばＰＭ理論によりどのように整理できるかまでの理論的な射程を持った研究はおどろくほど少なかった。小樽運河保存運動の研究であれば、運動の一部始終を年表にまとめ、数人の反対運動リーダーの意見を聞き取り、住民運動の意義を語るだけの論文が多かったのではないか。その意味で、内藤辰美ら社会移動研究会の小樽の総合調査の意義は大きい（社会移動研究会編、二〇〇六、とくに第六章、第七章）。なお内藤（二〇一五）も参照。

(18) 雇用として「しごと」をつくる発想に認められる多様性の共生は農業分野を超えて、地場産業全分野にも等しく該当するし、大手企業によるユニバーサルデザインやサービスもまた多様性の構成要素になる。

(19) 早母（immature mother）と早産（premature birth）とはまったく異なる。前者は十代の出産経験者であり、後者は在胎週数が二二週〜三六週で出産することをいう。

(20) これは札幌市での実態からの指摘であるが、全国的にもまったく同質である。

(21) 二〇一五年六月一五日の全国紙で、団塊世代が七五歳以上になる二〇二五年に向けて、全国医療機関のベッド数は現在の一三五万床よりも二〇万床少なくて済むという政府推計結果が発表された。現状よりもベッド数が不足するのは東京、埼玉、千葉、神奈川、大阪、沖縄の六都府県だけであり、残り四一道府県では余るという見通しでは、日本全国での「少子化する高齢社会」に軟着陸できない。

(22) 同じような事例紹介は一九七〇年代から断続的に行われてきた。たとえば一九七〇年に「地方都市の魅力」を紹介した宮沢(一九七〇)では、東京(横浜を含む)を頂点として地方中心都市(神戸・京都を含む大阪、名古屋、札幌、仙台、広島、福岡)とそれ以外の県庁所在都市で「魅力度」を測定した。高寄(一九七二)は十大都市(東京都区部、札幌、横浜、川崎、名古屋、京都、大阪、神戸、北九州、福岡)を取り上げて、「行政の知恵」と「勇気ある政策の実践」を主張した。同じ年に五十嵐(一九七二)は「中央集権に抗する」存在として「立ち上がる地方」を「地方の時代」からまとめた。

(23) 柳田國男は一九〇六年(明治三九)段階で、「人口の都会に集注する現象」は「悲観」ばかりではなく、自らは「楽観をしている」(柳田、一九〇六＝一九九一:四二)とする。「楽観」できる一つの理由は、柳田の表現では「天然の反動」(同右:五〇)として、いわば自然の趨勢により「都会の人が非常に田舎を愛する」傾向がみられてきたので、いずれ都市移住者は「田舎へ引き返す」ために、人口移動全体は「一つの生産力の分配方法」ともなるからである。しかし、もちろんこれには限界があり、この百年でみても必ずしも成功しなかった。

二つ目の理由に、柳田は「鄙の中に都を、都の中に鄙を」(同右:六四)政策を提唱する。ただしそれはあまり具体的なものではなく、「相応の招致方法を立て、ぜひとも智力あり資力ある者を歓迎して、だんだんに新田舎を作っていかねばならぬ」(同右:六六)という提言や、国の政策として「都会住民の帰農帰村に対する障碍を除いてやらねばなりませぬ」(同右:六八)に止まった。そして「多くの地方の公共団体では自分が政治の主体であることを忘却して現在の各階級に利益を配布することのみを主にして、未来に対する考えが薄いからか、今まで少しもその事に着手しておらぬ」(同右:七一)と嘆くのである。

この感想はさておき、一九〇六年の柳田が指摘した議論から現在の地方消滅論を点検すると、一〇〇年が経過してもその類似点が浮き彫りになり、なんら解決の見通しが得られていないことは間違いない。

(24) この図式はパーソンズが五〇歳代に彫琢し、その後、晩年に至るまで「すべての理論的研究の基本的準拠点を構成してきた」（パーソンズ、一九七七＝一九九二：五四～五五）が、その内容は時代とともに変遷している。

(25) 農業に限定することはせっかくのその土地特有の地場産業を活用しないことになり、ローカルチャーとしての地域文化の多様性を忘れることになり、地域資源論の観点からも問題が残る。

(26) この立場からは、コミュニティのなかのアソシエーションを多方面で活用しようという図式が得られる。

(27) 鈴木栄太郎、奥井復太郎、磯村英一という日本都市社会学第一世代の理論的スケッチと検討については、金子（二〇〇九）を参照してほしい。

(28) 参考にして独自の資源活用を行うことと、単なる模倣とはもちろん異なる。

(29) 国民ないしは市民にとって、政府決定や知事決定は「上から」であるが、その「上から」の決定と異なる市長決定は、国民ないしは市民にとっては「下から」なのか。

(30) 日本郵政公社時代の北海道では、北海道警察と日本郵政公社北海道支社との間で「地域社会の安全確保」のために「Ｐ＆Ｐセーフティネットワーク」が確立していた（金子、二〇〇六ａ：二〇一～二〇三）。

(31) パーソンズによれば、「自律性と独創性の領域を裁定している」のは、「経済生産、政治上の有効性に対する貢献、社会的連帯に対する貢献」である（パーソンズ、一九七七＝一九九二：四二六）。

(32) パラダイムが似ている徳野もまた、市部に住む子ども家族による週末の帰農を評価する立場である（徳野、二〇一四ｂ／二〇一五）。

(33) 二〇一〇年国勢調査でさえも、男性の生涯未婚率が二〇％を超えており、女性もまた一〇％を超えた。農業従事者の未婚率が日本全国平均よりも高いことを勘案すれば、今後は県内に住む子ども夫婦による週末のウィークエンドファーマーへの過剰期待を抱くことはできない。

(34) これは論理的に不自然である。

(35) これには「上から」も「下から」もなく、地元資源を熟知している個人または集合体(機関)ならば、どこでも構わない。

(36) 「消滅する地方」の基本イメージが農業・農村・農家・農民であったからではないか。

(37) リーダーシップ論は地方創生研究でも不可欠である。いろいろなモデルがある中で、私は三隅二不二(一九八四)が開発したリーダーシップのPM理論が地域社会論でも有効であると考える。なぜなら、Pとp(実行力の強弱)とMとm(統率力の大小)との組み合わせは、コミュニティ論でも応用範囲が広いからである(金子、二〇〇〇:一九四~一九五)。

(38) このような試みこそが多様性を保証する。

(39) 子育て経験者が若い子育て世帯の相談等に従事して、地域における子育て支援を促進しようとした北海道の「世話好き・世話やき隊」(すきやき隊)は二〇〇五年度に結成された。二〇一四年三月現在で九五の道内市町村において登録されている。しかし、北海道の合計特出生率は都道府県で低い方から三番目であり、その組織による少子化への歯止め効果はない。

(40) 結局これは優先順位の問題に帰着するが、このすみやかな判断こそ政治による目標達成機能に該当する。それは行政の機能ではないことはもちろんである。政治と行政の機能の相違についてはウェーバーの「職業としての政治」(一九二一=一九六二)が参考になる。

(41) ここでも政治が優先順位を決定すべき課題がある。

(42) 人口減少社会は「少子化する高齢社会」なので、これまでにもいくつかはその原因と対策についてまとめてきた。今後はその延長上に、少子化とともに顕在化してきた児童虐待まで包摂したパラダイムを用意したい。

第2章　地方消滅と少子化対策問題

（1）詳しくは、金子（二〇一四b／『日本の子育て共同参画社会』（近刊））を参照のこと。
（2）都市社会学における「結節機関」説は、この問題を解消してくれる（鈴木栄太郎、一九六九）。
（3）元総務大臣グループによる消滅候補地の「名指し」効果が大きい。
（4）このような議論は、第1章で示したように、遡れば柳田國男までたどり着く。
（5）それぞれが時代の推移とともに少しだけ流行して、たちまち消え去った。
（6）増田らの論点では、独立変数としての「人口減少社会」が先にあり、その従属変数の一つとして「地方消滅」が位置づけられる。もちろんこの逆は成り立たない。
（7）県庁所在都市では、中央部の高齢化率の上昇と周辺部からの都心回帰などにより、保育所・幼稚園の定員確保が難しいところが出ている。
（8）パーソンズのパターン変数を使えば、増田らの主張は日本全体の動向を無限定的にとらえているのに対して、山下や小田切による批判と対案は個別性を帯びた農業限定的な試みに終始しており、議論がかみ合っていない。
（9）点と線と面の比喩を使えば、増田らは面の動向を大局的にまとめたのに対して、批判者は点での個別的試みを提示していることになる。
（10）「ワークライフバランス」も介護もともに厚生労働省が主管するが、国民の現状はこの両者が重なり合ってきたのに、政策的には分離したままであるという印象が強い。
（11）過疎地域や限界集落への支援もまた同じ構図を抱えている。
（12）俗にいう「一割自治」の現状は過疎地域に限っていえば解消されていない。
（13）この問題は地方自治論や地域活性化研究などでは絶えず議論されてきた。
（14）人口減少社会の到来により、「消滅」を名指しされた自治体でも、そこに至るまでには数十年の年月が経過している。「消滅」でも「創生」でも数年単位の短期的スパンではなく、数十年の長期的スパンも合わせて考慮しておきたい。

(15) この短期的視野だけからの表現は、長期性に配慮した議論をむしろ混乱させる。

(16) 日本の高度成長の歴史を少しでも学べば、「経済水準の持続的上昇」と「人口増加」には正の相関があることは自明である。そして「経済水準の持続的上昇」が成員の業績達成能力を保証して、社会的コミットメントを強めるように作用する。それは農村集落では「強靭性」につながり、都心地区では生活協力や共同防衛の機能の源になる。

(17) 「おひとりさまの老後」を考える際には、このような子育てにともなうかなりな経済的負担をしている親の存在にも想像力が欲しいところである。

(18) これはまったくの一般論であり、増田らの人口減少社会に対する批判的な処方箋にはなりえない。もっとも少子化対策では、小田切も増田も同工異曲である。

(19) 顕在的逆機能としての人口減少社会が強まる。

(20) シングルで農家の高齢世帯主であれば、「ウィークエンドファーマー」が期待できないからである。

(21) 制度と地域社会、社会と個人、国民性とコミュニティ・モラールなどの関係は、地域外的な視点からも地域内的な視点からも、ともにセットで論じることが望ましい。なお、'vertical axis' は通常のところ「垂直軸」、'horizontal axis' 「水平軸」と訳すことが多い。

第3章　サステナビリティ論による地方創生研究

(1) すなわち東日本大震災（以下、「三・一一」と略称）のあとの反原発運動により原子力発電所が全面停止した結果、反原発運動をする国民だけではなく一般国民もまた節電や減電に熱心でなかったために、それまでの原子力発電比率三〇％前後をすべて火力発電で補うに至った。そのため、輸入する石炭、石油、天然ガスなどの化石燃料代が数兆円の単位で増大して、結果的には電力料金に跳ね返り、国民生活や産業活動の基盤を弱いものにした。同時に火力発電の増加により日本では二酸化炭素が大量に排出されるようになった。しかし学界でもマスコミ界でも、放射能や放射線もれの危険性のある原子力発電所の再稼働より、輸入燃料代金がかなりな比重を占める貿易赤字が大きくなり、電力料金が高騰しても、地球環境や日本社会の持続可能性を優先するという論調が主流のようである。もっとも大規模な二酸化炭素を排出する「三・一一」の復興工事については、反原発運動者や反地球温暖化論者は完全な沈黙を保っている。「生活が大事」というようなキャンペーン論者も同じく沈黙を決め込んでいる。

（2）　反対に、流行語としてのソーシャル・キャピタル（社会関係資本）論では、むしろ万能性が強調されてきた。健康づくり、学力の向上、地域開発、地域の活性化などその守備範囲は驚くほど広いものがある。幅広いコンセプトの使用方法が容認されると、恵まれない地域での学校教育の失敗から経営者のパフォーマンスまで、周囲の人々や家族の間の助け合いから開発計画の成功まで、ロシアでの死亡率からタンザニアの村々の収入の差まで、民主主義のバイタリティから経済発展、統治まで、公衆衛生から青少年犯罪まで、政治腐敗から競争力まで、ほんの少しであってもそこでソーシャル・キャピタルを応用することに問題はないように思える。

けれども、たとえば団体参加率の高さが経済性にどのような効果があるのかは依然として見出されていない。市民間の団体参加量が多いと、経済性はどうなるのか。周知の二分類できる団体カテゴリーを使うと、一つのカテゴリーは、休養的で文化的な性質を持つ団体が該当する。この種の団体は、経済性にとって有効であるとするのがパットナム仮説に含まれている。したがって、この範疇には、フォーマル団体と位置づけられる組合、政党、職業上の団体は削除される。

文化的な団体は、パーソンズの古典的なＡＧＩＬ図式でいえば、Ｌとしての緊張処理を果たす機能を受け持っている。この視点によれば、日々の経済性の追求から疲れ果てた個人を癒す働きがあるので、「明日のために今日も頑張った」企業戦士を再度戦場に送り出す効果がある。これは生活構造論の筆頭に用いられる概念である。その意味で、団体参加が経済性とプラスの相関をすることはあるであろう。しかし、この団体はただ単に仕事の残余範疇としての余暇活動ないしは気晴らしのためでしかなく、経済性にとってどこまで有効かという疑問の解決にはつながらない。なぜなら、疲れはてた企業戦士である個人は、その癒しに気を使わざるをえない団体参加などよりも、粉末化された個人向けの娯楽を選好したがるからである。

（3）一般論の限りでは正しいが、人間の立場は性、世代、階層、コミュニティ、家族との同居の有無などによって変貌するのが常であるから、修飾語なしの「人間にとって」の持つ含意はそれ以上には広がらない。

（4）このような客観性を帯びる観察された事実について、最終的には主観的な価値判断を下さざるをえない状況は珍しくない。「持続可能性」の主張もこの文脈にあると考えてよい。

（5）これはいわゆる価値判断排除に抵触する思考であるが、「持続可能性」の判断には不可避的な方法である。コミュニティ研究にとってはエリアスが主張したように、「単純な事実の提示と理論的な考察のバランスを保つこと」（エリアス、一九六五＝二〇〇九：xi）が重要である。

（6）この大野による「限界集落」定義の批判は、小田切（二〇一四）に詳しい。

（7）「地方消滅の罠」をいう山下（二〇一四）も小田切も、このような「ウィークエンドファーマー」に期待を寄せている。なお、この表現は小田切（前掲書）から得た。

（8）最近でも、ここで止まっている都市社会学のテキストがある。

（9）「不幸なるコミュニティ」と「幸福なる現状」については、鈴木（一九八六：五三四）を参照してほしい。

（10）「生活農業」としての農作業・山仕事の前提には、地域社会維持のための「協働」が必然化する。

（11）この活動を週末に帰る別居する子ども世帯に頼るだけでは、コミュニティ社会システムは持続可能とはなりえない。

（12）サステナビリティ論の機能的な複合性の観点から見ても、これらは限界集落の持続可能性には不可避的な動きである。

（13）理論の概要については、三隅（二〇一三）に詳しい。なお金子（二〇一四a）でも触れている。

（14）詳しくは、金子（二〇一一）を参照してほしい。

（15）本文の組み立ては柳田國男の次の指摘、「まず精確に周囲の事実を知ること、次には理論をこれに当て嵌めて、それが果して自分たちの場合に、適応するや否やを考えてみること」（柳田、一九二九＝一九九一：三五六〜三五七）に準拠した。事実については徳野の丹念な事例研究を借用して、理論としては持続可能性（サステナビリティ）論とコミュニティ論を活用した。

第4章　コミュニティのＤＬ理論と内発的発展

（1）本節は東日本大震災と同じ時期に出した金子（二〇一一）を踏まえて、それ以降のコミュニティ研究の概説である。とくに目につくのはやはり、東日本大震災復興がらみの調査を踏まえて、コミュニティの問題を取り上げた研究である。多くは「『経済』復興が……人間の尊厳や社会的公正を著しく損なっている」から「コミュニティのありようをさぐるなかで多元的な連帯経済の内実に迫る」（吉原、二〇一五：はじめに）という問題意識からの使用である。私の分類に照らすと、そのような使われ方のコミュニティは「象徴的な存在」であり、「目標としての有効性」に該当する。なお、吉原が「帰属としてのコミュニティ」を「定住主義」の相対化と絡めて論じる姿勢は、地方創生論への批判にもつながる論点になっている（同右：二二一）。

それ以外にも、コミュニティを一方の主題として東日本大震災復興を調査した成果には、田中重好・船橋晴俊・正村俊之（二〇一三）、山下祐介・市村高志・佐藤彰彦（二〇一三）、松本行真（二〇一五）などがある。また吉原直樹編（二〇一一）は東日本大震災の復興調査そのものではないが、同じ時期に東北六都市でコミュニティレベルや町内会レベルで、防災を主題として論じている。

（2）日本における社会的共通資本の研究は、一九七〇年代から都市経済学を中心として熱心に行われてきた。一方、日本社会学で社会関係資本の実質的な応用研究は一九九〇年代になってからであり、それまでの社会関係論の蓄積との整合性の問題が残り、同時にその概念が極度の万能性を備えるために、こちらもまた使用を控える動きが認められる。

（3）　コミュニティ社会学だけではなく、コミュニティ福祉学、コミュニティ心理学、コミュニティ政治学でも、コミュニティは一定の有効性を期待されている。なかでも少子化関連では、子育て支援とコミュニティとの関連が絶えず問いかけられている。私も北海道大学の大学院生と共同で数年間子育て支援センターでの参与観察、聞き取り調査を継続してきた（金子編、二〇〇九／二〇一三）。この延長線にあるのが橋本（二〇一五）である。橋本は地域を基盤とした子育て支援研究の調査を通して、「子ども」「子育て」「子育てと地域」を一体的にとらえる包括的な見取り図を示した。そして、子育て支援は「Community-Based Childrearing Support」に特化した取り組みから、Community-Based Family Support を意識した取り組みへの転化」（橋本、前掲書：一八一）を主張した。なお、原文では Childreading となっているが、これはもちろんChildrearingの誤りであろう。

また、高齢化関連でもコミュニティへの言及は続いている。中田は、「地域包括ケア」を調べる際に、関西地区に拠点をおく「きらくえん」の取り組みを通して比較研究を行う一方で、デンマークのコムーネとの対比も実施した。どちらも「地域」がキーワードになっている。この研究が評価できるのは、従来の福祉学のような手放しのデンマーク福祉制度賛歌ではなく、両者のデータを相対化して、「日本にあった形で検討していかなければならない」（中田、二〇一五：二四九）という冷静な視点の存在にある。

なお、東日本大震災の直前までの研究でも玉里（二〇〇九）のように、滋賀県と高知県を選定して、それぞれで平野部と山間部の集落構造を丹念に比較した研究成果もある。「過疎化と高齢化が深化する農村では、家族規模が縮小し家族介護力が低下していることを補うための、何らかの相互扶助が求められるものの、家族の機能低下を補う相互扶助のあり方は模索中であり、当面は『地域』に依存するしかない」（玉里、前掲書：三八八〜三八九）という結論が得られている。限界集落化が進む地方日本では、これらの研究のまとめを積極的に受け止めたい。

（4）都市分類の試みは多いが、その指標としては人口構成と産業活動と地域移動性が利用されることが多い。

（5）西洋中世史でも、たとえば「農業の革命的進歩に新しい都市は大きな役割を果たした」（ギース＆ギース、一九六九＝二〇〇六：二六）や「都市が成長することは、近くの田舎とも特別な共生関係を結ぶことを意味した」（同右：二七）と書かれることがある。

（6）実際には次のような問題が起きている。「地域社会学のコミュニティに関する知見が、地域福祉学をはじめとするコミュニティ関連の学問分野において必ずしも生かされていない」（武川、二〇一二：一九六～一九七）として、いわゆる奥田コミュニティ理論がまだ地域福祉学でも使われている現状が武川によって批判されている。一九七一年に発表された奥田コミュニティモデルの欠点と限界は、鈴木広により七八年段階で具体的に論理的に指摘されていたが、社会学会はともかく福祉系の学会ではその事実に疎く、依然として奥田コミュニティモデルが重宝がられてきたことは事実である。武川が指摘したように、「まさか地域社会学がこの点に関して三〇年以上まったく進歩していないということではないだろう。コミュニティの概念に関する地域社会学の最新の成果の発信を期待したい」（同右：一九七）は当然である。

（7）残念ながら、この二つの要素はたとえば二〇〇八年刊行の『まちづくりの百科事典』でも踏襲されており、「コミュニティの概念やモデル」として「地域性」と「共同性」および奥田コミュニティモデルを指すと思われる「一九七〇年代に住民意識と関連させながらモデル化したコミュニティモデル」（同右：四七二）しか書かれていない。これはまったく不十分な内容である。

（8）地方消滅論への反論の一部に使われる小田切たちの「地域の強靭性」などは、この文脈で理解できる。

（9）異なった主体はエスニック面だけではなく、世代間でも登場するし、マジョリティとマイノリティ間の相違もまた多い。

（10）社会学の側からの中間集団論の体系的な議論は、佐々木・金（二〇〇二）に詳しい。

（11）鈴木広のほぼ五〇年を超える研究者人生で、コミュニティのＤＬ理論に取り組んだのはこの一九七五年から七七年にかけての福岡市調査のみである。私はまだ大学院博士課程に在籍する院生であったが、コミュニティのDL理論を構築されていたという事実を知ったのは報告書を手渡された七七年八月であった。しかし、同じ時期に実施されていた社会移動研究会（移動研）による熊本県人吉市、福岡県大野城市の比較調査ではその概念は一切使われず、その後も言及されることはなかった。この理由を二〇一二年の一二月に社会分析学会大会「鈴木社会学を継承する」という席上で先生にお尋ねしたが、はっきりした回答は得られなかった。

(12) (6)で述べた奥田コミュニティモデル論の批判は、この段階ですでに存在していた。

(13) これらはすべて鈴木のコミュニティ・モラールに近く、とりわけコミットメントの軸に沿う。

(14) この二つの用語が使われたわけではないが、時代の趨勢はソフトな民活による文化的な事業を志向していたし、「行政の文化化」というこなれない言葉さえも独り歩きしていた。

第5章　地方創生と労働者の福祉活動

(1) 内閣府のホームページによる。

(2) 農林水産省のホームページによる。

(3) 総務省統計局のホームページによる。

(4) 一九七〇年代までの総評と同盟の全盛期でさえ、日本の労働組合加入率は四〇％には届かなかった。これはいわゆる産業構造の二重構造として巨大企業と中小零細企業の共存があり、前者には企業別組合があり、産業別組織化も部分的には認められたが、後者には組合自体がなかったことが大きな理由である。ちなみに従業員一〇〇〇人以上の企業では、八〇年代後半には六五％、二〇一三年でも四五％の組織率を示している。さらにこの一〇年では、非正規雇用者が三六％まで急増したことにより、ますます組合組織率は下がることになった。

(5) この分類は論者によって様々にあり、ここで示したのは私なりのまとめである。

(6) この四者に拘る理由は金子（二〇〇九）に詳しい。

（7）松本清張の初期の「官僚もの」にはこの悲哀が描かれている作品が多い。
（8）私が研究した北海道における過疎地域は小樽市を拠点とする後志地方である。
（9）これは国民的なライフスタイルの変化の結果である。
（10）こちらは制度改革により、都市周辺に大型ショッピングセンターが立地可能になったことで引き起こされた変化の一つであり、結局はそれまでの買い物に関する国民的なライフスタイルの変質を促した。
（11）この対応には旧来の商店街の地権と営業権の見直しが有効であるという観点で、高松市など一部の商店街の試行結果が紹介されている（『中央公論』二〇一五年二月号）。
（12）詳しくは金子（二〇〇九：二三九〜二四一）を参照。
（13）徳野が手掛けた小学校の復校（再開校）は貴重な事例であるが、一人しかいない場合の教育効果の実験にもなりうる。本書第3章を参照。なお、徳野（二〇一四b）にその事例は詳しい。
（14）それぞれが大きな問題群を構成する。
（15）詳しくは、金子（二〇一六）近刊を参照。
（16）詳しくは、金子（二〇一一）を参照。
（17）地方都市で高齢者五〇〇人をサンプリングして、訪問面接調査を行って得た結果からのまとめである。詳しくは金子（一九九三／一九九七／二〇〇六b／二〇〇七／二〇一四b）を参照。
（18）これは一九九三年から主張していて、これらの科目も入試に含めようと提案してきた。
（19）三隅が開発したリーダーシップのＰＭ理論は応用範囲が広い。

第6章　介護のマイクロマクロ問題

（1）たとえば二〇一二年の「医療費」総額は三二兆円程度、「介護給付費」は八兆五〇〇〇億円程度というように、「医療と介護」は費用の点でも別物である。このグループがわざわざ「医療介護」や「医療介護福祉」として、説明抜きに使用する際の意図とは何だろうか。

（2）UIゼンセン同盟日本介護クラフトユニオンによる「就業意識実態調査報告書」（二〇一二年）によれば、介護現場は、⑴待遇悪化、⑵ケアに支障、⑶人手不足、⑷夜勤問題、⑸人間関係が挙げられている。それを放置して、「人材依存度を引き下げよう」という提案は現実無視につながり、外国人やロボットではとうてい補えない人材が払底する事態が予想される（金子、二〇一三：一五四～一五五）。

（3）このような周知の「ワースト一〇」という原因に、増田介護レポートが触れないのはどのような意図からであろうか。

（4）日本語能力に劣る外国人の看護師や介護士が増えると、なぜ「一人当たりの付加価値」が向上するのか。この正確な説明が欲しい。

（5）ここで出された「地方移住」の受け皿は施設なのか、一戸建て住宅かマンションかアパートか。どこにも明示的ではないが、後半に「介護破綻」が「施設の介護ベッド」不足でのみ議論されることで分かるように、増田介護レポートの狙いは地方の「福祉施設」と「介護施設」と「医療施設」にある。なぜなら、東京都の「介護施設」や「医療施設」の整備費（用地費と建設費）が高額に上るのに対して、地方ではそれほど高額にはならないからである。

（6）マクロ高齢社会データだけの議論では、ミクロな高齢者への生活構造やライフスタイルの調査結果が付加されて初めて科学的全体像が見えてくるし、政策情報への昇華も可能になる。それを省略した増田グループの個性として、多方面な領域に広がるテーマから、わざわざ単一のトピックに限定して選んだマクロデータだけから演繹する手法があり、前回の「人口減少社会と地方消滅」同様に今回の「介護認識」にも同じく現れている。前回の「地方消滅」に関する限定トピックは「二〇～三九歳女性数の減少」であり、今回の「介護」に関連する限定トピックとしては「介護ベッド数の不足」が該当する。いずれも針小棒大な取り扱いに終始した。これはグループでレポートを作成する増田とこの創成会議の体質であろう。

（７）健康づくりにたとえれば、健康にとって睡眠は不可欠であるが、睡眠が保障されれば健康が維持できるとは限らない。食生活に伴う栄養バランス、個人のライフスタイル全体における運動時間や対人接触の時間、家族関係、通勤時間、職場でのストレスの度合い、住宅事情、健康知識、信頼できる「かかりつけ医」の存在、薬剤の質、医療保険制度の適切な活用など、個人の健康を左右する要因はたくさんある。「人口減少」も「介護」もまた然りである。なぜ、単一指標だけの議論を積み上げるのだろうか。

（８）巻末の「参照文献」で示すように、それぞれに話題となった著書もある。

（９）この数値は調査主体によっても、サンプルの取り方によっても変化する。たとえば東京海上日動の「ＷＩＮクラブ」（二〇一三 December）によれば、介護をしながら働いている人は全国の有業者全体の五％にあたる約二九一万人に上り、そのうちの約六割（約一六七万人）を四〇～五〇歳代が占めている。

（10）この過度の単純化は、介護に直面している国民にもその研究者にも有益ではない。

（11）徘徊は研究のテーマとしても小説のテーマとしてもよく取り上げられている。

（12）新田雅子（二〇一五：六七～七二）は拙著の書評で、この「自立高齢者八〇対要介護高齢者二〇」に対しての疑義を表明している。この詳しい応答は同じ雑誌における私のリプライ（金子、二〇一五ｂ：七三～七六）を参照。

（13）「豊かな社会」とは物の消費に特化している社会であり、もう一つの消費財である医療や介護のサービスに関しては「豊かな社会」でも「貧しい個人」がたくさん存在するといわざるをえない。しかも、それらのサービスを提供する側の専門家の労働条件が悪化していることに対して、ＯＤＡのように政府により特段の配慮がなされているわけでもない。

（14）この根拠としては、放送大学テレビ講座で紹介した大分県豊後大野市の事例がある（金子、二〇一一：八九～一〇三）。

（15）このような現場の正しい意見が与野党の政治家にどこまで届いているだろうか。

(16) 小家族化が定着した日本では家族による介護は不可能であり、介護専門家を社会全体で優遇して増員し、その業務に期待するしかないであろう。

(17) 男女、世代、所属階層、居住地域の特性は私の社会分析での留意事項である（金子、二〇〇九）。なおＡＤＬは「日常生活動作」の総称とされる。

(18) 増田介護レポートもまた、基本的にはこの観点からまとめられている。

おわりに

大正時代の末期に島崎藤村は、「そうだ。若い時代が歩いてくるのだ。私は多くの期待をかけて、あの跫音を聞いている」と書いた（『春を待ちつつ』岩波文庫、一九三二年）。これからやってくる時代は若くはないが、そこに生きる次世代・次次世代の若い人のために、私たちも真剣にその足音を聞いて、備えるしかない。

コミュニティ論を強く意識した出版は本書で四冊目になる。一九八二年の私の学界デビュー作、ソーシャル・キャピタル論の実証研究をしていた二〇〇七年、東日本大震災直前に刊行した二〇一一年、そして本書は、地方消滅と創生が時代の流行になった二〇一五年に準備して、二〇一六年に刊行することになった。繰り返し調査をしても、内外の文献を読み込んでも、コミュニティは遠くにあり、拒絶し、混迷から抜け出せない。しかしいくら抵抗されても、引き付けられてしまう。社会を考える際には、コミュニティは永遠に古びない言葉と内容なのだろう。

地域の社会構造は、社会システム論的には常に不安定で不均衡な地域社会過程を内蔵しつつも、自己組織的に維持されていると理解される。社会過程の単位間で社会資源が相互交換される際の投入と産出は、現実的には単位を構成する集合体（組織・集団・機関など）の間で行われる。単位間の投入と産出のうちで、どの社会資源の投入を優先して、その結果どのような産出が可能になるか。限界集落、過疎地、中山間地、都市近郊、地方都市、大都市、政令指定都市にもそれぞれ独自の投入資源があり構成員がいて、それによる不均衡を伴う産出結果も出るので、「地方創生」の原動力は農業だけに拘らない無限定的な地域資源の活用に待つところが大きい。

その「地方消滅」の克服に際して人的資源として重視される人口ＵＩＪターン者は、実際のところ日本の全体社会での解決をもたらさない。なぜなら、ＵＩＪターン者はその移動先集落においては人材面での新しい供給になるが、それまでの居住集落からは抜け出すのだから、残された集落に人材がいなくなるというゼロサム問題を発生させるからである。ゼロサム論では、これからの日本全体社会の衰退は防げない。

さらに、通常の地域研究パラダイムには含まれない気候が、「地方創生」を阻害し制約し促進する要因にもなることに留意しておきたい。本文でも強調したように、私は「地域活性化」を論じた際に、その動きを阻害する要因して天気、人気、景気、季節、規則を加えて「五き」があるとしてきた。北海道の成功例としてよく利用されるニセコの冬期間のパウダースノーに典型的なように、「地方創生」も「五き」を考慮して、自然条件、依拠する産業、場所、歴史的資源、市民文化などと併せ考えて、「ローカルチャー」に基づくコミュニティシステムの最適解を狙うしかない。

本書では、必ずしも明示的ではないが、「地方消滅」でも「地方創生」でも社会学史に沿って位置づけようと努力した。「地方消滅」は社会病理学における「社会解体」を想起させるが、理論的にはこの両者は同じではない。なぜなら、社会病理学がマイノリティの増殖、たとえば犯罪の増加による社会的秩序の緩みや崩壊を前提とする社会解体論を展開する伝統を持つのに対して、「地方消滅」論はその地方の「正常人口の正常生活」（鈴木栄太郎）の崩壊を指すからである。いわばマジョリティ全部が「正常生活」を営めなくなってしまうのが「地方消滅」なのである。

一方、「地方創生」論は社会資源論と資源動員論を基盤として組み立てられており、社会学が苦手としてきた政策科学的な発想が根底にある。社会資源はどの地方にも普遍的に存在する「社会関係資本」（ソーシャル・キャピタル）などもあれば、港湾施設、道路、高速道路、鉄道、歴史的遺産、公園、観光資源などの「社会的共通資本」は地方ごとに個性に富む。自然環境も含めて、それらをいかに活用するかが政治の機能であり、市民と行政をめぐる自治や自律の判断軸もまたそこで利用される。

学史的な領域としては、コント「社会再組織に必要な科学的作業プラン」、マンハイム「時代診断」、コミュニティの「社会システム」論、理論社会学の「自己組織性」論の四点への目配りが欠かせない。

これらについて本書では独立した章を設けてはいないが、それはこれまで発表した数冊の拙著で少しずつ論じてきたからである。本書の力点は、地方人口動態データの紹介と解説を超えて、単一変数による針小棒大な社会的影響論を排除した多様な観点を評価する地平から、コミュニティ研究でも社会システム論的な発想の有効性を示すことにあり、このような試みを理解していただければと願う。

《著者紹介》

金子　勇（かねこ・いさむ）

1949年　福岡県生まれ。
1977年　九州大学大学院文学研究科博士課程単位取得退学。
現　在　神戸学院大学現代社会学部教授。北海道大学名誉教授。
　　　　文学博士（九州大学，1993年）。
　　　　第1回日本計画行政学会賞（1989年），第14回日本都市学会賞（1994年）。
著　書　『コミュニティの社会理論』アカデミア出版会，1982年。
　　　　『都市高齢社会と地域福祉』ミネルヴァ書房，1993年。
　　　　『高齢社会・何がどう変わるか』講談社，1995年。
　　　　『地域福祉社会学』ミネルヴァ書房，1997年。
　　　　『高齢社会とあなた』日本放送出版協会，1998年。
　　　　『社会学的創造力』ミネルヴァ書房，2000年。
　　　　『都市の少子社会』東京大学出版会，2003年。
　　　　『少子化する高齢社会』日本放送出版協会，2006年。
　　　　『社会調査から見た少子高齢社会』ミネルヴァ書房，2006年。
　　　　『格差不安時代のコミュニティ社会学』ミネルヴァ書房，2007年。
　　　　『社会分析――方法と展望』ミネルヴァ書房，2009年。
　　　　『コミュニティの創造的探求』新曜社，2011年。
　　　　『環境問題の知識社会学』ミネルヴァ書房，2012年。
　　　　『「時代診断」の社会学』ミネルヴァ書房，2013年。
　　　　『「成熟社会」を解読する』ミネルヴァ書房，2014年。
　　　　『日本のアクティブエイジング』北海道大学出版会，2014年。
　　　　『日本の子育て共同参画社会』ミネルヴァ書房，2016年。
　　　　『社会学の問題解決力』ミネルヴァ書房，2018年，ほか。

叢書・現代社会のフロンティア㉒

「地方創生と消滅」の社会学

――日本のコミュニティのゆくえ――

2016年1月15日　初版第1刷発行　〈検印省略〉
2018年9月10日　初版第2刷発行

定価はカバーに
表示しています

著　者　金　子　　勇
発行者　杉　田　啓　三
印刷者　坂　本　喜　杏

発行所　株式会社　ミネルヴァ書房
〒607-8494　京都市山科区日ノ岡堤谷町1
電話代表　(075)581-5191
振替口座　01020-0-8076

冨山房インターナショナル・新生製本

ISBN 978-4-623-07488-4
Printed in Japan

人名索引

や　行

ら・わ　行

事項索引

あ 行

か 行

さ　行

た　行

な 行

は 行

ま 行

や　行

ら　行

わ　行

欧　文

参照文献

Alexis de Tocqueville, 1835-1840, *De la Démocratie en Amerique.* (=1972-1987, 井伊玄太郎訳『アメリカの民主政治』上・中・下, 講談社)

新睦人, 1981,「地域社会システム」新睦人・中野秀一郎『社会システムの考え方』有斐閣.

新睦人・中野秀一郎, 1981,『社会システムの考え方』有斐閣.

Cantle, T., 2005, *Community Cohesion*, Palgrave.

Cloke, P. J. & Park, C. C., 1985, *Rural Resource Management*, Croom Helm.

中央公論編集部編, 2015,『中央公論』2015年２月号特集「脱「地方消滅」成功例に学べ」.

Durkheim, 1925, *L'Education Morale*, Libraire Felix Alcan. (=1973, 麻生誠・山村健訳『道徳教育論』明治図書)

Elias, N. and Scotson, J. L., 1965, *The Established and the Outsiders*, Sage. (=2009, 大平章訳『定着者と部外者』法政大学出版局)

Fischer, C. S., 1984, *The Urban Experience*, Harcourt Brace Jovanovich. (=1996, 松本康・前田尚子訳『都市的体験』未來社)

Fischer, C. S., 1982, *To Dwell among Friends*, The University of Chicago Press. (=2002, 松本康・前田尚子訳『友人のあいだで暮らす』未來社)

Gies, J. & Gies, F., 1969, *Life in a Medieval City*, Harper & Row, Publishers. (=2006, 青島淑子訳『中世ヨーロッパの都市の生活』講談社)

原俊彦, 2015,「人口減少社会のゆくえ」北海道社会学会編『現代社会学研究』Vol. 28：35-44.

Harrington, L. M. B., 2012, "Sustainability Science", in I, Spellerberg, D. S. Fogel, S. E. Fredericks, L. M. B. Harrington, (eds.), *Encyclopedia of Sustainability Vol. 6 Measurement, Indicator, and Research Methods for Sustainability*, Berkshire Publishing Group LLC.: 337-340.

橋本真紀, 2015,『地域を基盤とした子育て支援の専門的機能』ミネルヴァ書

房.
Hillery, G. A. Jr., 1955, "Definition of community" *Rural Sociology*, Vol. 20. (＝1978, 山口弘光訳「コミュニティの定義」鈴木広編『都市化の社会学』〔増補〕誠信書房：303-321)
平兮元章・大橋薫・内海洋一編, 1998,『旧産炭地の都市問題』多賀出版.
北海道大学編, 1998,『北海道大学放送講座　北海道経済の地平をさぐる』北海道大学図書刊行会.
五十嵐智嘉子, 2014,「未来日本の縮図・北海道の地域戦略」増田寛也編『地方消滅』中央公論新社：95-123.
五十嵐冨英, 1972,『立ちあがる地方』日本経済新聞社.
伊藤善市, 1974,「総論――地域開発政策の展開」伊藤善市編著『過密・過疎への挑戦』学陽書房：3-42.
ＪＰ労組, 2012a,『JPsmile プロジェクト実践マニュアル』ＪＰ労働組合.
ＪＰ労組, 2012b,『JPsmile プロジェクト実践レポート』ＪＰ労働組合.
金子勇, 1982,『コミュニティの社会理論』アカデミア出版会.
金子勇, 1988,「地域は不況にどのように挑戦しているのか」北海道大学編『北海道大学放送講座　北海道経済の地平をさぐる』北海道大学図書刊行会：61-70.
金子勇, 1993,『都市高齢社会と地域福祉』ミネルヴァ書房.
金子勇, 1995,『高齢社会・何がどう変わるか』講談社.
金子勇, 1997a,「巨大企業と都市開発問題」鈴木廣編『都市＝環境パラダイムの構築と市民参加』(平成７・８年度科学研究費補助金　基盤研究Ａ・１) 研究成果報告書：9-18.
金子勇, 1997b,『地域福祉社会学』ミネルヴァ書房.
金子勇, 1998,『高齢社会とあなた』日本放送出版協会.
金子勇, 2000,『社会学的創造力』ミネルヴァ書房.
金子勇, 2002,「男女共同参画社会から『子育て共同参画社会』へ」金子勇編『高齢化と少子社会』ミネルヴァ書房：104-132.
金子勇, 2003,『都市の少子社会』東京大学出版会.
金子勇, 2006a,『少子化する高齢社会』日本放送出版協会.

金子勇，2006b，『社会調査から見た少子高齢社会』ミネルヴァ書房.

金子勇，2007，『格差不安時代のコミュニティ社会学』ミネルヴァ書房.

金子勇，2009，『社会分析』ミネルヴァ書房.

金子勇，2011，『コミュニティの創造的探求』新曜社.

金子勇，2012，『環境問題の知識社会学』ミネルヴァ書房.

金子勇，2013，『「時代診断」の社会学』ミネルヴァ書房.

金子勇，2014a，『「成熟社会」を解読する』ミネルヴァ書房.

金子勇，2014b，『日本のアクティブエイジング』北海道大学出版会.

金子勇，2016，『日本の子育て共同参画社会』ミネルヴァ書房（近刊).

金子勇編，2009，『札幌市における子育て支援の現状と課題』北海道大学社会システム科学講座：1-151.

金子勇，2011，「要介護の現状とケアマネージャー活動」金子勇編『高齢者の生活保障』放送大学教育振興会：89-103.

金子勇編，2013，『札幌市における子育て支援環境の調査研究』北海道大学社会システム科学講座：1-131.

金子勇，2014c，「『地方消滅』ではなく『地方創生』に向けて」『ＪＰ総研Research』日本郵政 ＪＰ総合研究所：2-9.

金子勇，2015a，「大都市の児童虐待の比較分析」神戸学院大学現代社会学会編『現代社会研究』創刊号：1-16.

金子勇，2015b，「書評 リプライ」北海道社会学会編『現代社会学研究』：73-76.

かんぽ生命，2015，『中期経営計画（二〇一五年度～二〇一七年度）二〇一五年度経営計画　概要版』同生命.

菊地正憲，2015，「シビアなよそ者が地域を救う」『中央公論』第129巻第2号：32-39.

Keller, S., 2003, *Community: Pursuing the Dream, Living, the Reality*, Princeton University.

小室直樹，1991，『危機の構造』中央公論社.

倉沢進，1998，『コミュニティ論』放送大学教育振興会.

共同通信社編，2005，『地域を元気にした港50選』共同通信社.

Krugman, P., 1996, *The Self-Organizing Economy*, Blackwell Publishing Limited（＝2009 北村行伸・妹尾美起訳『自己組織化の経済学』筑摩書房）

Loomis, C. P. and Beegle, J. A., 1975, *A Strategy for Rural Change*, Schenkman Publishing Company.

MacIver, R. M., 1917, *Community*, Macmillan and Co. Limited.（＝1975，中久郎・松本道晴監訳『コミュニティ』ミネルヴァ書房）

MacIver, R.M., 1955, *The Pursuit of Happiness*, Simon and Schuster.（＝1957，吉野三郎訳『幸福の探求』社会思想社）

増田寛也編，2014，『地方消滅』中央公論新社．

増田寛也ほか，2015，「脱『地方消滅』成功例に学べ」『中央公論』第129第 2 号：27-73.

増田寛也・日本創成会議，2015，「首都圏問題検討分科会」による「東京圏介護破綻」『中央公論』第129巻第 7 号：30-50.

松本行真，2015，『被災コミュニティの実相と変容』御茶の水書房．

松下圭一，1971，『都市政策を考える』岩波書店．

Mills, C. W., 1959, *The Sociological Imagination*, Oxford University Press.（＝1965，鈴木広訳『社会学的想像力』紀伊國屋書店）

三隅二不二，1984，『リーダーシップ行動の科学』（改訂版）有斐閣．

三隅一人，2013，『社会関係資本』ミネルヴァ書房．

宮沢弘，1970，『地方都市の魅力』日本経済新聞社．

文部科学省，2015，『公立小学校・中学校の適正規模・適正配置等に関する手引――少子化に対応した活力ある学校づくりに向けて』．

内藤辰美，2015，『北の商都「小樽」の近代』春風社．

中田雅美，2015，『高齢者の「住まいとケア」からみた地域包括ケアシステム』明石書店．

日本ケアマネジメント学会編，2002，『ケアマネジメント論』全国社会福祉協議会．

日本都市社会学会編，1997，『日本都市社会学会年報15　都市高齢化と地域福祉』同学会．

日本郵政グループ，2014，『中間期ディスクロージャー2014』日本郵政グループ.

似田貝香門ほか編，2008，『まちづくりの百科事典』丸善出版.

新田雅子，2015，「書評『日本のアクティブエイジング』」北海道社会学会編『現代社会学研究』：67-72.

野口定久，2008，『地域福祉論』ミネルヴァ書房.

野呂田芳成，1974，「大都市圏の過密対策」伊藤編著『過密・過疎への挑戦』学陽書房：43-87.

小田切徳美，2011，「農山村の視点からの集落問題」大西隆ほか『これで納得！　集落再生』ぎょうせい：23-47.

小田切徳美，2014，『農山村は消滅しない』岩波書店.

大野晃，2008，『限界集落と地域再生』北海道新聞社.

奥田道大，1971，「コミュニティ形成の論理と住民意識」磯村英一ほか編『都市形成の論理と住民』東京大学出版会：135-177.

奥田道大，1983，『都市コミュニティの理論』東京大学出版会.

Parsons, T., 1951, *The Social System*, The Free Press.（＝1974，佐藤勉訳『社会体系論』青木書店）

Parsons, T., 1964, *Social Structure and Personality*, The Free Press.（＝1985，武田良三監訳『社会構造とパーソナリティ』新泉社）

Parsons, T., 1966, *Societies: Evolutionary and Comparative Perspectives*, Prentice-Hall, Inc..（＝1976，矢沢修次郎『社会類型——進化と比較』至誠堂）

Parsons, T., 1969, *Politics and Social Structure*, The Free Press.（＝1974，新明正道監訳『政治と社会構造』下，誠信書房）

Parsons, T., 1977, *Social System and the Evolution of Action Theory*, The Free Press.（＝1992，田野崎昭夫訳『社会体系と行為理論の展開』誠信書房）

Putnam, R. D., 2000, *Bowling Alone: The Collapse and Revival of American Community*, Simon & Shuster.（＝2006，柴内康文訳『孤独なボウリング』柏書房）

酒田哲，1991，『地方都市・21世紀への構想』日本放送出版協会.

佐々木毅・金泰昌編，2002，『中間集団が開く公共性』東京大学出版会．

社会保障審議会児童部会，2014，『子ども虐待による死亡事例等の検証結果等について第一〇次報告』．

社会移動研究会編，2006，『近代都市の創出と再生産』社会移動研究会．

清水亮，2008，「コミュニティの概念やモデル」似田貝香門ほか編『まちづくりの百科事典』丸善：427．

総務省統計局編，2014，『社会生活統計指標　2014』総務省．

総務省統計局編，2014，『統計でみる都道府県のすがた　2014』総務省．

総務省統計局編，2015，『日本の統計2015』総務省．

鈴木栄太郎，1957＝1969，『都市社会学原理』（増補）未來社．

鈴木広，1970，『都市的世界』誠信書房．

鈴木広，1976，『都市構造と市民意識』福岡市．

鈴木広，1986，『都市化の研究』恒星社厚生閣．

鈴木広編，1975，『現代地方都市の位置と課題』直方地域開発懇談会．

鈴木広編，1978，『コミュニティ・モラールと社会移動の研究』アカデミア出版会．

週刊ダイヤモンド編集部，2010，『週刊ダイヤモンド』第98巻18号，2010年４月24日号．

高橋潤二郎，1974，「大都市圏の開発と地方自治」伊藤編著『過密・過疎への挑戦』学陽書房：89-119．

高橋泰，2015，「全国各地の医療・介護の余力を評価する」『中央公論』第129巻第７号：51-65．

武川正吾，2012，『政策志向の社会学』有斐閣．

田中重好・舩橋晴俊・正村俊之編，2013，『東日本大震災と社会学』ミネルヴァ書房．

高寄昇三，1972，『10大都市時代』日本経済新聞社．

玉里恵美子，2009，『高齢社会と農村構造』昭和堂．

堤研二，2011，『人口減少・高齢化と生活環境』九州大学出版会．

田村秀，2007，『自治体格差が国を滅ぼす』集英社．

徳野貞雄，2014a，「限界集落における小学校『復校』の社会過程」（西日本社

会学会2014年5月8日報告資料）.
徳野貞雄，2014b，「『超限界集落』における集落の維持・存続」徳野・柏尾『家族・集落・女性の底力』農文協：56-113.
徳野貞雄，2015，「人口減少時代の地域社会モデルの構築を目指して」徳野貞雄監修『暮らしの視点からの地方再生』九州大学出版会：1-36.
徳野貞雄・柏尾珠紀，2014，『家族・集落・女性の底力』農文協.
徳野貞雄監修，2015，『暮らしの視点からの地方再生』九州大学出版会.
富永健一，1965，『社会変動の理論』岩波書店.
富永健一，1986，『社会学原理』岩波書店.
富永健一，2015，「社会学と経済社会学」経済社会学会編，富永健一監修『経済社会学キーワード集』ミネルヴァ書房：146-156.
東洋経済新報編集部，2015，「国際比較で見た『生活保護』，日本の特徴は家族まかせ」『週刊 東洋経済』第6586号：44-45.
東洋経済新報編集部編，2014，『都市データパック　2014年版』東洋経済新報社.
東洋経済新報編集部編，2015，『都市データパック　2015年版』東洋経済新報社.
東洋経済新報編集部編，2015，『地域経済総覧　2016』東洋経済新報社.
鶴見和子，1996，『内発的発展論の展開』筑摩書房.
宇野重昭，1991，「『一村一品運動』と『離土不離郷』の思想と指導者たち」宇野重昭ほか編『農村地域の近代化と内発的発展論』国際書院：241-284.
宇沢弘文，1977，『近代経済学の再検討』岩波書店.
宇沢弘文，2000，『社会的共通資本』岩波書店.
宇沢弘文，2010，「社会的共通資本としての医療を考える」宇沢弘文・鴨下重彦編『社会的共通　資本としての医療』東京大学出版会：17-36.
Warren, R. L., 1970, "Toward a non-utopian normative model of the community," *American Sociological Review*, Vol. 35, No. 2, pp 219-228.（＝1978，金子勇訳「コミュニティの非ユートピア的規範モデルを求めて」鈴木広編『都市化の社会学』〔増補〕誠信書房：283-300）
Warren, R. L., 1972, *The Community in America*, Rand McNally & Company.

Weber, M., 1904-05, *Die protestantische Ethik und der »Geist« des Kapitalismus.*（＝1989，大塚久雄訳『プロテスタンティズムの倫理と資本主義の精神』岩波書店）
Weber, M. 1921, *Polotik als Beruf.*（＝1962，清水幾太郎・清水礼子訳「職業としての政治」『世界思想教養全集18　ウェーバーの思想』河出書房新社：171-227）
Wellman, B., 1979, "The Community Question" *AJS*, 84, pp. 1201-1231.（＝2006，野沢慎司・立山徳子訳「コミュニティ問題」野沢慎司編・監訳『リーディングス　ネットワーク論』勁草書房：159-204）
Wirth, L, 1938, "Urbanism as a Way of Life" *American Journal of Sociology*,（44）.（＝1978，高橋勇悦訳「生活様式としてのアーバニズム」鈴木広編『都市化の社会学』〔増補〕誠信書房：127-147）
Wirth, L. A. J. Reiss, JR, (ed.), 1964, *On Cities and Social Life*, The University of Chicago.
山下祐介，2014，『地方消滅の罠』筑摩書房.
山下祐介・市村高志・佐藤彰彦，2013，『人間なき復興』明石書店.
柳田國男，1906=1991，「時代と農政」『柳田國男全集　29』筑摩書房：7-227.
柳田國男，1929=1991，「都市と農村」『柳田國男全集　29』筑摩書房：333-541.
吉田民人，1974，「社会体系の一般変動理論」青井和夫編『理論社会学』東京大学出版会：189-238.
吉田民人，1990，『情報と自己組織性の理論』東京大学出版会.
吉原直樹，2015，「はじめに」似田貝香門・吉原直樹編『震災と市民　1』東京大学出版会.
吉原直樹，2015，「個族としてのコミュニティ」似田貝香門・吉原直樹編『震災と市民　1』東京大学出版会：207-225.
吉原直樹編，2011，『防災コミュニティの基層』御茶の水書房.
油井清光，2000，「パーソンズにおける『社会的共同体』と公共性」『社会学評論』Vol. 50，No. 4：464-479.
ゆうちょ銀行，2014，『中間期ディスクロージャー　2014』ゆうちょ銀行.
全国社会福祉協議会編，2002，『ケアマネジメント』全国社会福祉協議会.